맞춤형

지진 | 지진해일 | 황사 | 미세먼지 | 대기오염 | 낙뢰 | 폭염
태풍 | 집중호우 | 홍수 | 화재 | 대설 | 한파

유아 재난안전교육 매뉴얼

| 성미영 저 |

학지사

이 저서는 2016년 대한민국 교육부와 한국연구재단의 지원을 받아 수행된 연구임.
(NRF-2016S1A5A2A01026100)

머리말 및 매뉴얼 활용방법

2016년 경주 지진과 2017년 포항 지진, 이외에도 최근 들어 여름에는 폭염, 홍수, 겨울에는 대설, 한파 등 다양한 재난이 우리나라에서 발생하고 있다. 특히 지진에 있어 안전지대로 여겨졌던 우리나라에 연이어 규모 5 이상의 강력한 지진이 발생하면서 지진에 대한 국민들의 불안감이 가중되고 있다. 이처럼 다양한 대규모 재난의 발생 빈도가 잦아짐에 따라 이에 대비하고 대응하기 위한 대처방안이 절실하게 요구되고 있다.

재난에 대응하는 것은 성인에게도 어려운 과제이지만, 특히 재난취약계층인 유아에게는 성인의 경우보다 훨씬 어려운 일이다. 따라서 영유아교육현장에서 유아를 대상으로 재난안전교육을 실시하여 유아의 재난 대비 및 대응 능력을 향상시킬 필요가 있다. 이러한 필요성에 따라 저자는 2016년 대한민국 교육부와 한국연구재단의 지원을 받아 '맞춤형 유아 재난안전교육 매뉴얼'을 개발하게 되었다.

이 매뉴얼에서는 총 13개의 재난유형(지진, 지진해일, 황사, 미세먼지, 대기오염, 낙뢰, 폭염, 태풍, 집중호우, 홍수, 화재, 대설, 한파)을 각 장에 배정하고, 유아교사가 필요에 따라 재난유형별로 해당 장에 포함된 관련내용과 교육활동을 현장에서 활용하도록 구성하였다.

1장 지진을 예로 들어 전체 매뉴얼의 구성과 활용방법을 설명하면 다음과 같다. 먼저, 각 장의 시작은 재난의 유형별 특성을 이해하는 내용으로 구성되는데,

1. 지진에 대한 이해 의 경우 지진의 정의, 지진의 구분, 지진의 규모와 진도, 지진의 관측과 예보, 지진의 발생현황을 제시하여 교육활동 이전에 유아교사가 재난의 특징을 파악할 수 있도록 하였다.

다음으로 2. 지진 대비 및 대응 매뉴얼 의 경우 '지진 발생 전(예방 및 대비)' '지진 발생 시(대응)' '지진 종료 후(복구)'로 구분하고, 재난단계별 행동요령 및 지침의 내용을 구체적으로 제시하였다. 이외에도 가정과의 연계를 위해 부모용 지침서를 첨부하였고, 국민재난안전포털에 제시된 상황별, 장소별 행동요령을 추가적으로 제시함으로써 유아교사가 재난 대비 및 대응에 관한 기본적 지식과 기술을 이해하고, 유아에게 재난안전교육을 충실하게 실시하도록 돕고자 하였다.

3. 지진 대비 및 대응 교육활동 의 경우 교육활동을 '지진 발생 전(예방 및 대비)' '지진 발생 시(대응)' '지진 종료 후(복구)'로 구분하고, 각각 2회, 2회, 1회, 총 5회의 활동으로 구성하였다. 세부적인 교육활동의 경우, 먼저 '교육활동계획안'을 제시하고, 다음으로 '교육활동 자료'를 제시하였으며, 5회 교육활동이 모두 제시된 이후에 각 교육활동에 사용된 5개의 '활동지'를 연속적으로 제시하여 실제 영유아교육현장에서 유아교사가 이를 복사하여 바로 활용할 수 있도록 하였다.

마지막으로, 4. 참고자료 에서는 '체험학습 정보' '관련 사이트 정보' '기타 정보' '참고문헌' '동화책' '동영상'을 제시하였다. 특히 동영상의 경우 QR코드로 제시하여 유아교사가 매뉴얼을 손쉽게 활용할 수 있도록 하였다.

영유아교육현장에서 유아교사가 재난안전에 대비 및 대응하고, 유아의 재난대응 능력을 향상시키는 데 이 책이 실질적인 도움을 주기를 바란다. 마지막으로, 이 책이 출판되기까지 적극적인 도움을 주신 학지사 김진환 사장님과 편집부 박나리 대리님께 감사드린다.

2017년 12월

저자 성미영

차례

3장 황사 · 78

4장 미세먼지 · 112

5장 대기오염 · 148

6장 낙뢰 · 184

11장 화재 · 358

12장 대설 · 392

13장 한파 · 426

제1장
지진

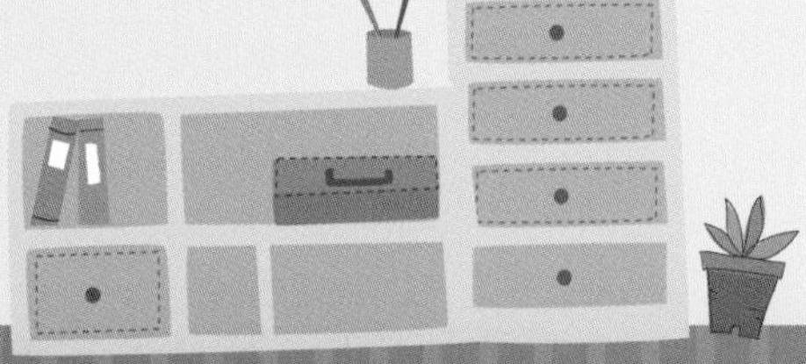

1. 지진에 대한 이해

1) 지진의 정의

지진은 지구 내에 커다란 힘이 모여 있다가 한순간에 밖으로 나오면서 지층이 끊어져 땅이 흔들리는 현상을 말한다.

2) 지진의 구분

- 전진: 큰 규모 지진이 발생하기 전에 나타나는 비교적 작은 규모의 지진
- 본진: 진원(지진의 최초 발생지) 부근에서 잇따라 발생하는 지진 중 가장 규모가 큰 지진
- 여진: 본진이 발생한 후 뒤이어 발생하는 작은 규모의 지진

3) 지진의 규모와 진도

- 지진 규모: 지진 자체의 절대적인 세기(실제 에너지 값)를 의미하며, 이를 나타내는 척도로 리히터 규모가 가장 많이 사용된다.
- 지진 진도: 특정 장소에서 느껴지는 지진의 상대적인 세기를 의미하며, 매우 강한 지진이 발생하더라도 발생 지점에서 멀어질수록 진도가 약해지고, 특정 장소에서 나타나는 현상이나 피해를 반영한다.

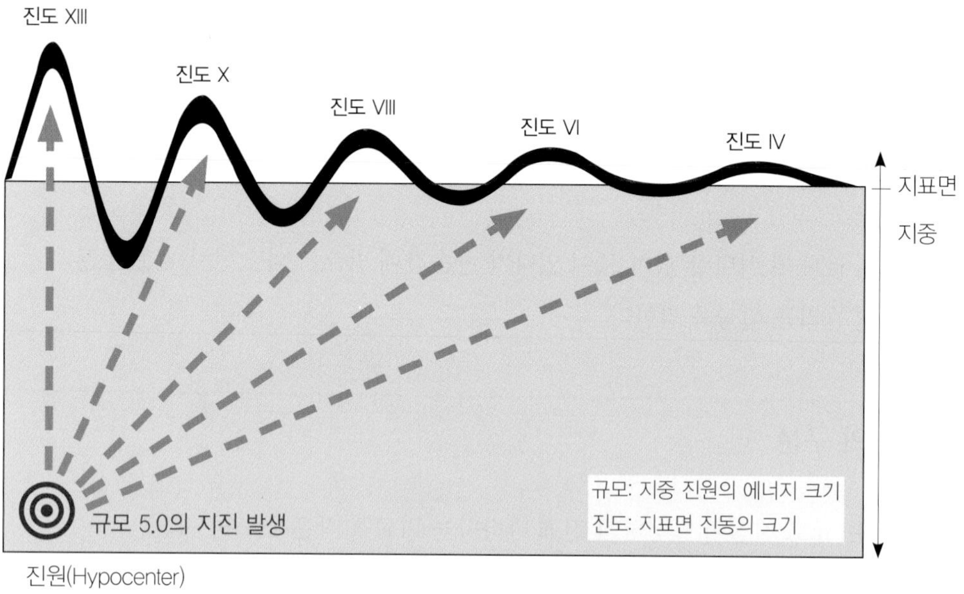

[그림 1-1] 지진 규모와 진도

[그림 1-2] 지진 진도에 따른 피해

출처: 국민재난안전포털(https://www.safekorea.go.kr).

3) 지진의 관측과 예보

- 지진의 관측: 지진계를 이용하여 관측한다.
- 지진의 예보: 지진이 발생하면 이를 관측하는 것은 가능하지만 지진을 예측하는 것은 상당히 어려우며, 지진활동, 지반의 변화, 지반의 전자장 방출, 지하수 수위 변화, 동물의 이상행동 등의 전조 현상들을 종합적으로 관측하여 지진을 예측하고 예보한다.

4) 지진의 발생현황

국내 역대 지진(규모 5.1 이상)

발생 일시	발생 지역	규모
1978. 9. 16.	충북 속리산 부근 지역	5.2
2004. 5. 29.	경북 울진군 동남동쪽 74km 해역	5.2
2014. 4. 1.	충남 태안군 서격렬비도 서북서쪽 100km 해역	5.1
2016. 9. 12.	경북 경주시 남남서쪽 9km 지역	5.1
2016. 9. 12.	경북 경주시 남남서쪽 8km 지역	5.8
2017. 11. 15.	경북 포항시 북쪽 9km 지역	5.4

최근 지진 발생 추이

- 2016년 9월 경주에서 발생한 강진 이후 다른 지역의 지진을 포함하여 국내 지진 발생이 크게 증가하였다.
- 2017년 상반기에 규모 2.0 이상 국내 지진은 90회 발생하였고, 예년 상반기 평균(26회)보다 64회 많이 발생하였다. 규모 3.0 이상 국내 지진 또한 8회 발생하여 예년 상반기 평균(5.8회)보다 2.2회 많이 발생하였다.
- 2017년 11월 15일 포항에서 규모 5.4의 강진이 발생하였는데, 이는 2016년 경주 지진에 이어 두 번째로 큰 규모이며, 역대 가장 많은 피해가 발생한 지진이다.

경상북도 경주 5.8 지진 발생

[그림 1-3] 경주 지진

출처: 기상청(www.kma.go.kr).

경상북도 포항 5.4 지진 발생

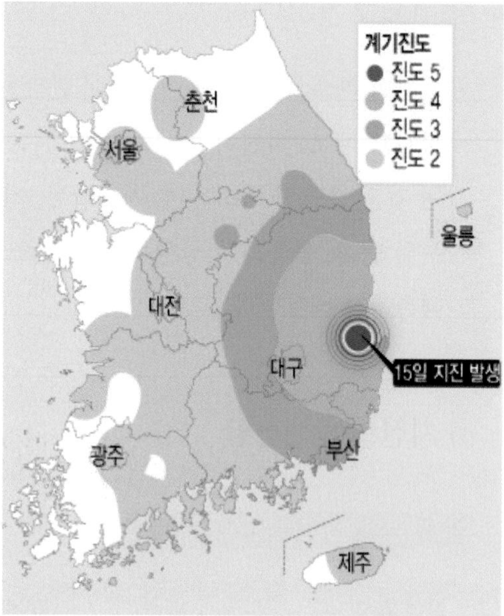

[그림 1-4] 포항 지진

출처: 기상청(www.kma.go.kr).

- 이와 같은 최근의 지진 발생 증가는 경주 강진으로 인하여 주변 지역의 지층에 힘이 가해져 나타나는 현상으로 추정된다.

2. 지진 대비 및 대응 매뉴얼

1) 행동 매뉴얼

(1) 지진 발생 전(예방 및 대비)

유치원의 지진 대비책으로는 유치원 시설 점검, 비상 연락망 점검, 지진 대피 계획 마련 및 지진 대피 훈련 실시, 지진 대응 사전교육 실시, 비상용품 구비, 가정 및 지역사회와의 연계 등을 포함한다.

① 유치원 시설 점검

- 지진 발생 시 전도되거나 낙하, 이동될 수 있는 가구나 비품을 점검하고, 기구를 이용해 벽이나 바닥에 고정시킨다.
- 지진 발생 시 감전되기 쉬운 가전이나 비품이 있는지 검사한다.
- 화재 발생을 대비해 소화기, 화재 경보기, 누전 차단기 등을 점검하고, 관련 기기의 올바른 사용 방법을 숙지한다.
- 건물, 담장 등을 자주 점검하고, 위험한 부분은 보수, 보강한다.

② 비상 연락망 점검

- 유아 비상 연락망(부모 등)을 점검, 확인한다.
- 유치원 교사 및 교육관계자의 비상 연락망을 점검, 확인한다.
- 지역사회 관계기관(주민자치센터, 소방서, 경찰서 등)의 연락처를 확인하고, 비상 연락체제를 구축한다.

③ 지진 대피 계획 마련 및 대피 훈련 실시

- 유치원의 상황에 적합한 지진 대피 계획을 마련한다.
- 건물 내 대피 통로를 확보하고 대피 경로를 계획한다.
- 인근의 넓은 공터, 대피소 등의 위치를 확인하고 숙지한다.
- 교직원의 역할을 분담하고, 이에 따라 대피 훈련을 실시한다.
- 상황별 시나리오를 마련하여 유치원 전 구성원을 대상으로 한 대피 훈련을 정기적으로 실시한다.

④ 지진 대응 사전교육 실시

- 유아를 대상으로 지진 대응 사전교육을 실시한다(지진에 대한 이해, 지진 발생 시 행동요령, 대피 장소 등).
- 유아 지진 대응 교육활동을 영역 통합적으로 계획하고 실시한다.
- 교사 및 교육관계자를 대상으로 지진 대응 사전교육을 실시한다(응급처치 방법, 지진 발생 시 행동요령, 대피 경로, 대피 장소 등).
- 부모를 대상으로 지진 대응 사전교육을 실시한다(지진 발생 시 행동요령, 대피 장

소, 상황별 유치원과의 연락 등).

⑤ 비상용품 구비

- 비상시를 대비해 유치원에 비상용품을 구비하고, 보관 장소와 사용법을 알아 둔다.

비상식품	물, 초코바, 가공식품, 통조림, 라면 등
구급약품	감기약, 해열제, 소화제, 연고 등이 포함된 구급함
생존용품	휴대폰, 예비배터리, 손전등, 건전지, 휴대용 라디오, 호루라기, 라이터, 다용도 칼 등
체온유지 용품	의류, 양말, 담요, 장갑, 모자, 우비 등
기타	화장지, 물티슈, 비닐봉투, 비상 연락망, 비상금 등

⑥ 가정 및 지역사회와의 연계

- 부모를 대상으로 지진 대응 사전교육을 실시한다.
- 지진 발생 시 유아가 가정에 있을 때, 유치원에 있을 때 등 부모의 상황별 행동요령을 마련하여 가정에 전달한다.
- 지진 재해 정보를 얻을 수 있는 공공 기관의 연락처를 알아 둔다.
- 정부에서 제공하는 재난정보 알림 애플리케이션을 휴대폰에 설치해 둔다.
  (안전디딤돌, 기상청 지진 정보 알리미 등)

(2) 지진 발생 시(대응)

상황별 지진 대응 행동요령은 다음과 같다.

① 유치원 내에서 지진이 발생했을 때

- 전도되거나 떨어지기 쉬운 물건으로부터 유아를 멀리 이동시키고, 책상 아래와 같이 몸을 보호할 수 있는 곳으로 재빠르게 들어간다.
- 책상 다리 등을 꼭 붙잡고 책, 손 등으로 머리를 감싸 보호한다.
- 교사는 전기, 가스를 차단하고 대피로를 확보한다.
- 흔들림이 멈추면 유치원 밖으로 나와 유아와 교사의 안전을 확인하고, 인원수를 확인한다.

② 유치원 밖에서 지진이 발생했을 때

- 흔들림을 느끼면 교사는 건물에서 떨어진 넓은 공간으로 유아를 모으고 유아와 함께 모여 앉는다.
- 머리를 손 등으로 보호하고, 바닥의 균열 및 침하, 떨어지는 사물 등을 주의한다.
- 교사는 유치원에 교사와 유아의 위치, 유아의 안전 상태 등을 알리고, 필요시 지원을 요청한다.
- 지진 발생 상황을 휴대폰 등으로 확인하고, 상황이 진정되면 안전하게 유치원 또는 대피소로 이동한다.

[1단계] 지진 감지 및 알림	• 지진을 처음으로 감지한 사람은 큰 소리로 지진 발생을 알리고, 원장에게 즉시 알린다. • 원장은 재난관리기관(소방서, 경찰서)에 재난 발생을 알리고, 안내방송을 통해 유치원의 전 구성원에게 지진 발생을 알린다.
[2단계] 안전 확보	• 유아와 교사는 책상 아래로(몸을 보호할 수 있는 공간으로) 즉시 들어가 몸을 웅크리고 책, 손 등으로 머리를 보호한다. • 교사는 전기와 가스를 차단한다. • 교사는 대피할 수 있는 출입구(출입문, 창문 등)를 열어 대피로를 확보한다.
[3단계] 긴급 대피	• 교사와 원장은 비상 연락망을 소지한다. • 구급담당 교사는 비상용품을 신속하게 챙긴다. • 각 반 교사는 유아를 인솔하여 침착하게 안전한 장소(넓은 공터, 대피소 등)로 대피한다. • 보조교사는 환자 또는 장애아동 대피를 우선적으로 지원한다.
[4단계] 응급조치	• 교사는 유아의 부상을 확인한다. • 원장은 유아와 교직원의 부상을 확인한다. • 부상자를 확인하면 안전한 곳에서 응급처치를 실시하고, 곧바로 의료기관 등에 연락한다.
[5단계] 재난 정보 확인, 보호자 인계	• 대피 장소에 도착하여 교사는 유아의 인원수를 파악한다. • 교사는 라디오, 휴대폰 등으로 지진 안내방송을 청취하고 재난 상황을 확인한다. • 교사는 부모에게 연락하여 유아를 안전하게 인계한다. 부모와 연락이 닿지 않을 경우 유아를 대피 장소에서 안전하게 보호하고 계속하여 연락을 시도한다.

③ 등 · 하원 시 지진이 발생했을 때

- 지진 발생 시 학부모의 협조를 얻어 유아의 안전을 확보하고, 유아가 학부모와 함께 안전한 장소로 대피하도록 한다.
- 원장은 재난 상황에 따라 유치원 운영 여부를 결정하고 안내문을 게시한다.
- 유치원 운영 방침을 부모에게 유선(문자, 통화 등)으로 즉시 전달한다.

④ 차량 이동 중 지진이 발생했을 때

- 차량을 멈추고 유아의 안전을 확보한 후 유치원에 연락한다.
- 필요시 유치원에 지원(보조인력, 비상용품 등)을 요청한다.
- 건물 파편 등에 주의하며 안전한 장소에서 대기한다.
- 지진 발생 상황을 확인하고, 상황이 진정되면 유아를 안전하게 이동시킨다.

(3) 지진 종료 후(복구)

지진 종료 후 유치원의 교직원은 피해 상황 파악 및 교육청 보고, 2차 재난 방지를 위한 점검 및 응급조치, 피해 복구 및 비상수업 대책 마련 등과 관련한 활동을 실시한다.

① 피해 상황 파악 및 교육청 보고

- 지진 종료 후 부상자를 확인하고, 응급처치 후 병원 등으로 이송한다.
- 유치원 건물 및 주변시설의 피해 상황을 파악한다.
- 부상자와 유치원 피해 상황을 교육청에 보고한다.
- 재난 상황에 따라 원장은 유아의 조기귀가, 휴원 등의 조치를 취하고 부모에게 알린다.

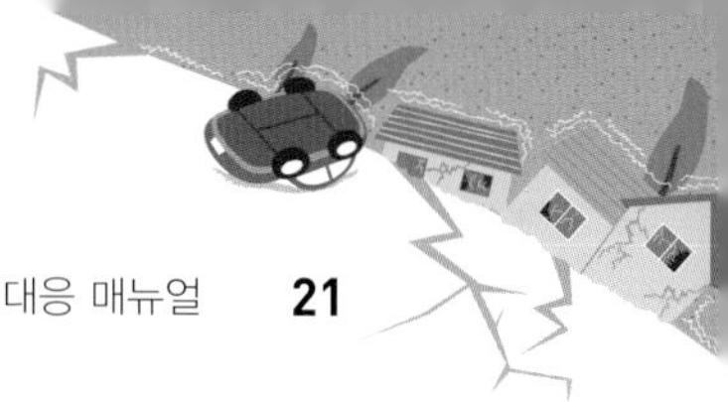

② 2차 재난(여진, 지진해일 등) 방지를 위한 점검 및 응급조치

- 라디오, 휴대폰 등으로 2차 재난 예보를 청취하고, 여진 발생 시를 대비해 유치원 시설물을 점검한다.
- 지진해일이 발생할 수 있는 지역에서는 유아와 교직원의 안전을 위해 신속하게 높은 지대로 이동한다(인근에 아파트가 있는 경우 아파트 옥상으로 일시 대피한다).
- 지진 발생 시 통신기기의 사용 폭주로 통신에 일시적 장애가 있을 수 있기 때문에 라디오 등을 통해 공공기관에서 제공하는 정보에 따라 침착하게 대처한다.

③ 피해 복구 및 비상수업 대책 마련

- 붕괴되거나 균열이 발견된 건물과 주변시설을 복구, 보강하고 파손된 집기와 시설물을 건물 밖으로 꺼내 피해 공간을 정리한다.
- 가스, 전기, 수도관 등의 이상을 확인하고, 관련 기관의 도움을 받아 피해를 복구한다.
- 원장은 유관기관(교육청 등)과 긴밀하게 협조 체제를 구축하고, 유치원 피해 복구 과정과 이후의 비상수업에 대한 대책을 마련한다.

2) 부모 지침서

유치원에서는 평상시 부모교육을 통해 부모에게 지진대응 행동요령, 지진 발생 시 주의사항 등을 전달할 필요가 있다.

지진이 발생하면 이렇게 행동해 주세요!

- 지진 발생 시 테이블 등 몸을 보호할 수 있는 곳으로 들어가 몸을 웅크리고 테이블 다리를 잡아 주세요. 손이나 방석 등으로 머리를 보호합니다.
- 가스와 전기를 차단하고 문을 열어 놓아 출구를 확보합니다.
- 화재가 났을 때 규모가 작다면 빠르고 침착하게 소화기를 이용하여 불을 진화합니다.
- 지진이나 화재 발생 시에는 엘리베이터를 이용하지 말아야 하며, 엘리베이터 탑승 시에는 가까운 층에서 바로 내려 신속하게 계단으로 대피합니다.
- 흔들림이 멈추면 손이나 소지품으로 머리를 보호하며 넓은 공터 또는 인근 대피소로 안전하게 대피합니다.

지진에 대비하여 이러한 점을 주의해 주세요!

- 평소 유치원에 부모와 부모 이외 인계자의 인적사항 및 연락처를 전달합니다.
- 재난 상황 시 유아의 대피 장소(인근 공터, 대피소 등)를 알아 두고, 유치원, 교사, 유아의 친구 부모 등의 연락처를 저장해 둡니다.
- 지진 발생 시 유아와 부모의 안부를 상호 확인하고, 재난 상황에 따라 유아 인계 방법(누가 언제 유아를 인계할 것인지)을 교사와 상의합니다.
- 비상시(통신 장애, 전화 불통 등) 부부 사이의 행동지침을 정해 둡니다.
- 유아가 혼자 남겨질 경우를 대비해 유아의 이름, 연락처 등을 기록한 이름표를 신체에 소지하도록 합니다.
- 재난 상황에서 침착하게 대처하여 유아의 충격을 완화시키고 유아를 안정시킵니다.

3) 국민행동요령

(1) 지진 발생 시 상황별 행동요령

- 지진이 발생하면 튼튼한 탁자 아래에 들어가 몸을 보호한다. 피할 곳이 없을 때에는 방석 등으로 머리를 보호한다.

- 가스와 전기를 차단하고 문을 열어 출구를 확보한다. 흔들림이 멈추면 출구를 통해 밖으로 나간다.

- 계단을 이용하여 밖으로 대피한다. 이동 시 발을 보호할 수 있는 신발을 신고 이동한다.

- 건물 담장과 떨어져 이동한다. 가방이나 손으로 머리를 보호하면서 대피한다.

- 운동장이나 공원 등 넓은 공간으로 대피한다. 이동 시 차량을 이용하지 않고 걸어서 대피한다.

- 대피 장소에서 안내에 따라 질서를 지킨다. 공공기관의 올바른 정보에 따라 행동한다.

출처: 국민재난안전포털(https://www.safekorea.go.kr).

(2) 지진 발생 시 장소별 행동요령

[사무실에 있을 때]

- 책상 아래로 들어가 몸을 보호한다. 흔들림이 멈추면 밖으로 대피한다.

[학교에 있을 때]

- 책상 아래로 몸을 피한다. 흔들림이 멈추면 선생님의 안내에 따라 운동장으로 대피한다.

[실외에 있을 때]

- 떨어지는 물건으로부터 가방이나 손으로 머리를 보호하고, 넓은 공간으로 대피한다.

[백화점이나 마트에 있을 때]

- 장바구니로 머리를 보호하고, 계단이나 기둥 근처에 가 있다가 흔들림이 멈추면 밖으로 대피한다.

[영화관, 경기장 등에 있을 때]

- 가방 등 소지품으로 몸을 보호하며 잠시 자리에 있다가, 흔들림이 멈추면 안내에 따라 대피한다.

[엘리베이터를 타고 있을 때]

- 모든 층의 버튼을 눌러 가장 먼저 열리는 층에서 즉시 내린 후 계단을 이용한다.

[자동차를 타고 있을 때]

- 도로 오른쪽에 서서히 차를 세운다. 대피 시 열쇠를 꽂은 채 문을 잠그지 않고 이동한다.

[지하철을 타고 있을 때]

- 손잡이나 기둥을 꽉 잡아 넘어지지 않도록 하고, 지하철이 멈추면 안내에 따라 행동한다.

[산에 있을 때]

- 산사태, 절벽 붕괴에 주의하고 안전한 곳으로 대피한다.

[해안에 있을 때]

- 높은 곳으로 이동한다.

출처: 국민재난안전포털(https://www.safekorea.go.kr).

3. 지진 대비 및 대응 교육활동

1) 지진 발생 전(예방 및 대비)

활동명	땅이 흔들려요!	활동 대상	5세
활동 목표	지진에 대해 알게 된다. 지진의 피해, 심각성에 대해 알게 된다.	활동 영역	의사소통 자연탐구
활동 자료	동화책, 교육 동영상, 활동지, 우드락		

단계	영역	내용	시간
도입	의사소통	• 동화책을 읽어 주며 지진에 대한 유아의 흥미를 끌어낸다. T: 여기에서 어떤 일이 발생했나요? T: ○○(주인공)가 어떻게 했나요?	5′
전개	자연탐구 의사소통	• 지진이 발생하는 원인, 피해와 관련한 동영상을 시청하며 이야기를 나눈다. T: 지진은 왜 발생할까요? T: 지진대란 무엇일까요? 지진에 따라 왜 피해 정도가 달라질까요? • 활동지를 제시한 뒤, 지진 발생 장면 찾기를 한다. T: 선생님이 그림을 한 장씩 나눠 줄 거예요. 그림에서 지진이 발생했을 때의 장면을 찾아 동그라미를 그려 주세요.	12′
	자연탐구	• 지구 내부의 힘과 지진에 관한 실험을 함께한다. (우드락에 힘을 가해요) T: 얇은 컬러 우드락을 겹쳐 지층을 만들어 보세요. T: 양손으로 우드락을 잡고 힘을 가해 보세요. • 우드락이 휘어지다가 끊어지는 것을 확인한다. T: 우드락이 왜 끊어졌을까요? T: 지층, 습곡, 지진은 여기에서 각각 어떤 것을 말할까요?	10′
마무리	의사소통	• 퀴즈를 함께 풀면서 지진에 대한 내용을 정리한다. T: 여러분, 오늘 지진에 대해 더 잘 알게 되었나요? T: 여러분이 잘 기억하고 있는지 마지막으로 문제를 내 볼게요. 맞으면 ○, 틀리면 ×라고 말해 주세요.	3′
지도 시 유의점		* 유아의 수준에 맞는 동화책과 교육 동영상을 선정한다. 이를 통해 유아의 흥미를 이끌어 내면서도 적절한 정보의 전달이 이루어질 수 있도록 한다.	

활동 자료

재난유형	지진이 발생하면 어떻게 될까요?	(　　　　)반
지진		이름:

지진이 발생하면 어떤 일이 생길까요? 아래에서 고르세요.

○ 

○ 

○ 

○ 

○ 

○ 

활동명	어디로 대피하나요?	활동 대상	5세
활동 목표	인근 공터, 대피소의 위치를 알게 된다.	활동 영역	의사소통, 예술경험 자연탐구
활동 자료	지진 동요, 하드보드지, 나무블록(나무, 사람 모형), 활동지 등		

단계	영역	내용	시간
도입	의사소통	• 지난 활동에 대해 이야기를 나눈다. T: 지난 시간에 우리가 지진에 대해 알아본 것들이 기억나나요? T: 우리가 무엇에 대해 이야기하였지요?	5′
	예술경험	• 지진 동요를 함께 배운다. T: 〈지진대피 약속해〉라는 지진 동요를 함께 배워 보아요.	
전개	자연탐구	• 지진 발생 모의실험(대피 장소 찾기)을 해 본다. T: 우리가 지진이 발생하면 어떻게 되는지 실험을 해 볼 거예요. T: 먼저, 앞에 있는 하드보드지는 땅이고 그 위에 블록으로 건물을 쌓아 보아요. 높은 건물, 낮은 건물, 건물이 많은 곳, 건물이 적은 곳 등이 있겠지요. T: 그다음으로는 하드보드지(땅)를 흔들어 보세요. T: 어떤 일이 일어나나요? 어떤 곳이 안전할까요?	10′
	자연탐구	• 우리 동네 대피소를 찾아본다. T: 이제 지진이 발생하면 우리가 어디로 대피해야 할지 우리 동네 대피소를 찾아볼 거예요. T: 인터넷에서 선생님이 대피소를 찾아보았어요. T: (지도를 보여 주며) 자, 우리 유치원은 여기에 있고, 대피소는 여기에 있네요. 대피소가 유치원을 기준으로 어느 방향, 어느 위치에 있나요? T: 이제 확인한 것을 그림으로 그려 볼까요? (활동지 이용)	10′
마무리	의사소통	• 지진 발생 시 대피 장소에 대한 내용을 정리해 본다. T: 지진이 발생하면 어디로 대피해야 하나요? T: 우리 동네 대피소는 어디에 있었지요?	5′
지도 시 유의점		* 지도 그리기 활동은 유아의 수준에 맞게 구성하고 실시한다. 지도에 이정표를 제시하거나, 유아를 소집단으로 구성하여 활동을 진행한다.	

활동 자료

지진대피 약속해

재난유형	지진이 발생하면 어디로 대피할까요?	(　　　　)반
지진		이름:

유치원 인근의 넓은 공터, 가까운 대피소는 어디에 있나요?

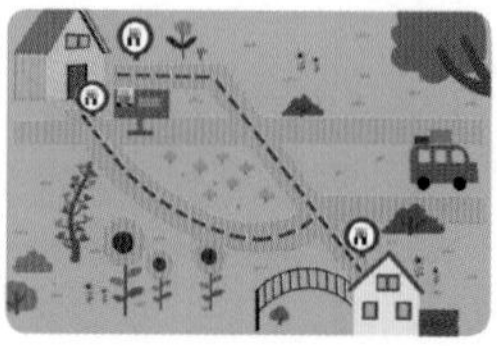

2) 지진 발생 시(대응)

활동명	지진이 났어요!	활동 대상	5세
활동 목표	지진 발생 시 대응 방법을 알게 된다. 안전을 위한 주의사항을 알게 된다.	활동 영역	의사소통 신체운동 · 건강
활동 자료	동화책, 교육 동영상, 퀴즈 활동을 위한 교구(그림 자료, ○X 판), 활동지		

단계	영역	내용	시간
도입	의사소통	• 지진을 경험하는 주인공이 등장하는 동화책을 읽어 주며 유아의 흥미를 유발한다. T: 지진이 발생하니 ○○(주인공)가 어떻게 하였나요? T: 왜 그렇게 하였나요?	5′
전개	의사소통	• 지진 대응 방법에 대한 동영상을 시청하고 이야기를 나눈다. T: 지진이 발생하면 가장 먼저 어떻게 해야 하나요? T: 왜 그렇게 해야 하나요? T: 그다음에 또 어떻게 해야 하지요? T: 왜 그렇게 해야 하나요? T: 엄마, 아빠를 잃어버렸을 때에는 어떻게 해야 하나요?	13′
	의사소통 신체운동 · 건강	• 동영상에서 다루지 않은 주의사항에 대해 더 이야기를 나눈다. (퀴즈 형식으로 진행) T: (지진 발생 시 전선을 만지고 있는 친구의 그림을 보여 주며) 자, 이 친구가 지금 무엇을 하고 있지요? 이렇게 해도 될까요? T: 해도 된다고 생각하는 친구는 ○라고 쓰인 곳으로, 안 된다고 생각하는 친구는 ×라고 쓰인 곳으로 모여 주세요. T: 왜 그렇게 생각했나요? • 활동지를 제시한 뒤, 관련 사항을 확인한다. T: 선생님이 그림을 한 장씩 나눠 줄 거예요. 지진이 발생했을 때, 올바른 행동을 하고 있는 친구들을 찾아 동그라미를 그려 주세요.	7′
마무리	의사소통	• 지진 발생 시 대응 행동에 대한 내용을 정리해 본다. T: 오늘 지진 대응 행동에 대해 잘 알게 되었나요? T: 지진이 발생하면 어떻게 해야 하나요?	5′
지도 시 유의점		* 유아의 수준에 맞는 동화책과 교육 동영상을 선정하여 교육활동을 진행한다.	

⚽ 활동 자료

재난유형	지진이 발생했어요! 어떻게 대응할까요?	( )반
지진		이름:

지진이 발생했어요! 잘 대응하고 있는 친구들을 찾아보아요.

[교실 내부]

타원형 탁자 아래 들어가 다리를 잡고 있는 친구

바닥의 전선을 만지려고 하는 친구

창문 옆에 서 있는 친구

네모난 탁자 아래 들어가 손으로 머리를 감싸고 있는 친구

교실 문 앞을 의자로 막고 있는 친구

활동명	우리 모두 대피해요!	활동 대상	5세
활동 목표	지진 발생 시 대응 및 대피 방법을 직접 체험해 본다.	활동 영역	의사소통, 예술경험 신체운동 · 건강
활동 자료	지진 동요, 책상, 방석, 활동지		

단계	영역	내용	시간
도입	예술경험	• 〈지진대피 약속해〉 동요를 다시 불러 보며, 율동을 새롭게 배워 본다. T: 지난번에 우리 함께 배웠던 동요 기억하나요? T: 그 동요를 다 같이 불러 볼까요? T: 이번에는 가사에 맞추어서 율동을 새롭게 배워 보아요.	5′
전개	신체운동 · 건강	• 지진 발생 시 실내 대응 방법을 게임 활동을 통해 익힌다. T: 지난 시간에 지진이 나면 가장 먼저 무엇을 해야 한다고 하였죠? T: 오늘은 그것을 게임 활동으로 함께 해 볼 거예요. T: 여기에 방석이 있지요? (방석 수는 유아 수보다 하나 적게 함) T: 이제 선생님이 호루라기를 불면, 방석을 들고 책상 아래로 들어가서 머리를 보호하는 거예요. 책상에 들어갈 때 조심하세요. T: 자, 그럼 시작해 볼게요. 삐~~~ • 교사는 방석의 수를 줄여 가면서 몇 번 더 진행한다.	10′
	신체운동 · 건강	• 실외 대피 체험 활동을 해 본다. T: 지난 시간에 우리 동네 대피소가 어디에 있었다고 했는지 기억하나요? T: 우리가 그렸던 지도를 보면서 다시 확인해 볼까요? (활동지 이용) T: 오늘은 우리가 이 대피소를 가볼 거예요. 만약 지진이 났다고 생각하고 머리를 손으로 보호한 뒤 질서 있게 대피소로 대피해 보아요.	13′
마무리	의사소통	• 오늘 활동에 대해 이야기하며 마무리한다. T: 오늘 우리가 무엇을 하였지요? T: 그럼 지진이 실제로 발생하면 우리가 어떻게 해야 할까요?	2′
지도 시 유의점		* 실외 대피 체험 시 인근의 대피소가 먼 경우 유치원 근처의 공터로 이동한다. * 실내에서 게임 활동을 할 경우 유아의 안전에 주의한다.	

활동 자료

지진대피 약속해

① 몸이 흔들리는 동작을 한다.

② 손으로 네모를 그린다.

③ 두 팔을 앞뒤로 흔든다.

④ 머리를 손 위로 한다.

⑤ 새끼손가락을 위로 든다.

⑥ 새끼손가락을 구부린다.

⑦ 손목을 회전하며 돌린다.

⑧ 손바닥을 아래위로 한다.

⑨ 양팔로 엑스 표시를 한다.

⑩ 두 팔을 앞뒤로 흔든다.

⑪ 두 손으로 큰 원을 그린다.

⑫ 두 팔을 앞뒤로 흔든다.

⑬ 두 팔을 가슴으로 모은다.

재난유형	지진이 발생하면 어디로 대피할까요?	(　　　　)반
지진		이름:

유치원 인근의 넓은 공터, 가까운 대피소는 어디에 있나요?
(※ [활동지 2]에 유아가 직접 완성한 지도를 이용한다.)

3) 지진 종료 후(복구)

활동명	우리 모두 힘을 모아요!	활동 대상	5세
활동 목표	지진 종료 후 피해 복구에 대해 알게 된다.	활동 영역	의사소통, 사회관계
활동 자료	동화책, 역할극 소품(전화기, 구급상자 등), 사진 자료, 활동지		

단계	영역	내용	시간
도입	의사소통	• 동화책을 읽어 주며 지진 피해 복구에 대해 이야기를 나눈다. T: 이제 지진이 다 끝났어요. 건물과 마을이 어떻게 변하였죠? T: 이제 이것들을 어떻게 복구해야 할까요?	5′
전개	사회관계	• 부상자가 생겼을 때 대응 방법에 대해 이야기를 나눈다. T: 지진이 발생하였을 때, ○○가 큰 가구에 깔려 크게 다쳤어요. 어떻게 해야 할까요? T: 그래요, 먼저 부상자를 발견하면 119에 신고를 해야 하지요. 또 무엇을 해야 할까요? 그렇지요. 이 사람에게 응급처치를 해 줄 어른을 찾아봐야 할 것 같아요. 또 ○○를 어떻게 해야 할까요? 맞아요. 병원으로 이송해야 해요. T: 자, 이제 우리가 역할을 나누어서 지진이 발생했을 때 부상자를 구조하는 역할극을 해 볼 거예요. • 부상자를 구조하는 역할극을 해 본다.	15′
	의사소통	• 부서진 건물, 도로 등을 어떻게 복구해야 할지 이야기를 나눈다. T: (사진을 보여 주며) 지진이 모두 끝난 후 어떻게 되었지요? 이렇게 부서진 건물과 도로를 어떻게 복구해야 할까요? T: 건물 안으로 들어갔더니 전기와 가스가 나오지 않아요. 어떻게 해야 할까요? • 활동지에서 지진 복구 전과 후를 연결해 본다. T: 선생님이 그림을 한 장씩 나눠 줄 거예요. 그림에서 지진이 발생한 후와 모두 복구한 후를 선으로 이어 주세요.	8′
마무리	의사소통	• 지진 복구 방법에 대해 다시 한 번 정리해 본다. T: 오늘 우리가 이야기한 것들을 정리해 볼게요. 오늘 우리가 무슨 이야기를 나누었지요?	2′
지도 시 유의점	* 활동 시간이 넉넉하면 역할극 활동 시 역할을 돌아가면서 맡아 본다.		

활동 자료

재난유형	지진이 복구되면 어떤 모습일까요?	(　　　　)반
지진		이름:

지진이 복구되기 전 모습과 복구된 후의 모습을 연결해 주세요.

재난유형	지진이 발생하면 어떻게 될까요?	( )반
지진		이름:

지진이 발생하면 어떤 일이 생길까요? 아래에서 고르세요.

◯

◯

◯

◯

◯

◯

재난유형	지진이 발생하면 어디로 대피할까요?	(　　　　　　)반
지진		이름:

유치원 인근의 넓은 공터, 가까운 대피소는 어디에 있나요?

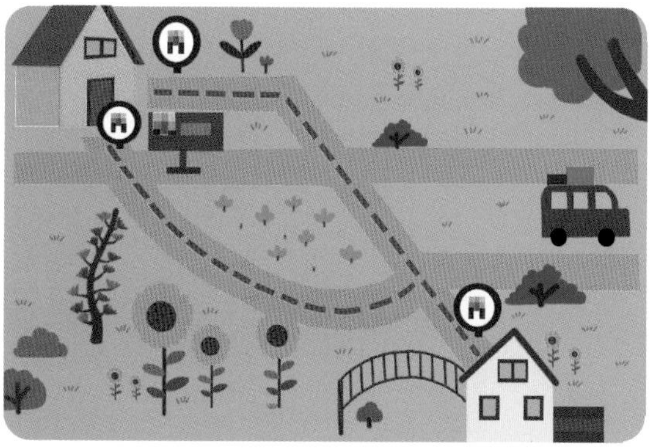

재난유형	지진이 발생했어요!	( )반
지진	어떻게 대응할까요?	이름:

지진이 발생했어요! 잘 대응하고 있는 친구들을 찾아보아요.

[교실 내부]

타원형 탁자 아래 들어가 다리를 잡고 있는 친구

바닥의 전선을 만지려고 하는 친구

창문 옆에 서 있는 친구

네모난 탁자 아래 들어가 손으로 머리를 감싸고 있는 친구

교실 문 앞을 의자로 막고 있는 친구

재난유형	지진이 발생하면 어디로 대피할까요?	(　　　　　　)반
지진		이름:

유치원 인근의 넓은 공터, 가까운 대피소는 어디에 있나요?

(※ [활동지 2]에 유아가 직접 완성한 지도를 이용한다.)

재난유형	지진이 복구되면 어떤 모습일까요?	(　　　　　)반
지진		이름:

지진이 복구되기 전 모습과 복구된 후의 모습을 연결해 주세요.

●　　　●

●　　　●

●　　　●

4. 참고자료

체험학습 정보

- 서울 시민안전체험관(보라매안전체험관, 광나루안전체험관):
  http://safe119.seoul.go.kr
- 경기도재난안전본부 – 재난안전 참여서비스 – 119이동안전차량:
  http://119.gg.go.kr
- 경기도과학교육원 북부 기초과학교육관(간이 지진 체험):
  http://ujb.gise.kr

관련 사이트 정보

- 행정안전부(www.mois.go.kr)
- 교육부(www.moe.go.kr)
- 보건복지부(www.mohw.go.kr)
- 소방청(www.nfa.go.kr/nfa)
- 해양경찰청(www.kcg.go.kr)
- 기상청(www.kma.go.kr)
- 국민재난안전포털(www.safekorea.go.kr)

기타 정보

- 전화: 기상청 날씨예보(☎ 131), 119구조대(☎ 119)
- 앱: 안전디딤돌

참고문헌

- 2016 어린이집 지진 관리 · 대응 매뉴얼(보건복지부, 한국보육진흥원), 2013 안전교육길라잡이(경기도교육청), 2011 그것이 알고 싶다 지진(기상청), 2011 학교현장 재난유형별 교육 · 훈련매뉴얼(교육부), 2008 재난대비 국민행동매뉴얼 안전 길라잡이(소방방재청), 2015 어린이집 안전관리백과 – 소방, 재난, 자연

재해편(어린이집 안전공제회), 2016 비상대피훈련 시나리오(보건복지부), 재난안전 체험형 안전교육 교수 · 학습자료(경기도교육청), 9.12 지진 백서, 9.12 지진과 그후 180일간의 기록(국민안전처, 2017), 중앙일보(2017. 7. 25.)(http://news.joins.com/article/21786915), 케이에스피뉴스(2017. 7. 26.). (http://kspnews.com/news/view.html?section=79&category=84&no=95042)

동화책

- 최선영(2011). 땅이 흔들흔들 앗, 지진이다! 형설아이.
- 로이비쥬얼(2016). 로보카 폴리 우르르 쾅, 지진 발생! 로이북스.
- 김석주(2011).(우당탕탕 아이쿠) 아이쿠야 조심해: 지진안전편. 우리집이 흔들려요! 서울문화사.

동영상

- 지진에서 살아남기 | 경주지진 | 한국은 더 이상 안전지대가 아닌가요?| 지니키즈★서바이벌. https://www.youtube.com/watch?v=2J941L3l-P0
- 어린이 안전교육동화 동영상[자연재해 지진안전 대피훈련 | 베이비버스 유아교육동화영상 | 인기안전생활동화]. https://www.youtube.com/watch?v=rIsMwRmVMdI
- 국민이 안전이와 함께하는 지진 안전수칙. https://www.youtube.com/watch?v=7UlVox6ejRc

동요

- 꼭꼭 약속해(작사, 작곡 미상)를 개사하여 사용함.

제2장

지진해일

1. 지진해일에 대한 이해

1) 지진해일의 정의

지진해일은 지진, 해저 화산폭발 등으로 해수면이 급격하게 상승 또는 하강하여 만들어지는 파장이 긴 파도를 말하며, 흔히 쓰나미(津波, Tsunami)라고도 불린다.

2) 지진해일의 특성

(1) 발생원인

- 지진해일은 지진, 해저 화산폭발, 해저 산사태, 운석 충돌 등 여러 가지 원인으로 발생한다.
- 지진해일을 일으키는 가장 큰 원인은 해저에서 발생하는 대규모 지진이며, 진원의 깊이가 얕고(해저 지각 50km 이내) 수직운동을 동반하는 규모 6.5 이상의 강진이 발생할 때 지진해일이 수반된다.
- 발생 가능성은 낮지만 해저에서 격렬한 화산 폭발이 일어나거나 해저 지반이 대규모로 붕괴할 때 지진해일이 발생한다.
- 매우 드문 경우로 소행성 또는 운석이 지구에 충돌할 때 지진해일이 발생한다.

(2) 발생과정

- 해저 지각에 큰 충격이 가해지면 해수면의 높이가 급격하게 변화하여 파장이 매우 긴 파동이 형성된다.
- 심해에서 시속 700~800km의 속도로 이동한다.
- 근해로 접근하면서 속도는 45~60km까지 느려진다.
- 지진해일이 육지로 가까워질 때 파동의 뒤쪽에 비해 앞쪽의 진행 속도가 느려져 그 사이에 응축된 에너지가 높은 파고로 바뀌게 된다.

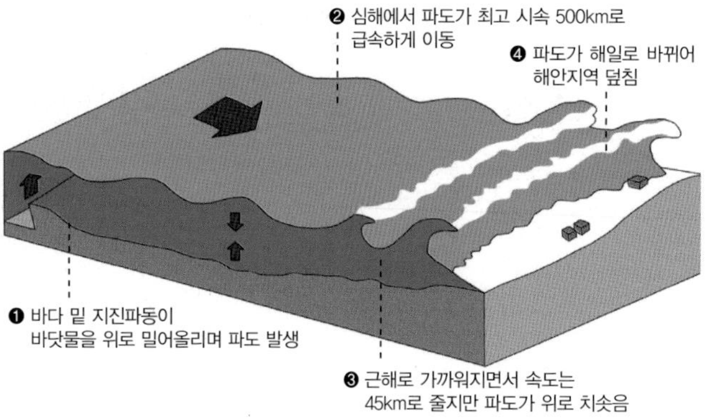

[그림 2-1] 지진해일 발생 과정

출처: 동아일보(www.donga.com).

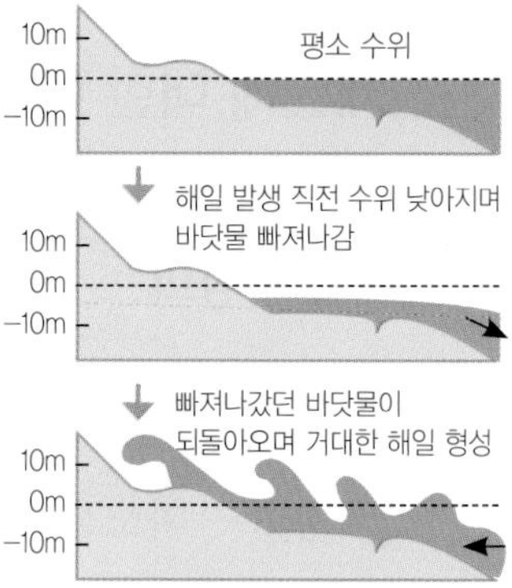

[그림 2-2] 해일 발생 시 수위 변화 과정

출처: 동아일보(www.donga.com).

(3) 지진해일의 영향

- 심해: 파고의 변화가 크지 않아 바다 위의 배, 바다 아래에서 작업 중인 잠수부 등이 지진해일을 거의 감지하지 못하며, 피해도 거의 입지 않는다.
- 해안: 파고가 급격하게 높아져 해안 주변에 있는 사람, 선박, 건물 등이 큰 피해를 입게 되며, 약 1m 정도의 파고도 건물을 파괴하는 강력한 힘을 가진다.

(4) 지진해일의 이동

- 지진해일이 발생하면 파동 에너지가 바다에서 별다른 장애물이 없이 멀리까지 빠르게 이동하여 매우 넓고 먼 지역까지 피해를 끼친다.
- 2014년 12월 인도네시아 수마트라섬 부근에서 발생한 지진해일은 태국, 인도, 스리랑카의 해안지역뿐 아니라 인도양을 지나 아프리카 동부해안까지 영향을 미치기도 했다.
- 태평양에서 발생한 지질해일은 지구의 반대편 지점에 불과 하루 만에 도달할 수 있다.

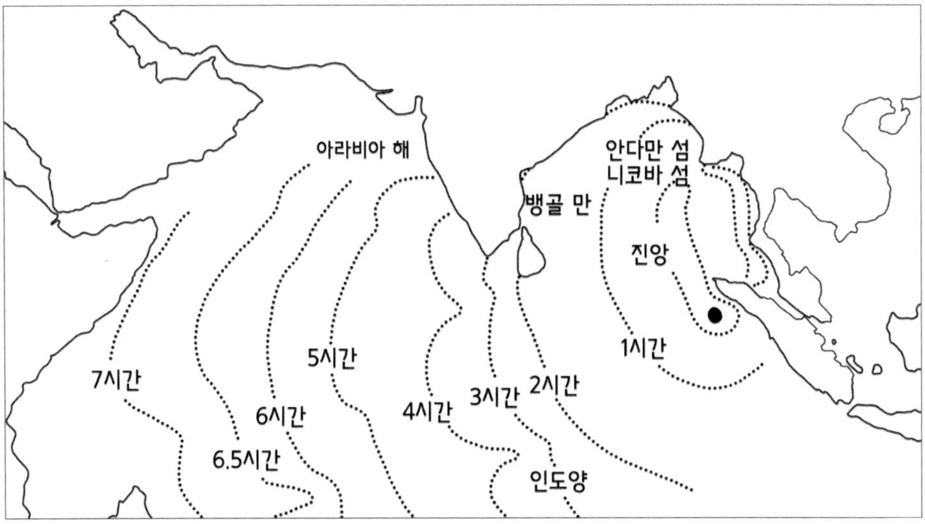

[그림 2-3] 인도네시아 수마트라섬에서 발생한 지진해일(규모 9의 해저 지진)의 전파 영역과 전파 시간

3) 지진해일의 관측과 예보

(1) 지진해일의 관측

지진해일도 검조기를 이용하거나 DART 시스템을 이용하여 관측한다.

검조기의 이용

- 해양관측소에서는 검조기로 해수면의 변화를 측정하고 지진해일을 관측한다.
- 검조기는 원래 주기가 긴 조석을 관측하는 장비로 짧은 주기의 지진해일을 관측하기에는 어려움이 있고, 해안에서만 관측할 수 있다는 한계가 있다.

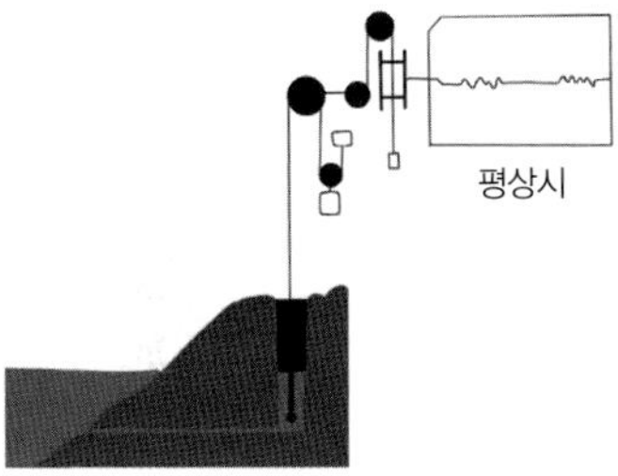

[그림 2-4] 검조기에 의한 해수면 변화 측정 (평상시)

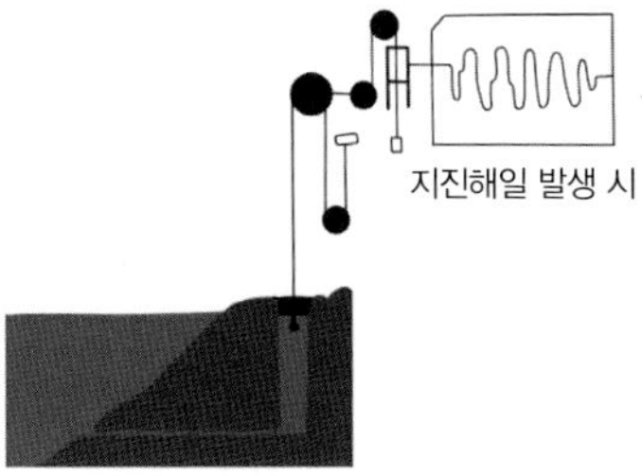

[그림 2-5] 검조기에 의한 해수면 변화 측정 (지진해일 발생 시)

DART(지진해일 심해 감지 및 경보) 시스템의 이용

- 검조기의 한계를 보완하기 위해 개발된 DART 시스템은 지진대 근처의 심해에 설치된다.
- 해저수압센서로 심해(약 4500m)의 압력 변화를 측정하고(지진해일 통과 시 해수 부피 증가로 압력 증가), 이러한 정보를 바다 위 부표로 전송하여 인공위성을 통해 지상의 관측소로 전달하며, 최종적으로 지진해일 경보 센터로 전달한다.
- 지진해일의 이동과 접근을 알 수 있다.

[그림 2-6] DART 시스템을 이용한 지질해일의 관측 과정

(2) 지진해일의 예보

- 지진과 마찬가지로 지진해일의 정확한 발생 시점은 예측할 수 없으나, 지진해일이 각 지역에 도달하는 시간은 예측이 가능하다(예: 일본 북서 근해에서 지진이 발생하면 1시간~1시간 30분 후 지진해일이 우리나라에 도달).
- 정부간해양학위원회(UNESCO-IOC)는 각 지역의 관측 체제를 연결함으로써 전지구 지진해일 경보 시스템을 구축하기 위해 노력하고 있다.

• 우리나라 기상청에서는 한반도 지진해일 예측을 위한 지진해일 DB를 구축 · 운영하고 있으며, 이를 통해 한반도 주변 해역에서 지진 발생 시 우리나라 각 해안별 지진해일 내습 시점과 파고를 예상할 수 있다.

지진해일 특보

구분		내용
지진해일 특보	지진해일 주의보	한반도 주변해역(21°N~45°N, 110°E~145°E)에서 규모 7.0 이상의 해저 지진이 발생하여 우리나라 해안가에 해일파고 0.5~1.0m 미만의 지진해일 내습이 예상될 때
	지진해일 경보	한반도 주변해역(21°N~45°N, 110°E~145°E)에서 규모 7.0 이상의 해저 지진이 발생하여 우리나라 해안가에 해일파고 1.0m 이상의 지진해일 내습이 예상될 때

4) 지진해일의 발생현황

(1) 주요 발생 지역

• 대부분의 지진해일은 환태평양지진대에서 발생하는데, 이 지역은 태평양판이 다른 여러 판들 아래로 침강하는 판의 경계 부분에 해당한다.

• 지진해일은 일본, 필리핀, 인도네시아, 태평양 북서부 지역, 알래스카, 알류샨 열도, 태평양 북동부 지역(캐스캐디아 주변), 남미 등에서 자주 발생하며, 대서양에서는 카리브해와 대서양 남서부, 대서양 북동부 지역, 지중해와 인근해역 등에서 주로 발생한다.

(2) 지진해일 발생 및 피해

세계의 주요 지진해일

• (2004. 12. 26.) 인도네시아 수마트라섬 부근 지진해일(원인: 규모 9.0의 강진)은 21세기 들어 가장 강력한 지진해일이었으며, 인도네시아, 스리랑카, 인도, 태국 등 주변국들에 엄청난 피해(약 15만 명 사망)를 가져왔다.

• (2011. 3. 11.) 일본 혼슈 지진해일(원인: 규모 9.0의 강진)은 이와테현을 비롯한 일

본의 많은 해안 지역을 강타하고 후쿠시마 원전을 덮쳐서 큰 인명 피해(약 2만 5천 명 사망 및 실종)와 경제적 손실(약 40조 원)을 가져왔고, 초대형 방사능 누출이 발생하였다.

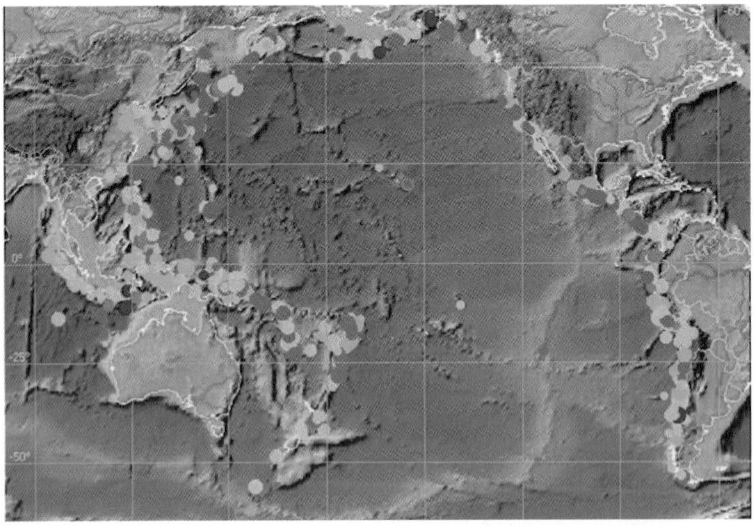

[그림 2-7] 태평양 주변의 지진해일 유발지진 진앙분포도

출처: 기상청(http://www.kma.go.kr).

국내의 주요 지진해일

- 한반도는 환태평양지진대에서 비켜나 있고, 일본 열도가 방파제의 역할을 하여 지진해일의 위협을 덜 받아 왔으나, 최근 발생한 두 차례의 지진해일에 의해 우리나라 동해안이 상당한 피해를 입었고, 더 이상 우리나라도 지진과 지진해일의 안전지대가 아니라는 주장이 제기되었다.
- (1983. 5. 26.) 일본 아키다현 지진해일(원인: 규모 7.7의 지진)로 인해 우리나라 동해안에 파고가 약 3m에 달하는 해일이 밀려와서 인명 피해(5명), 선박 피해(81척), 건물 및 시설 피해(44동)와 약 3억 7천여만 원의 재산 피해가 발생하였다.
- (1993. 7. 12.) 일본 홋카이도 오쿠시리섬 지진해일(원인: 규모 7.8의 지진)로 인해 우리나라 동해안 일대에 최대 2~3m 파고의 해일이 밀려왔는데, 기상청의 신속한 대처(지진해일특보 발령 등)로 인명 피해는 발생하지 않았고, 재산 피해(약 3억 9천여만 원)도 줄일 수 있었다.

2. 지진해일 대비 및 대응 매뉴얼

1) 행동 매뉴얼

(1) 지진해일 발생 전(예방 및 대비)

유치원의 지진해일 대비책으로는 비상 연락망 점검, 지진해일 대피 계획 마련, 지진해일 대응 교육 및 지진해일 대피 훈련 실시, 비상용품 구비, 가정 및 지역사회와의 연계 등을 포함한다.

① 비상 연락망 점검

- 유아 비상 연락망(부모 등)을 점검, 확인한다.
- 유치원 교사 및 교육관계자의 비상 연락망을 점검, 확인한다.
- 지역사회 관계기관(주민자치센터, 소방서, 경찰서 등)의 연락처를 확인하고, 비상 연락체제를 구축한다.

② 지진해일 대피 계획 마련

- 상황별 지진해일 대피 계획을 마련한다.
- 유치원이 해안에 인접하여 위치해 있을 경우 인근의 대피 장소(높은 지역, 높은 건물 등)를 확인하고 숙지한다.
- 교직원의 역할(관련기관 연락, 유아 인솔 등)을 분담한다.
- 해안지역으로의 현장학습이 계획되면 교사는 미리 장소를 방문하여 주변 지형과 대피 장소를 확인한다.

③ 지진해일 대응 교육 및 지진해일 대피 훈련 실시

- 유아 지진해일 대응 교육활동을 영역 통합적으로 계획하고 실시한다.
  (지진해일에 대한 이해, 지진해일 발생 시 행동요령, 대피 장소 등)
- 교사 및 교육관계자를 대상으로 지진해일 대응 사전교육을 실시한다(지진해일 발생 시 행동요령, 대피 장소, 대피 경로 등).

- 상황별 시나리오를 마련하여 유치원 전 구성원을 대상으로 한 대피 훈련을 실시한다(교직원의 역할 분담 및 대피 훈련 실시).

④ 비상용품 구비

- 지진해일 대피 시 지참할 비상용품을 구비해 두고, 담당 교사는 보관 장소와 사용법을 알아 둔다.

비상식품	물, 초코바, 가공식품, 통조림, 라면 등
구급약품	감기약, 해열제, 소화제, 연고 등이 포함된 구급함
생존용품	휴대폰, 예비배터리, 손전등, 건전지, 휴대용 라디오, 호루라기, 라이터, 다용도 칼 등
체온유지 용품	의류, 양말, 담요, 장갑, 모자, 우비 등
기타	화장지, 물티슈, 비닐봉투, 비상 연락망, 비상금 등

⑤ 가정 및 지역사회와의 연계

- 부모를 대상으로 지진해일 대응 사전교육을 실시한다.
  (지진해일 발생 시 행동요령, 대피 장소, 가정연계 유아 교육 등)
- 지진해일 발생 시 유아가 해안가 부근에 있을 때, 배 위에 있을 때, 유치원에 있을 때 등 부모의 상황별 행동요령을 마련하여 가정에 보낸다.
- 지진해일 재해 정보를 얻을 수 있는 공공 기관의 연락처를 알아 둔다.
- 정부에서 제공하는 재난정보 알림 애플리케이션을 휴대폰에 설치해 둔다.
  (안전디딤돌, 기상청 지진해일 정보 알리미 등)

(2) 지진해일 발생 시(대응)

상황별 지진해일 대응 행동요령은 다음과 같다.

① 유치원(해안가 근처) 내에 있을 때

일반적인 경우

- 지진해일 경보가 발령되면 지진해일 도착 예정 시간을 확인하고, 원장은 유아와 전 교직원의 신속한 대피를 지시한다(일본 근해에서 지진 발생 시 보통 1~2시간 이내에 동해안에 지진해일이 도달).
- 유아와 전 교직원은 신속하게 대피소나 고지대로 대피한다.
- 더 멀리 대피하기보다 더 높은 곳으로 대피한다.
- 유아의 안전을 확보하고 인원수를 확인한다.
- 지진해일이 여러 번 내습할 수 있으므로 교사는 기상특보를 경청하고 지진해일 특보가 해제될 때까지 다른 장소로 이동하지 않는다.

국지적인 지진해일 발생 시

- 유치원 내에서 강한 지진동을 감지했을 때에는(인근에서 발생한 지진으로 인해 수 분 이내에 지진해일이 내습할 수 있음) 지진해일 경보가 없더라도 원장에게 즉시 알리고 유아와 전 교직원이 고지대로 신속하게 대피한다.
- 멀리 이동하기보다 주변 건물의 3층 이상으로 대피한다.
(지진에 의해 손상되지 않은 안전한 건물의 상층부로 이동)
- 재난 안내방송을 통해 상황을 파악하고 안전한 상황이 될 때까지 대피 장소에서 이동하지 않는다.

② 유치원(해안가 근처) 밖에 있을 때

- 지진해일 경보가 발령되거나 강한 지진동을 감지하면 유아들을 한곳으로 모으고 인근의 고지대로 신속하게 이동한다.
- 이동 시 유아의 안전을 확보하고 유아의 인원수를 확인한다.
- 교사는 유치원(원장, 주임교사 등)에 유아와 교사의 위치, 유아의 안전 상태 등을 알린다.

- 재난 안내방송을 통해 상황을 파악하고 안전한 상황이 될 때까지 대피 장소에 머무른다.

③ 해안가로 현장학습을 갔을 때

- 해안가 현장학습 중 지진해일 경보가 발령되거나 강한 지진동을 감지하면 유아들을 한곳으로 모으고, 교사가 미리 확인해 둔 인근의 고지대로 신속하게 대피한다.
- 유치원과 학부모에게 유아의 위치와 안전 상태를 알린다.
- 교사는 기상특보, 재난 안내방송 등을 경청하며 상황을 파악하고, 안전한 상황이 될 때까지 다른 장소로 이동하지 않는다.

④ 배를 타고 있을 때

- 현장학습 등으로 배를 타고 있을 때 지진해일 경보가 발령되면 지진해일의 예상 도착 시간 및 배의 위치(해안, 먼 바다 등)를 고려하여 적절하게 대응한다.

  - 배가 해안가에 있고 지진해일의 예상 도착 시간이 1시간 이상 남은 경우: 배를 출항하여 지진해일이 모두 지나갈 때까지 바다에 머무른다.
  - 배가 해안가에 있고 지진해일의 예상 도착 시간이 임박한 경우: 즉시 인근의 고지대, 높은 건물 등으로 대피한다.
  - 배가 먼 바다에 있을 경우: 지진해일이 모두 지나가고 지진해일 경보가 해제될 때까지 해안으로 돌아오지 않는다.

- 유아의 안전을 확보한 후 유치원과 부모에게 유아의 위치와 안전 상태 등을 알린다.

• 기상특보와 지진해일 안내방송을 경청하여 발생 상황을 확인하고, 상황이 진정되면 유아를 안전하게 이동시킨다.

(3) 지진해일 종료 후(복구)

지진해일 종료 후 유치원의 교직원은 피해 상황 파악 및 교육청 보고, 2차 재난 방지를 위한 점검 및 응급조치, 피해 복구 및 비상수업 대책 마련 등과 관련한 활동을 한다.

① 피해 상황 파악 및 교육청 보고

• 지진해일 종료 후 부상자를 확인하고, 응급처치 후 병원으로 이송한다.
• 유치원(해안가 근처) 건물 및 주변시설의 피해 상황을 파악한다.
• 부상자와 유치원 피해 상황을 교육청에 보고한다.
• 재난 상황에 따라 원장은 유아의 조기귀가, 휴원 등의 조치를 취하고 부모에게 알린다.

② 2차 재난(여진, 지진해일 등) 방지를 위한 점검 및 응급조치

• 라디오, 휴대폰 등으로 2차 재난 예보를 청취하고 여진, 지진해일 등에 대비해 유치원 시설물을 점검한다.
• 지진해일 발생 시 통신기기의 사용 폭주로 통신에 일시적 장애가 있을 수 있기 때문에 라디오 등을 통한 공공기관의 정보에 따라 침착하게 대처한다.

③ 피해 복구 및 비상수업 대책 마련

• 지진해일로 붕괴되거나 균열이 발견된 건물과 주변시설을 복구, 보강하고 파손된 집기와 시설물을 건물 밖으로 꺼내 피해 공간을 정리한다.
• 가스, 전기, 수도관 등의 이상을 확인하고, 관련 기관의 도움을 받아 피해를 복구한다.
• 원장은 유관기관(교육청 등)과 긴밀하게 협조 체제를 구축하고 유치원 피해 복구 과정과 이후의 비상수업에 대한 대책을 마련한다.
• 원장은 재난 상황에 따라 유치원 운영 여부를 결정하고 유치원 운영 방침을 부모에게 유선(문자, 통화 등)으로 전달한다.

2) 부모 지침서

유치원에서는 평상시 부모교육을 통해 부모에게 지진해일 대응 행동요령, 지진해일 발생 시 주의사항 등을 전달할 필요가 있다.

지진해일이 발생하면 이렇게 행동해 주세요!

- 해안가 근처에서 지진해일 특보가 발령되면 즉시 고지대로 대피합니다.
- 지진해일 특보가 발령되지 않은 경우라도 해안가 근처에서 강한 지진동을 감지하면 신속하게 고지대로 이동합니다(지진해일은 물이 빠지는 것으로 시작되는 경우도 있고, 항구 바닥이 드러나기도 합니다).
- 빠르고 침착하게 대피하며 가능한 한 높은 곳(아파트 옥상 등)으로 대피합니다.
- 지진해일은 일반적으로 연속하여 여러 번 내습하기 때문에 안전한 상황이 확인되지 않은 경우 다른 장소로 이동하지 않습니다.
- 해상에 있을 때에는 지진해일 특보가 해제될 때까지 육지로 돌아오지 않습니다.

지진해일에 대비하여 이러한 점을 주의해 주세요!

- 평소 유치원에 부모와 부모 이외의 인계자의 인적사항 및 연락처를 전달합니다.
- 지진해일 내습 시 유아의 대피 장소를 알아 두고, 유치원, 교사, 유아의 친구 부모 등의 연락처를 저장해 둡니다.
- 지진해일 내습 시 유아와 부모의 안부를 상호 확인하고, 재난 상황에 따라 유아 인계 방법(누가 언제 유아를 인계할 것인지)을 교사와 상의합니다.
- 비상시(통신 장애, 전화 불통 등) 부부 사이의 행동지침을 정해 둡니다.
- 아이가 혼자가 될 경우를 대비해 유아의 이름, 연락처 등을 기록한 이름표를 신체에 소지하도록 합니다.
- 재난 상황에서 침착한 대처로 유아의 충격을 완화시키고 유아를 안정시킵니다.

3) 국민행동요령

(1) 국제 지진해일 정보센터 안전수칙

출처: 기상청(http://www.kma.go.kr).

(2) 지진해일 발생 시 행동요령

- 일반적으로 일본 서해 근해에서 규모 7.0 이상의 지진이 발생하면 약 1~2시간 후 우리나라 동해안에 지진해일이 도달한다.

- 지진해일 도달 가능 지역은 우리나라 동해안 전역이고, 파고가 3~4m 정도의 지진해일이 내습한다.

- 심한 흔들림을 감지하면 가까운 곳에서 큰 지진이 발생한 것이며, 특히 해안지역에서는 수분 이내에 지진해일이 밀려올 수 있다.

- 해안에서 지진을 감지하거나 지진해일 경보가 발령되면 즉시 높은 곳으로 대피하고, 저지대의 도로에서 운전 중일 때에는 높은 지대로 대피한다.

- 지진해일 발생 시 '더 멀리'가 아니라 '더 높이' 대피해야 하며, 지정된 대피소로 대피할 시간이 없으면 주변 건물의 3층 이상으로 대피한다.

- 지진해일 특보가 해제되기 전까지는 해안의 낮은 지대로 가지 않는다.

- 바다 한가운데에 있을 때 수심 400m 이상이면 배에 있는 것이 더 안전하고, 바다에 있는 동안 지진해일 특보가 발령되면 항구로 들어와서는 안 된다.

- 배를 정박하고 있을 때 지진해일 특보가 발령되면 우선 지진해일의 예상 도달시간을 확인하고, 여유 시간(1시간 이상)이 있을 경우 배를 출항하고, 지진해일이 곧 도착할 예정이면 배를 부두에 두고 신속하게 고지대로 대피한다.

출처: 울산광역시 홈페이지(http://www.ulsan.go.kr).

3. 지진해일 대비 및 대응 교육활동

1) 지진해일 발생 전(예방 및 대비)

활동명	파도가 몰려와요!	활동 대상	5세
활동 목표	지진해일에 대해 알게 된다. 지진해일의 피해, 심각성에 대해 알게 된다.	활동 영역	의사소통 자연탐구
활동 자료	동화책, 교육 동영상, 활동지, 실험 재료(투명 수조, 자갈, 모래, 원통형 블록 등)		

단계	영역	내용	시간
도입	의사소통	• 동화책을 읽어 주며 지진해일에 대한 유아의 흥미를 유발한다. T: 무슨 일이 일어났나요? T: 지진해일이 일어난 곳은 어떻게 변하였나요? T: 사람들이 어떻게 하였나요?	5′
전개	자연탐구 의사소통	• 지진해일이 발생하는 원인 및 피해와 관련한 동영상을 시청하며 이야기를 나눈다. T: 지진해일은 왜 발생할까요? T: 지진해일의 파도의 높이는 바다와 해안에서 어떻게 다른가요? • 활동지를 제시한 뒤, 지진해일의 파도를 그려 본다. T: 선생님이 그림을 한 장씩 나눠 줄 거예요. 지진해일이 발생했을 때 해안에서 파도가 얼마나 높게 나타나는지 그려 보세요.	12′
	자연탐구	• 지진해일이 발생하면 어떻게 되는지 실험해 본다(작은 투명 수조에 자갈과 모래를 넣어 경사지게 만들어 놓고, 물을 반 정도의 높이까지 부어 준다). T: 여기 물은 바다, 모래는 해안가라고 생각해 보세요. T: 이제 바다에서 물이 상하로 크게 흔들리면 어떻게 될까요? • 원통형 블록을 물에 넣었다 빼기를 반복하며 물이 상하로 흔들리게 한다. T: 물의 움직임을 볼까요? 해안 쪽이 어떤 영향을 받나요? • 유아들도 직접 물을 진동하여 물의 움직임을 관찰할 수 있도록 한다.	10′
마무리	의사소통	• 지진해일의 발생 원인과 과정 등에 대한 내용을 정리한다. T: 여러분, 오늘 지진해일에 대해 더 잘 알게 되었나요? T: 오늘 지진해일에 대해 어떤 내용들을 이야기 나누었지요?	3′
지도 시 유의점		* 유아의 수준에 맞는 동화책과 교육 동영상을 선정한다. 이를 통해 유아의 흥미를 이끌어 내면서도 적절한 정보의 전달이 이루어질 수 있도록 한다. * 유아들이 직접 실험할 때 안전에 주의한다.	

활동 자료

재난유형	지진해일의 파도를 그려 봐요.	( )반
지진해일		이름:

지진해일이 몰려와요. 아래에 지진해일의 파도를 그려 보세요.

활동명	어디로 대피할까요?	활동 대상	5세
활동 목표	지진해일 발생 시 대피 장소를 알게 된다.	활동 영역	의사소통 자연탐구
활동 자료	동화책, 해안가 만들기 재료(모래, 블록 등), 활동지		

단계	영역	내용	시간
도입	의사소통	• 지난 활동에 대해 이야기를 나눈다. T: 지난 시간에 우리가 지진해일에 대해 알아본 것들을 기억하나요? T: 우리가 무엇에 대해 이야기하였지요?	5′
전개	자연탐구 의사소통	• 지진해일이 발생하는 해안가를 만들어 본다. T: 이제 우리 함께 지진해일이 발생하는 해안가를 만들어 보아요. T: 먼저, 여기에 모래로 백사장을 만들고, 그 위에 블록으로 여러분이 마음껏 건물도 올려 보고 주변 환경을 꾸며 보세요. 세 명이 함께 만들어 볼까요? T: 잘 만들고 있네요. 높은 건물도 있고 낮은 건물도 있네요. T: 여기는 어디예요?	10′
	자연탐구	• 만들어 놓은 해안가에서 가장 높은 곳, 대피해야 하는 장소에 대해 이야기를 나눈다. T: 자, 우리가 만든 해안가에 ○○가 있다고 생각해 봐요. 이때 지진해일 파도가 크게 몰려오면 ○○는 어디로 대피해야 할까요? T: 여기에서 가장 높은 곳이 어디인가요? T: 맞아요. 거기가 가장 높은 곳이에요. 그런데 만약 ○○가 시간이 너무 부족해서 멀리 가지 못한다면 어디로 대피해야 할까요? • 활동지를 제시하고 활동지에서 대피할 곳을 찾아본다. T: 자, 이제 선생님이 그림을 하나씩 나눠 줄 거예요. 이 그림에서 지진해일이 몰려올 때 대피해야 할 곳을 찾아서 동그라미를 그려 주세요.	10′
마무리	의사소통	• 지진해일 발생 시 대피 장소에 대한 내용을 정리해 본다. T: 지진해일이 발생하면 어디로 대피해야 하나요?	5′
지도 시 유의점		* 해안가 만들기에서 소그룹 활동의 인원을 상황에 맞추어 조정한다.	

활동 자료

재난유형	지진해일이 발생하면	( )반
지진해일	어디로 대피할까요?	이름:

지진해일이 발생했어요! ○○는 어디로 대피하는 것이 좋을까요?

2) 지진해일 발생 시(대응)

활동명	높이 높이 대피해요	활동 대상	5세
활동 목표	지진 발생 시 대응 방법을 알게 된다. 안전을 위한 주의사항을 알게 된다.	활동 영역	의사소통 신체운동 · 건강
활동 자료	동화책, 교육 동영상, 신체활동 쿠션, 활동지		

단계	영역	내용	시간
도입	의사소통	• 지진해일을 경험하는 주인공이 등장하는 동화책을 읽어 주며 지진 발생 시 어떻게 행동해야 하는지 이야기를 나눈다. T: 지진해일이 발생하니 ○○(주인공)가 어떻게 하였나요? T: 왜 그렇게 하였나요?	5′
전개	의사소통	• 지진해일 대처 방법에 대한 동영상을 시청하고 이야기를 나눈다. T: 지진해일이 발생하면 가장 먼저 어떻게 해야 하나요? T: 왜 그렇게 해야 하나요? T: ○○가 대피 시간이 너무 없어요. 어떻게 해야 하나요? T: ○○가 엄마, 아빠를 잃어버렸어요. 어떻게 해야 하나요?	13′
	신체운동 · 건강	• 지진해일 대피 방법을 동작실에서 신체활동으로 해 본다. (신체활동 쿠션을 높이가 다르게 쌓아 놓는다.) T: 자 여기가 바다예요. 우리는 바닷가에서 놀고 있어요. T: 그런데 갑자기 지진해일이 몰려오고 있어요. 어디로 빨리 대피하면 좋을까요? 선생님이 삐~ 하고 호루라기를 불면 지진해일을 피해 대피하는 거예요. T: (3~4명씩 모둠으로 활동을 진행한다.) 삐~~ T: 잘 했어요. 왜 여기로 대피하였나요?	7′
마무리	의사소통	• 지진해일 발생 시 대처 행동에 대한 내용을 정리해 본다. T: 지진해일이 발생하면 가장 먼저 어떻게 해야 하나요? T: 어떤 곳으로 대피해야 하지요?	5′
지도 시 유의점		* 교실에서 활동지를 이용한 보충 활동을 함께 진행할 수 있다. * 신체활동 진행 시 유아의 안전을 최대한 고려하여 진행한다.	

활동 자료

재난유형	지진해일은 어디에서 발생할까요?	(　　　　　)반
지진해일		이름:

우리나라에서 지진해일이 잘 발생할 수 있는 곳은 어디일까요? 찾아서 색칠해 주세요.

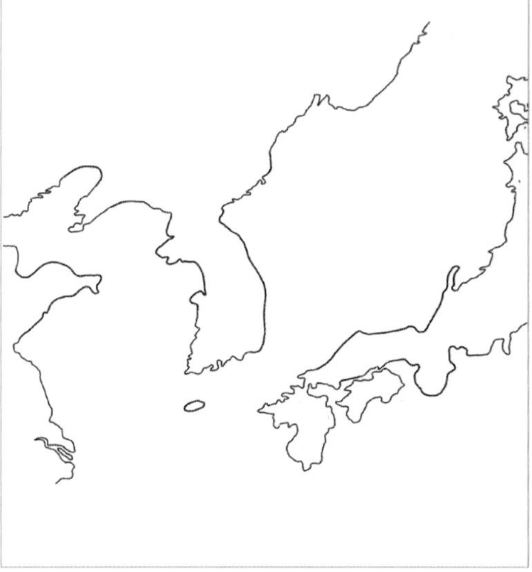

활동명	엄마, 아빠를 찾아요	활동 대상	5세
활동 목표	지진해일 발생 시 미아가 되었을 때 대응 방법을 알아본다.	활동 영역	의사소통 예술경험
활동 자료	교육 동영상, 인형극 활동판, 인형판 만들기 재료(타원형 우드 조각, 끈 등), 활동지		

단계	영역	내용	시간
도입	의사소통	• 교육 동영상을 보며, 지난 활동들에서 배운 지진해일에 대해 좀 더 이야기를 나눈다. T: 지진해일은 왜 발생하나요? T: 지진해일은 주로 어디에서 발생하지요? T: 지진해일이 발생하면 어디로 대피해야 하나요?	5′
전개	의사소통	• 지진해일 발생 시 부모님을 잃어버린 상황을 인형극으로 보여 주고, 이때 어떻게 해야 하는지 이야기를 나눈다. T: ○○가 부모님과 함께 해변가에서 놀고 있어요. T: 그런데 갑자기 바다 저쪽에서 큰 파도가 몰려오고 있어요. T: ○○는 유치원에서 배운 대로 가장 높은 곳으로 뛰기 시작하였지요. 마침 가까운 곳에 높은 건물이 있어서 그쪽으로 대피했어요. T: 그런데 대피하고 보니 부모님이 옆에 안 계신 것을 알게 되었어요. ○○는 어떻게 해야 할까요?	10′
	예술경험	• 이름표 목걸이를 만들어 본다. T: 자, 아까 이야기를 나눈 대로 우리가 우리 이름과 부모님 연락처가 적힌 목걸이를 하고 있다면 엄마, 아빠를 잃어버렸을 때 어른들의 도움을 받아 부모님을 만날 수 있겠지요? T: 이제 선생님이 나누어 주는 우드 조각에 이름도 쓰고, 부모님 연락처도 쓰고, 색칠도 하여 목걸이를 꾸며 보아요. T: 친구들이 이름표를 다 만들면 선생님이 줄을 연결하는 것을 도와줄 거예요.	13′
마무리	의사소통	• 오늘 나눈 이야기를 정리해 본다. T: 오늘 우리가 어떤 이야기를 나누었지요? T: 그럼 실제로 여러분이 부모님을 잃어버렸을 때 잘 대처할 수 있겠어요?	2′
지도 시 유의점		* 유아의 수준에 따라 목걸이 만들기 활동의 재료, 방법 등을 적절하게 선택하여 진행한다. * 필요시 활동지를 이용한 추가 활동을 진행한다.	

활동 자료

재난유형	엄마, 아빠를 잃어버렸어요! 어떻게 해야 할까요?	( )반
지진해일		이름:

지진해일이 발생해서 대피하는 중에 엄마, 아빠를 잃어버렸어요.
내 이름과 부모님 연락처를 한 번 써 보아요.

이름:

부모님 연락처:

3) 지진해일 종료 후(복구)

활동명	어떻게 도울 수 있을까요?	활동 대상	5세
활동 목표	지진해일의 피해를 입은 사람들을 도와줄 방법에 대해 알게 된다.	활동 영역	의사소통 사회관계, 예술경험
활동 자료	동화책, 사진 자료, 모금함 만들기 재료(상자, 색종이, 가위, 풀, 색연필 등)		

단계	영역	내용	시간
도입	의사소통	• 동화책(또는 사진 자료)을 보며 지진해일이 발생한 지역의 피해와 피해를 입은 사람들에 대해 이야기를 나눈다. T: 이제 지진해일이 다 끝났어요. 해안가와 마을이 어떻게 변하였죠? T: 피해를 입은 사람들이 어떤 모습인가요?	5′
전개	의사소통 사회관계	• 지진해일로 피해를 입은 사람들을 도와줄 방법에 대해 이야기를 나눈다. T: 우리가 이 사람들에게 어떻게 해야 할까요? 그래요. 도와주면 좋을 것 같아요. T: 그런데 어떻게 도울 수 있을까요? T: 그래요. 먹을 것을 가져다주면 좋겠어요. 그리고요? 맞아요. 담요도 필요하겠네요. T: 우리가 이런 물건들을 사려면 돈이 필요한데 돈이 없다면 어떻게 해야 할까요?	15′
	예술경험	• 지진해일 피해 주민들을 도울 모금함 만들기 활동을 한다. T: 우리가 모금함을 만들어서 돈을 모은다면, 그 돈으로 피해를 입은 사람들에게 줄 먹을 것과 담요를 살 수 있을 것 같아요. T: 우리 함께 모금함을 만들어 볼까요? • 아이들을 소그룹으로 나누고 그룹별로 흰 종이를 붙인 상자, 색종이, 가위, 풀, 색연필 등을 나누어 준다. T: 이제 모금함을 예쁘게 꾸며 볼까요? 도움이 필요하다는 말을 쓸 수도 있겠지요.	8′
마무리	의사소통	• 모금함으로 어디에서 모금을 할 수 있을지 이야기를 나눈다. T: 우리가 어디에서 모금을 할 수 있을까요?	2′
지도 시 유의점		* 필요시 활동지를 이용한 추가 활동을 진행한다. * 유치원 행사 등에서 지진해일 피해 주민을 위한 모금 활동을 진행하고, 실제로 모금액을 기부하는 활동으로 이어 갈 수 있다.	

활동 자료

재난유형	지진해일이 발생하면 어떻게 될까요?	(　　　　)반
지진해일		이름:

다음의 사진 중에서 지진해일이 발생한 모습을 고르세요.

재난유형	지진해일의 파도를 그려 봐요.	( )반
지진해일		이름:

지진해일이 몰려와요. 아래에 지진해일의 파도를 그려 보세요.

재난유형	지진해일이 발생하면 어디로 대피할까요?	(　　　　　　　)반
지진해일		이름:

지진해일이 발생했어요! ○○는 어디로 대피하는 것이 좋을까요?

재난유형	지진해일은 어디에서 발생할까요?	(　　　　　　)반
지진해일		이름:

우리나라에서 지진해일이 잘 발생할 수 있는 곳은 어디일까요? 찾아서 색칠해 주세요.

재난유형	엄마, 아빠를 잃어버렸어요! 어떻게 해야 할까요?	(　　　　　　)반
지진해일		이름:

지진해일이 발생해서 대피하는 중에 엄마, 아빠를 잃어버렸어요.
내 이름과 부모님 연락처를 한 번 써 보아요.

이름:

부모님 연락처:

재난유형	지진해일이 발생하면 어떻게 될까요?	( )반
지진해일		이름:

다음의 사진 중에서 지진해일이 발생한 모습을 고르세요.

4. 참고자료

관련 사이트 정보

- 행정안전부(www.mois.go.kr)
- 교육부(www.moe.go.kr)
- 보건복지부(www.mohw.go.kr)
- 소방청(www.nfa.go.kr/nfa)
- 해양경찰청(www.kcg.go.kr)
- 기상청(www.kma.go.kr)
- 국민재난안전포털(www.safekorea.go.kr)

기타 정보

- 전화: 기상청 날씨예보(☎ 131), 119구조대(☎ 119)
- 앱: 안전디딤돌

참고문헌

- 2016 어린이집 지진 관리 · 대응 매뉴얼(보건복지부, 한국보육진흥원), 2013 안전교육길라잡이(경기도교육청), 2010 그것이 알고 싶다 지진해일(기상청), 2011 그것이 알고 싶다 지진(기상청), 학교현장 재난유형별 교육 · 훈련매뉴얼(교육부), 2008 재난대비 국민행동매뉴얼 안전 길라잡이(소방방재청), 2015 어린이집 안전관리백과-소방, 재난, 자연재해편(어린이집 안전공제회), 2016 비상대피훈련 시나리오(보건복지부), 재난안전 체험형 안전교육 교수 · 학습자료(경기도교육청), 울산광역시 홈페이지(http://www.ulsan.go.kr), The Science Times(2014. 11. 21.). (http://www.sciencetimes.co.kr/?p=130547&cat=129&post_type=news&paged=49)

동화책

- 테일러 모리슨(2009). 지진해일. 사계절.

- 로지 그린우드(2010). 지진해일이 왜 일어날까요? 자연재해에 대한 궁금증 39가지
- 데이비드 버니(2011). 지구의 고백, 지진해일 화산 자연재해에 대한 모든 진실. 휴이넘.
- 기상청(2012). 기니의 흔들흔들, 지진과 지진해일 모험. 기상청.

동영상

- [기상청] 지진과 지진해일. https://www.youtube.com/watch?v=7MvpAXDOE8w
- 모두가 함께하는 나침반 안전교육 시리즈 9. 재난안전–지진/해일편. https://www.youtube.com/watch?v=k-k5daYv0wE
- [적십자아카데미_재난대응] 16 지진해일, Tsunamis. https://www.youtube.com/watch?v=Q-1HnyChmjY

제3장

황사

1. 황사에 대한 이해

1) 황사의 정의

황사는 중국과 몽골 등의 사막, 황토 지역의 미세 모래 및 황토가 강한 바람으로 공중에 떠다니다가 편서풍을 타고 우리나라 등으로 이동하여 내려앉는 일종의 흙먼지이다.

2) 황사의 발생과 이동

(1) 발생 원인

가장 큰 원인은 사막화인데, 최근 지구 온난화와 인위적 요인이 복합적으로 작용하여 중국 내륙의 사막화 현상이 확대됨으로써 황사의 빈도와 강도가 높아졌다.

(2) 발생 지역

황사는 비가 적게 내리고 땅이 건조한 지역, 강한 바람이 불며 대기가 불안정한 곳에서 발생하는데, 전통적인 발생 지역은 고비사막이나 타클라마칸 사막이며, 최근 몽골초원 지대에서도 사막화가 진행되어 황사가 만들어졌고, 중국의 사막화로 중국내륙에서도 황사가 발생한다.

(3) 황사의 이동 경로

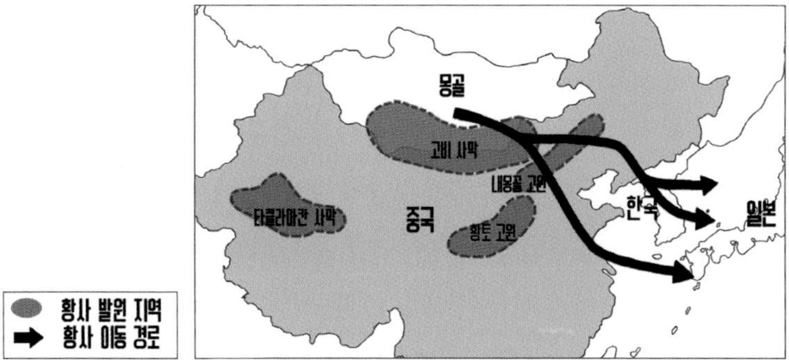

[그림 3-1] 황사의 이동 경로

출처: 기상청(http://www.kma.go.kr).

봄에 겨우내 얼어 있던 건조한 토양이 잘게 부서지고(20㎛ 이하로), 저기압이 지나가면서 강한 상승기류가 발생하여 3000~5000m의 상공으로 올라간 다음 편서풍(30m/s)을 타고 이동하다가 풍속이 느려지는 한국, 일본 등에서 하강하는데, 때로는 미국까지도 이동한다.

3) 황사의 특징

(1) 황사의 성분

황사는 토양에서 발생하므로 주요 성분은 마그네슘, 규소, 알루미늄, 칼륨, 칼슘, 철, 나트륨 등의 토양 성분이며, 사막지대 황사는 규소가, 황토지대 황사는 알루미늄이 주성분이고, 철 성분도 많이 함유되어 있다.

(2) 황사와 미세먼지의 비교

구분	황사	미세먼지
정의	입자 크기가 보통 1~10㎛이다.	대기 중에 부유하는 분진 중 직경이 10㎛ 이하인 먼지이다.
성분	주로 토양 성분이다.	광물 성분도 있으나 주로 탄소 또는 이온 성분이다.
영향	농작물의 성장과 반도체 공장 등의 조업을 방해하지만, 토양의 산성화를 예방하는 긍정적 효과도 있다.	천식 및 폐질환을 유발하고 조기 사망률을 증가시키며, 긍정적 영향은 거의 없다.

(3) 황사의 영향

긍정적 영향

- 황사에 포함된 마그네슘, 칼슘 등의 알카리 성분이 대기 중의 산성 물질을 중화시킴으로써 산성비를 억제하고, 토양과 호수의 산성화를 방지한다.
- 지구로 유입되는 태양광을 반사하여 지구 온난화를 억제한다.
- 황사에 포함된 알칼리성 성분이 해양 플랑크톤의 먹이(무기염류)가 된다.
- 서해 등에 미네랄을 공급하여, 정화한다(바다의 적조 현상 완화).

부정적 영향

- 황사의 흙먼지가 호흡기 질환, 심혈관 질환, 아토피성 피부염, 눈병 등 각종 질병과 가축의 질병(구제역 등)을 유발한다.
- 햇빛을 차단하여 농작물의 성장을 저해한다.
- 반도체, 항공기 등 정밀기기의 고장 발생률을 높인다.
- 시정거리를 줄여 자동차, 항공기 운행 등을 방해한다.
- 지구 대기의 열평형에 영향을 미친다(복사열 흡수로 냉각 효과).
- 실리콘, 알루미늄, 구리, 카드뮴, 납 등의 성분이 대기를 오염시킨다.

4) 황사의 관측과 예보

세계 기상 기구의 황사 관측 방법에서는 황사를 별도의 기상 현상이 아닌 먼지 현상으로 간주하며, 황사의 강도는 시정(육안으로 볼 수 있는 최대 거리)과 하늘의 상태에 따른다(세 단계: 0, 1, 2).

강도 0	강도 1	강도 2
시정이 다소 혼탁하다.	하늘이 혼탁하고 황색 먼지가 물체 표면에 약간 쌓인다.	하늘이 황갈색으로 보이고 황색 먼지가 물체에 쌓인다.

황사 관측 장비

- PM10(Particulate Matter 10㎛)

탄소동위원소 C-14에서 방출되는 베타선을 이용하여 대기 중의 에어로졸 중 직경이 10㎛ 이하인 입자의 농도(㎍/m^3)를 연속으로 측정하는 장비이다.

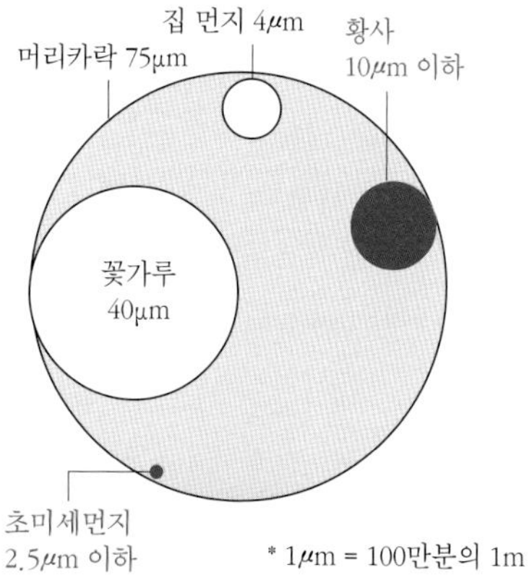

[그림 3-2] 황사와 미세먼지 크기

출처: YTN(www.ytn.co.kr).

- 기타 관측 장비

라이다(에어로졸의 연직 분포 측정), APS(에어로졸 입자 측정 장치), 윈드프로파일러(에어로졸의 이동 추정) 등이 있다.

황사 특보

구분	내용
황사 주의보	1시간 평균 미세먼지(PM10) 농도가 400㎍/m³이상 2시간 이상 지속 예상될 때
황사 경보	1시간 평균 미세먼지(PM10) 농도가 300㎍/m³이상 2시간 이상 지속 예상될 때

(평소 10~50㎍/m³ 수준)

5) 황사의 발생현황

최근 10년간 황사 발생 시기와 빈도

- 우리나라에서 2007~2016년까지 총 23회(52일) 발생하였다.
- 시기적으로 3~5월에 집중되어 17회(42일, 80%) 발생하였다.
- 연간 황사 발생 일수는 지속적으로 증가하는 추세에 있다.
  (1980년대: 2.9일, 1990년대: 5.3일, 2000년대: 9.8일)

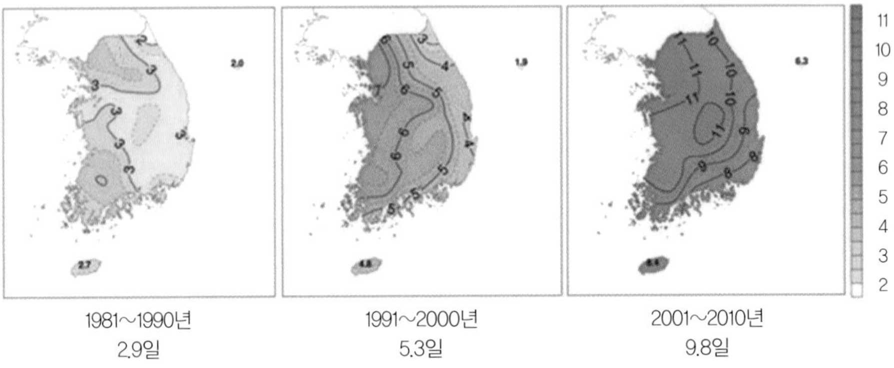

1981~1990년 2.9일 | 1991~2000년 5.3일 | 2001~2010년 9.8일

[그림 3-3] 10년 평균 우리나라 황사일수

출처: 기상청(www.kma.go.kr).

최근의 황사 발생 추이

- 매년 주로 3~5월에 3~6일 정도 관측되며, 최근 들어서는 봄철뿐 아니라 가을, 겨울철에도 발생하여 여름을 제외하고 모두 영향을 준다.

- 황사는 전라도 지역에서 가장 빈번하게 발생하였으며, 서울 · 경기 지역과 서해안 지역에서 가장 길게 발생하였다.

봄철(3~5월) 황사 PM10 최고농도 순위(2004~2015년)

사례일	관측지점	PM10(μg/m^3)
2010. 3. 20.	흑산도	2,712
2010. 3. 20.	대구	2,648
2010. 3. 20.	진도	2,408
2006. 4. 8.	백령도	2,371
2010. 3. 20.	구덕산	2,344

출처: 기상청(www.kma.go.kr).

2. 황사 대비 및 대응 매뉴얼

1) 행동 매뉴얼

(1) 황사 발생 전(예방 및 대비)

유치원의 황사 대비책으로는 황사 대비 시설 점검 및 관련 기기 관리, 유아 건강 정보 숙지 및 개인 용품 준비, 기상예보 청취, 휴업 또는 단축수업 검토, 비상 연락망 점검, 황사 대비 행동요령 지도, 가정 및 지역사회와의 연계 등을 포함한다.

① 황사 대비 시설 점검 및 관련 기기 관리, 개인 용품 준비

- 황사 발생 시 외부 공기의 유입을 차단할 유치원의 출입문과 창문 등의 시설을 점검한다.
- 실내 공기청정기, 가습기 등을 구입하여 각 교실과 유아의 주요 생활 및 활동 공간에 비치한다.
- 교직원은 실내 공기청정기, 가습기 등의 사용 방법과 관리 방법을 숙지하고, 이를 올바르게 사용 및 관리하며 정기적으로 점검한다.

② 유아 건강 정보 숙지 및 개인 용품 준비

- 교사는 개별 유아의 건강 정보(천식, 알레르기성 결막염, 비염 등)를 숙지하고, 상황별 응급처치 등을 알아 둔다.
- 비상시를 대비하여 유아의 긴소매 의복, 손수건, 마스크 등을 유아의 개인 사물함에 준비해 둔다.

③ 기상예보 청취

- 방송매체, 인터넷, 전화 등을 통하여 황사발생 기상정보를 상시 확인한다.

방송매체	TV, 라디오의 일기예보
인터넷	기상청(www.kma.go.kr), 국립수의과학검역원(www.qia.go.kr) 홈페이지
전화	기상청(국번 없이 131), 농림축산검역본부(031-467-1700)

④ 휴원 또는 단축수업 검토

- 유치원이 위치한 지역에 황사 발생이 예보되면 상황에 맞게 휴원 또는 단축수업을 검토한다.
- 휴원이나 단축수업이 결정되면 부모에게 알린다.
- 휴원 및 단축수업 결정 시 맞벌이 부부 자녀에 대한 보충수업 대책을 수립한다.

⑤ 비상 연락망 점검

- 유아 비상 연락망을 점검, 확인한다.
- 비상시 연락체계를 마련하고 교직원으로 하여금 이를 숙지하도록 한다.

⑥ 황사 대비 행동요령 지도

- 유아 황사 대응 교육활동을 영역 통합적으로 계획하고 실시한다(황사에 대한 이해, 황사 발생 시 행동요령 등).
- 개인 위생교육(손 씻기, 목욕하기 등)을 정기적으로 실시한다.
- 교사 및 교육관계자를 대상으로 황사 대응 사전교육을 실시한다.
- 상황별(외출 시, 외출 후 등) 시나리오를 마련하여 가상 대응 교육을 실시한다.

⑦ 가정 및 지역사회와의 연계

- 부모를 대상으로 한 황사 대응 사전교육을 실시한다.
- 부모에게 상황별 황사 대응 행동요령을 마련하여 가정에 전달한다.
- 황사 정보를 얻을 수 있는 공공 기관의 연락처를 알아 둔다.
- 황사 정보 알림 애플리케이션을 휴대폰에 설치해 둔다.
  (안전디딤돌, 우리동네 대기질, 에어코리아 등)

(2) 황사 발생 시(대응)

황사가 발생하면 다음과 같은 행동요령에 따라 행동한다.

황사 예보 및 특보 알림	• 원장 또는 담당 교직원은 황사가 예보되거나 황사 특보가 발령되면 즉시 유치원의 전 교직원에게 알린다. • 각 교직원이 맡은 대응 역할을 주지시킨다.
교육 환경 점검	• 교사는 교실의 창문과 외부로 통하는 문이 모두 닫혀 있는지 확인하고, 열려 있을 시 닫는다. • 교사는 교실 내의 공기청정기와 가습기가 잘 작동하는지 확인한다. • 교실의 공기가 잘 정화되는지, 교실 내 습도가 일정하게 유지되는지 확인한다.
수업활동 변경 및 대체	• 계획되었던 실외 활동을 체육관, 교실 등에서 진행하는 실내 활동으로 대체하여 실시한다. • 외부 견학 등이 계획되어 있었을 경우 관련 기관에 연락하여 이를 취소하거나 연기한다. • 수업 단축 시 유아의 부모에게 바로 알리고 가정에 돌아가 휴식하도록 안내한다.
유아 건강 관리	• 교사는 유아가 손을 깨끗이 씻고 양치질을 하여 황사 질환을 예방하도록 한다. • 유아의 눈이 가려울 때 손으로 만지지 말고 교사에게 이야기하도록 한다. • 유아의 목, 눈, 코에서 황사 관련 증상을 발견하면 적절한 대처법을 적용하고, 증상이 심한 경우 양호선생님께 알린다. • 유아가 물을 자주 마실 수 있도록 한다.
음식물, 조리 관리	• 유아 음식 조리 시 채소나 과일 등의 농수산물을 더욱 깨끗이 씻는다. • 조리사는 유아 음식 조리 시 더욱 철저하게 손을 씻는다. • 조리 기구 등을 세척하여 위생관리를 한다.

상황별 황사 대응 행동요령은 다음과 같다.

① 유치원 내에서 황사가 발생했을 때

- 창문과 외부로 연결된 문을 모두 닫는다.
- 산책, 바깥놀이터 활동, 현장학습 등을 모두 취소하고 실내 활동으로 대체하여 진행한다.
- 황사 질환 예방을 위해 유아가 손을 깨끗이 씻고 양치질을 하도록 지도한다.
- 유아가 황사 관련 증상을 보이면 이에 적절하게 대처하고, 증상이 심할 경우 양호 선생님에게 알린다.
- 실내 공기의 질, 습도 등을 관리하고 유아가 물을 자주 마시게 한다.

② 외부 활동 시 황사가 발생했을 때

- 휴대폰 애플리케이션 또는 유치원의 연락을 통해 황사 발생을 알게 되면, 교사는 즉시 활동을 중단하고 유치원으로 돌아온다.
- 마스크, 보호 안경 등이 있으면 교사는 이를 유아에게 바로 착용시키고, 눈 등을 손으로 만지지 못하도록 안내한다.
- 유치원 인근이 아닐 경우 교사는 가까운 건물의 실내로 들어간 후, 유치원에 교사와 유아의 위치 등을 알리고 필요시 지원을 요청한다.
- 외부 활동 후 유치원으로 돌아오면 교사는 유아들이 손을 깨끗이 씻고 이를 닦도록 한다.

③ 등 · 하원 시 황사가 발생했을 때

- 등원 시 황사가 발생하면 부모에게 유아의 황사 관련 증상이 있는지 묻고 적절한 조치를 취한다.
- 등원 후 모든 유아가 손을 씻고 세수를 하도록 한다.
- 하원 시 황사가 발생하면 교사는 유아의 사물함에서 긴 옷을 꺼내어 입히고, 마스크, 보호 안경 등을 착용시켜 하원 시 유아의 눈, 코, 입을 보호할 수 있도록 한다.
- 원장은 황사 정도에 따라 유치원 운영(휴원 또는 단축수업 등)을 결정하고, 안내문을 게시하며, 유치원 운영 방침을 부모에게 유선(문자, 통화 등)으로 즉시 전달한다.

(3) 황사 종료 후(복구)

황사 종료 후 유치원 교직원은 유치원 방역 및 청소, 유아 건강 확인 및 조치, 피해 복구 및 향후 수업 계획 마련 등과 관련한 활동을 실시한다.

① 유치원 방역 및 청소

- 창문과 문을 열어 실내 공기를 환기시킨다.
- 유치원의 실내와 실외 구조물 등을 청소하여 황사 먼지를 제거한다.
- 유치원의 실내외 물품, 조리 기구 등을 깨끗하게 세척하여 사용한다.
- 황사 후 전염병 예방을 위하여 유치원의 교실, 식당, 외부 시설 등에 대하여 소독을 실시한다.

② 유아 건강 확인 및 조치

- 교사는 유아가 감기, 알레르기성 안구질환, 비염, 천식 등의 증상이 있는지 확인한다.
- 황사 질환 증상이 의심되면 이에 적합한 조치를 취하고, 증상이 심하면 양호선생님에게 연락하여 특별 보호를 받도록 한다.
- 건강에 이상이 있는 유아는 휴식을 취하도록 돕고, 부모에게 연락하여 일찍 귀가하도록 한다.
- 교사는 황사가 끝난 후 2주일 정도 지속적으로 유아의 건강 상태를 관찰하고, 질병이나 증상이 확인되면 증상의 정도에 따라 대처한다.

③ 피해 복구 및 향후 수업 계획 마련

- 유치원의 오염된 장소들을 복구하고 관련 용품(마스크, 청소 용품 등)을 재구입하여 비치한다.
- 원장과 교사들은 유치원의 피해 복구 과정 동안 또는 이후에 연속으로 황사가 예보되었을 시 향후 수업 진행에 대한 대책을 마련한다.

2) 부모 지침서

유치원에서는 평상시 부모교육을 통해 부모에게 황사 대응 행동요령, 황사 발생 시 주의사항 등을 전달할 필요가 있다.

황사가 발생하면 이렇게 행동해 주세요!

- 황사가 발생하면 황사가 실내로 들어오지 않도록 창문을 닫습니다.
- 공기청정기 및 가습기를 사용하여 실내 공기를 정화하고 실내가 건조해지지 않도록 합니다.
- 황사는 호흡기 및 안구, 피부 질환을 유발할 수 있으므로 가능한 한 외출을 삼갑니다.
- 외출 시에는 긴소매 옷을 입고, 황사 마스크와 보호 안경을 착용하며, 사람이 많이 모인 곳을 피합니다.
- 귀가 시 집 앞에서 옷을 잘 털고, 집으로 들어온 후에는 손과 얼굴을 깨끗이 씻고 양치질을 합니다.
- 텔레비전, 인터넷, 라디오 등으로 황사 정보를 계속 확인합니다.

황사에 대비하여 이러한 점을 주의해 주세요!

- 황사 발생으로 휴원 또는 조기귀가 상황이 발생할 수 있으므로 평소 유치원에 부모와 부모 이외 인계자의 인적사항 및 연락처를 전달합니다.
- 유치원, 교사, 유아의 친구 부모 등의 연락처를 저장해 둡니다.
- 황사 발생 시 유치원의 연락을 확인하고 단축 수업 시 유아 인계 방법을 교사와 상의합니다.
- 가정에서도 유아의 개인 위생에 신경 쓰고, 유아에게 황사 관련 증상이 나타나면 병원에서 진료를 받고 교사에게 연락을 합니다.
- 가정에서 유아에게 수분 섭취를 자주 해 주시고, 식재료 세척과 조리 시 위생에 신경을 씁니다.
- 황사 마스크는 식약처에서 허가된 황사 전용 마스크를 사용하며, 세탁하여 사용하지 않으며, 밀폐된 장소에서는 사용하지 않습니다.

3) 국민행동요령

(1) 황사 발생 시 대처요령

• 황사 발생 시 외출을 자제합니다. 실내에서는 공기청정기, 가습기 등을 틀어 주고 기상예보를 들으며 수시로 상황을 점검합니다.

• 외출 시에는 마스크와 보호 안경을 착용합니다. 마스크는 식약처의 인증을 받은 황사 전용 마스크를 사용하고 세탁하여 사용하지 않습니다.

• 개인위생 관리에 신경을 씁니다. 외출 후에는 미지근한 물로 손과 발, 눈을 씻어 주고 양치질을 하여 입안도 깨끗하게 씻어 줍니다.

• 황사 발생 시 물을 자주 섭취합니다. 수분이 많이 함유되고 기관지에 좋은 음식들(미역, 과일, 채소, 녹차 등)을 섭취합니다.

출처: 인천시 동구 블로그(http://blog.icdonggu.go.kr).

(2) 황사 발생 시 건강관리

• 황사 예 · 경보에 주의를 기울인다.

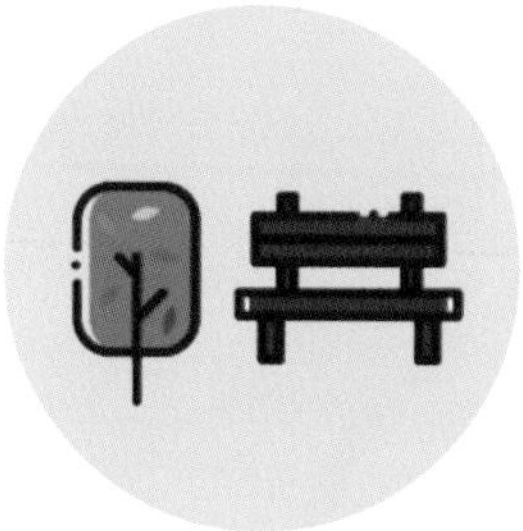

• 등산, 축구 등의 장시간 야외 활동을 자제한다.

• 어린이, 노약자, 호흡기 및 심폐질환자는 가급적 실내에서 활동한다.

• 학교나 유치원의 실외활동은 실내활동 수업으로 대체한다.

• 실외 활동 시에는 마스크, 보호안경, 모자 등을 착용한다.

• 집에서는 창문을 닫고 빨래는 실내에서 건조한다.

• 세안을 자주하고, 흐르는 물에 코를 세척한다.

• 물을 자주 마신다.

• 버스, 지하철 등의 대중교통을 이용한다.

출처: 환경부(http://www.me.go.kr).

3. 황사 대비 및 대응 교육활동

1) 황사 발생 전(예방 및 대비)

활동명	모래바람이 불어와요!	활동 대상	5세
활동 목표	황사에 대해 알게 된다. 황사의 피해, 심각성에 대해 알게 된다.	활동 영역	의사소통 자연탐구
활동 자료	동화책, 교육 동영상, 활동지, 실험 재료(선풍기, 공, 색종이, 깃털 등)		

단계	영역	내용	시간
도입	의사 소통	• 동화책을 읽어 주며 황사에 대한 호기심을 이끌어 낸다. T: 황사에 대해 알고 있나요? T: 황사가 발생하면 어떤 일이 일어나나요?	5′
전개	자연 탐구 의사 소통	• 황사의 발생원인, 피해와 관련한 동영상을 시청하며 이야기를 나눈다. T: 황사는 무엇일까요? T: 모래바람은 어디에서 오나요? • 지도가 그려진 활동지를 나누어 주고 황사가 날아오는 곳을 찾아본다. T: 선생님이 지도를 한 장씩 나눠 줄 거예요. 여기에 우리나라가 있지요. 황사가 날아오는 곳을 찾아 동그라미를 그려 주세요.	12′
	자연 탐구	• 바람에 의한 이동 실험을 해 본다. (물체의 무게와 이동거리와의 관계를 확인) T: 황사는 매우 멀리에서 이동을 해 오지요. T: 바람에 의해 멀리 이동해 오려면 무거워야 할까요, 가벼워야 할까요? • 한 쪽에 선풍기를 틀어 놓고, 공, 색종이, 깃털 등이 날아가는지, 얼마나 멀리 날아가는지 살펴본다. T: 날아가는 것들은 어떤 것들인가요? 이것들의 공통점은 무엇인가요? T: 가장 멀리 날아간 것은 어떤 것인가요? 그것의 특징은 무엇인가요?	10′
마무리	의사 소통	• 퀴즈를 함께 풀면서 황사에 대한 내용을 정리한다. T: 여러분, 오늘 황사에 대해 더 잘 알게 되었나요? T: 여러분이 잘 기억하고 있는지 마지막으로 퀴즈를 내 볼게요. 맞으면 ○, 틀리면 × 라고 말해 주세요.	3′
지도 시 유의점		* 유아의 수준에 따라 실험 활동의 수준을 조절한다. * 유아의 수준에 맞는 동화책, 교육 동영상을 선정한다.	

활동 자료

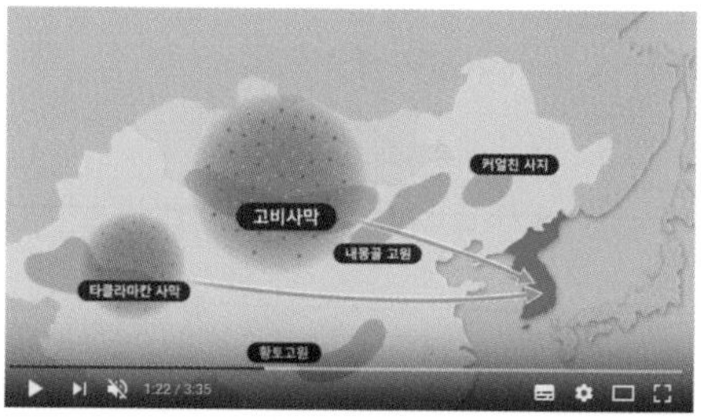

재난유형	황사는 어디에서 불어올까요?	( )반
황사		이름:

봄철 우리나라로 불어오는 황사는 어디로부터 오는 것일까요?
(발생 지역에 동그라미 치고 방향을 화살표로 그려 주세요.)

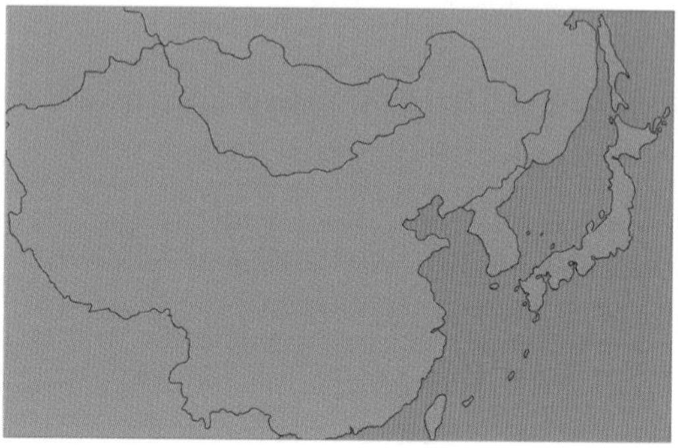

활동명	**황사? 콜록콜록!**	활동 대상	5세
활동 목표	황사가 우리의 건강에 미치는 영향에 대해 안다.	활동 영역	의사소통, 예술경험 자연탐구
활동 자료	황사 동요, 인형극 교구(배경판, 등장인형 등), 활동지		

단계	영역	내용	시간
도입	의사소통 예술경험	• 지난 활동에 대해 이야기를 나눈다. T: 지난 시간에 우리가 황사에 대해 알아본 것들이 기억나나요? T: 우리가 무엇에 대해 이야기하였지요? • 황사 동요를 함께 배운다. T: 〈황사대비송〉이라는 황사 동요를 함께 배워 보아요.	5′
전개	자연탐구 의사소통	• 황사가 건강에 미치는 영향에 대한 인형극을 보여 준다. (교사가 진행) T: ◯◯가 황사를 많이 마셨더니 어떻게 되었나요? T: ◯◯의 피부는 어떻게 되었나요? T: ◯◯의 눈은 어떻게 되었나요? T: 그래서 ◯◯이는 어떻게 하였지요? 네. 병원에 가게 되었지요.	10′
	자연탐구	• 활동지를 통해 황사가 건강에 미치는 영향을 확인한다. T: 이제 선생님이 그림을 한 장씩 나눠 줄 거예요. T: 황사가 심할 때 외부활동을 한 것으로 생각되는 친구들을 찾아 동그라미를 그려 주세요. T: 이 친구는 어디가 불편한가요? 황사와 관련이 있을까요?	10′
마무리	의사소통	• 황사가 건강에 미치는 영향에 대해 정리한다. T: 황사가 발생하면 우리 몸 중 어디가 불편해질 수 있었나요? T: 그렇게 되면 어떻게 해야 할까요?	5′
지도 시 유의점		* 황사가 우리의 건강에 미치는 영향을 유아의 수준에 맞추어 설명한다.	

활동 자료

황사 대비송

재난유형	황사가 발생할 때 외부 활동을 하면?	(　　　　　)반
황사		이름:

다음 중 황사가 심할 때 외부활동을 한 것으로 생각되는 친구들은 누구일까요?

2) 황사 발생 시(대응)

활동명	깨끗이 손을 씻어요!	활동 대상	5세
활동 목표	황사 발생 시 대응 방법을 알게 된다.	활동 영역	의사소통, 예술경험
활동 자료	동화책, 교육 동영상, 확인표 재료(활동지, 가위, 풀, 벨크로 등)		

단계	영역	내용	시간
도입	의사소통	• 황사를 경험하는 주인공이 등장하는 동화책을 읽어 주며 황사 발생 시 어떻게 행동해야 하는지 이야기를 나눈다. T: 황사가 발생하니 ○○(주인공)가 어떻게 하였나요? T: 왜 그렇게 하였나요?	5′
전개	의사소통	• 황사 대응 방법에 대한 동영상을 시청하고 이야기를 나눈다. T: 황사가 발생하면 가장 먼저 어떻게 해야 하나요? T: 왜 그렇게 해야 하나요? T: 그다음으로는 어떻게 해야 하지요? T: 왜 그렇게 해야 하나요?	13′
	예술경험	• 등원 후 손을 씻었는지 확인할 수 있는 확인표를 만들어 본다. T: 황사가 발생하였을 때 가장 중요한 대응 방법이 무엇이죠? 그렇죠. 손을 깨끗이 씻는 것이죠? T: 우리 친구들은 등원 후에 손을 깨끗이 씻고 있나요? T: 매일 잊지 않고 손을 씻기 위해 손 씻기 확인표를 만들어 볼까요? • 활동지(확인표, 요일 글자, 손 그림), 유아 얼굴 사진, 가위, 풀, 벨크로 등을 나누어 주고 손 씻기 확인표를 만들어 본다. T: 선생님이 나누어 주는 표의 가장 앞에 자신의 얼굴 사진을 붙이고, 요일별로 해당하는 요일 글자를 붙여 보아요. 그리고 손 그림을 자르고 손 그림과 확인표에 각각 벨크로 테이프를 붙여 보아요.	7′
마무리	의사소통	• 황사 발생 시 대응 행동에 대해 정리하고, 매일 손을 씻고 손 씻기 확인표에 손 스티커를 붙일 것을 약속한다. T: 오늘은 무엇에 대해 이야기를 나누었지요? T: 이제 매일 등원 후에 손을 씻을 수 있나요? 매일 손을 씻고 손 스티커를 자신의 확인표에 붙이기로 약속해요?	5′
지도 시 유의점		* 유아의 수준에 맞는 확인표 만들기 활동을 계획한다.	

활동 자료

재난유형	매일매일 손을 씻어요~	( )반
황사	손 씻기 확인표를 만들어요!	이름:

다음의 그림을 오려서 맨 아래의 손 씻기 확인표에 붙여 주세요.

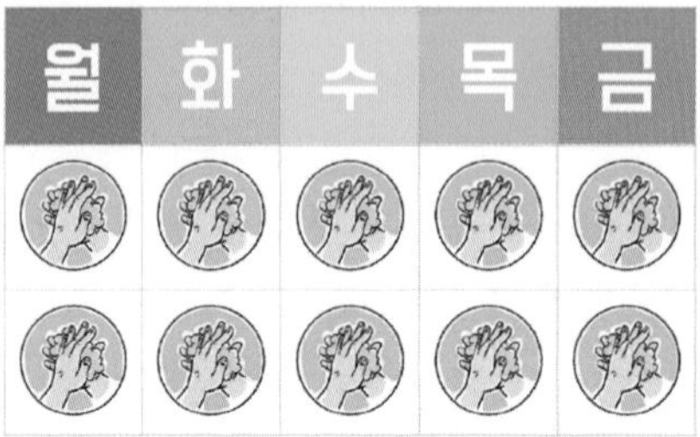

요일 스티커 붙이는 곳	요일 스티커 붙이는 곳	요일 스티커 붙이는 곳	요일 스티커 붙이는 곳	요일 스티커 붙이는 곳
손 스티커 붙이는 곳	손 스티커 붙이는 곳	손 스티커 붙이는 곳	손 스티커 붙이는 곳	손 스티커 붙이는 곳
손 스티커 붙이는 곳	손 스티커 붙이는 곳	손 스티커 붙이는 곳	손 스티커 붙이는 곳	손 스티커 붙이는 곳

활동명	마스크를 써요!	활동 대상	5세
활동 목표	황사 발생 시 대응 방법을 안다.	활동 영역	의사소통, 예술경험
활동 자료	황사 동요, 활동지, 마스크 만들기 재료(흰 마스크, 사인펜 등)		

단계	영역	내용	시간
도입	예술경험	• 지난번에 배웠던 동요를 다시 불러 보며, 율동을 새롭게 배워 본다. T: 지난번에 우리 함께 배웠던 동요 기억하나요? T: 〈황사대비송〉을 다 같이 불러 볼까요? T: 이번에는 가사에 맞추어서 율동을 새롭게 배워 보아요.	5′
전개	의사소통	• 지난 시간에 동영상으로 배운 황사 대응 방법에 대하여 이야기를 나눈다. T: 지난 시간에 황사가 발생하면 어떻게 해야 한다고 하였지요? T: 그래요. 외출 후 들어와서는 꼭 손을 씻어야 한다고 하였지요. 외출 시에는 어떻게 해야 한다고 했지요? T: 그래요. 마스크, 보호안경 등을 쓰고 외출해야 했지요? • 활동지에서 적절한 황사 대응 방법을 찾아본다. T: 선생님이 이제 그림을 한 장씩 나눠 줄 거예요. 거기에서 황사 대응을 잘하고 있는 친구를 찾아서 동그라미를 그려 주세요.	10′
	예술경험	• 자신만의 마스크를 만들어서 써 본다. T: 아까 외출 시에 마스크를 써야 한다고 하였지요? T: 우리 함께 자신만의 마스크를 만들어 볼까요? T: (일회용 흰색 마스크와 사인펜을 나누어 주고) 선생님이 나누어 준 마스크에 여러분이 사인펜으로 그림을 그려서 나만의 마스크를 완성해보아요.	13′
마무리	의사소통	• 오늘 활동에 대해 이야기하며 마무리한다. T: 오늘 우리가 무엇을 함께 하였지요? T: 그래요. 황사 대응 방법도 이야기하고 마스크도 만들어 보았지요. 우리 각자 만든 마스크를 잘 보관하고, 황사가 발생하면 꼭 마스크를 쓰고 외출해요.	2′
지도 시 유의점		* 마스크 만들기 활동을 유아의 수준에 맞추어 진행한다.	

활동 자료

황사 대비송

① 손을 머리 위로 하고 좌우로 크게 흔든다.

② 손을 왼쪽에서 오른쪽으로 하며 창문을 닫는 듯한 동작을 한다.

③ 손가락으로 먼곳을 가리킨다.

④ 턱과 코에 두 손가락을 대고 귀로 이어 간다.

⑤ 두 팔을 앞뒤로 흔든다.

⑥ 손을 씻는 듯한 동작을 한다.

⑦ 손가락으로
아래를 가리킨다.

⑧ 손으로 컵을 만들어
물을 마시는 듯한 동작을
한다.

⑨ 두 팔을 가슴으로 모은다.

⑩ 양팔을 직각으로 하여
위아래로 흔든다.

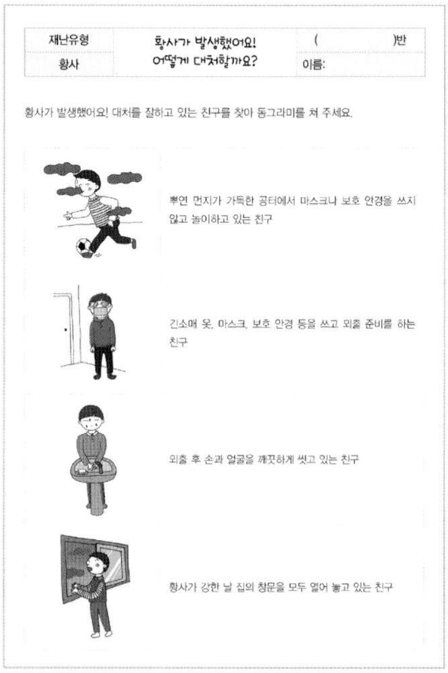

재난유형	황사가 발생했어요!	(　　　)반
황사	어떻게 대처할까요?	이름:

황사가 발생했어요! 대처를 잘하고 있는 친구를 찾아 동그라미를 쳐 주세요.

뿌연 먼지가 가득한 공터에서 마스크나 보호 안경을 쓰지 않고 놀이하고 있는 친구

긴소매 옷, 마스크, 보호 안경 등을 쓰고 외출 준비를 하는 친구

외출 후 손과 얼굴을 깨끗하게 씻고 있는 친구

황사가 강한 날 집의 창문을 모두 열어 놓고 있는 친구

3) 황사 종료 후(복구)

활동명	황사를 닦아 내요!	활동 대상	5세
활동 목표	황사 피해의 복구 방법에 대해 알게 된다.	활동 영역	의사소통, 사회관계
활동 자료	교육 동영상, 그림 자료, 활동지		

단계	영역	내용	시간
도입	의사 소통	• 교육 동영상을 보여 주며 황사 피해의 복구 방법에 대해 이야기를 나눈다. T: 이제 황사가 다 끝났어요. 창문을 열어 놓은 실내가 어떻게 되었죠? T: 이제 이것들을 어떻게 복구해야 할까요?	5′
전개	의사 소통	• 황사가 종료된 후 황사가 어디에 붙어 있을지, 황사 제거 방법에는 어떤 것들이 있는지 이야기를 나눈다. T: (그림 자료를 보여 주며) ○○는 황사가 발생했을 때 창문을 닫는 것을 잊었어요. 황사가 어디 어디에 붙어 있을까요? T: 그래요, 이쪽 커튼에도 붙고, 저쪽 식탁 위에도 붙어 있을 것 같아요. T: 또 어디에 있을까요? T: 그럼 이런 황사는 어떻게 제거해야 할까요?	15′
	의사 소통 사회 관계	• 황사 제거를 위해 출입문을 닦아 본다. T: 이 문에 황사가 묻어 있을까요? 선생님이 휴지로 살짝 닦아 볼게요. T: 휴지에 뭔가 묻어 나왔나요? 이제 이것들을 제거해야 하겠지요? • 유아들이 걸레로 출입문을 닦아 볼 수 있도록 한다(아이들이 차례로 일부분을 닦아 볼 수 있도록 한다). • 활동지를 제시하고, 황사 복구 그림을 찾아본다. T: 선생님이 그림을 한 장씩 나눠 줄 거예요. 그림에서 황사가 복구되기 전과 후의 사진을 연결해 주세요.	8′
마무리	의사 소통	• 황사 피해의 복구 방법에 대해 다시 한 번 정리해 본다. T: 오늘 우리가 무슨 활동을 해 보았나요? 왜 그것을 하였지요?	2′
지도 시 유의점		*출입문이 유리문으로 유아의 안전이 우려될 경우, 황사가 묻은 손수건 빨아 보기 등으로 활동을 대체한다.	

활동 자료

재난유형	황사 피해가 복구되면 어떤 모습일까요?	(　　　　)반
황사		이름:

황사 피해가 복구되기 전 모습과 복구된 후의 모습을 연결해 주세요.

재난유형	황사는 어디에서 불어올까요?	(　　　　　　)반
황사		이름:

봄철 우리나라로 불어오는 황사는 어디로부터 오는 것일까요?

(발생 지역에 동그라미 치고 방향을 화살표로 그려 주세요.)

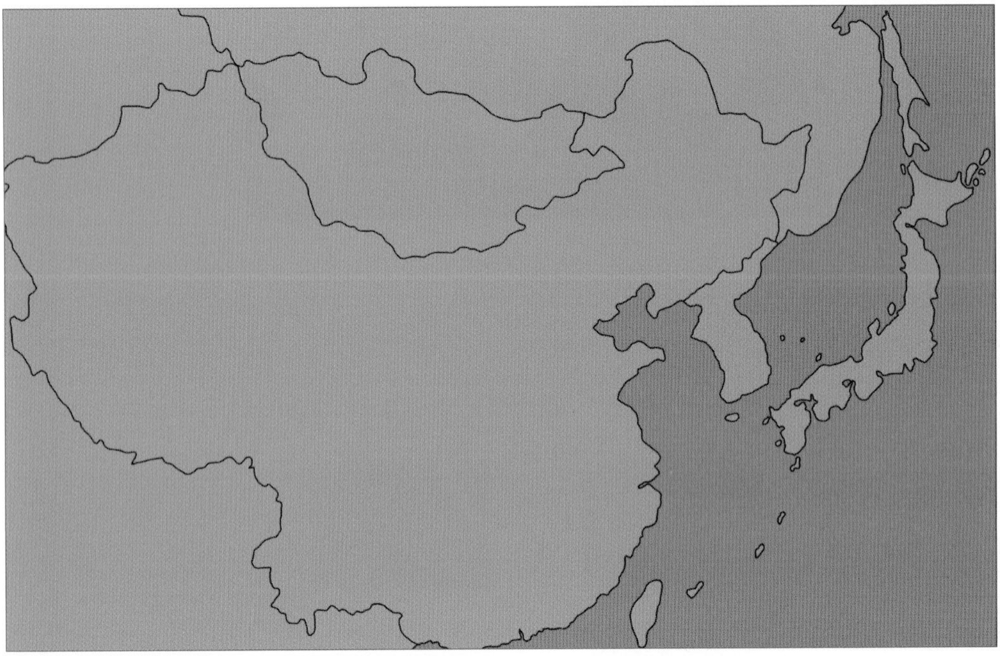

재난유형	황사가 발생할 때 외부 활동을 하면?	(　　　　　　)반
황사		이름:

다음 중 황사가 심할 때 외부활동을 한 것으로 생각되는 친구들은 누구일까요?

재난유형	매일매일 손을 씻어요~ 손 씻기 확인표를 만들어요!	(　　　　　　)반
황사		이름:

다음의 그림을 오려서 맨 아래의 손 씻기 확인표에 붙여 주세요.

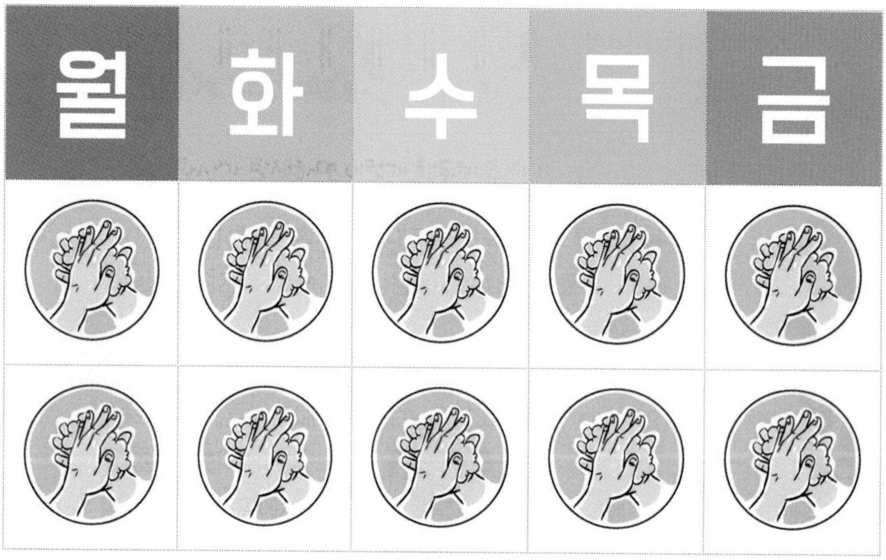

요일 스티커 붙이는 곳	요일 스티커 붙이는 곳	요일 스티커 붙이는 곳	요일 스티커 붙이는 곳	요일 스티커 붙이는 곳
손 스티커 붙이는 곳	손 스티커 붙이는 곳	손 스티커 붙이는 곳	손 스티커 붙이는 곳	손 스티커 붙이는 곳
손 스티커 붙이는 곳	손 스티커 붙이는 곳	손 스티커 붙이는 곳	손 스티커 붙이는 곳	손 스티커 붙이는 곳

재난유형	황사가 발생했어요! 어떻게 대처할까요?	(　　　　)반
황사		이름:

황사가 발생했어요! 대처를 잘하고 있는 친구를 찾아 동그라미를 쳐 주세요.

	뿌연 먼지가 가득한 공터에서 마스크나 보호 안경을 쓰지 않고 놀이하고 있는 친구
	긴소매 옷, 마스크, 보호 안경 등을 쓰고 외출 준비를 하는 친구
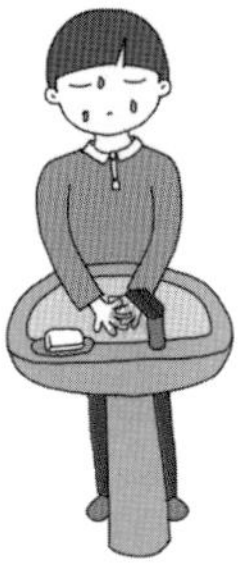	외출 후 손과 얼굴을 깨끗하게 씻고 있는 친구
	황사가 강한 날 집의 창문을 모두 열어 놓고 있는 친구

재난유형	황사 피해가 복구되면 어떤 모습일까요?	(　　　　　　　　)반
황사		이름:

황사 피해가 복구되기 전 모습과 복구된 후의 모습을 연결해 주세요.

4. 참고자료

관련 사이트 정보

- 행정안전부(www.mois.go.kr)
- 교육부(www.moe.go.kr)
- 보건복지부(www.mohw.go.kr)
- 소방청(www.nfa.go.kr/nfa)
- 해양경찰청(www.kcg.go.kr)
- 기상청(www.kma.go.kr)
- 국민재난안전포털(www.safekorea.go.kr)
- 서울종합방재센터(http://119.seoul.go.kr)
- 세종자치시 소방본부 119(http://www.sejong.go.kr/fire.do)
- 국립수의과학검역원(http://www.qia.go.kr)
- 에어코리아(www.airkorea.or.kr)

기타 정보

- 전화: 기상청 날씨예보(☎ 131), 119구조대(☎ 119)
- 앱: 안전디딤돌, 우리동네 대기질

참고문헌

- 2012 황사 대응 매뉴얼(충청북도교육청), 2014 학교현장 재난대응 안전관리 매뉴얼(충청남도 논산계룡교육지원청), 2017 여름철 자연재난 국민행동요령(행정안전부), 학교현장 재난유형별 교육 · 훈련매뉴얼(교육부), 2008 재난대비 국민행동매뉴얼 안전 길라잡이(소방방재청), 2015 어린이집 안전관리백과-소방, 재난, 자연재해편(어린이집 안전공제회), 재난안전 체험형 안전교육(경기도교육청), 대구광역시 재해, 재난 시민행동(http://www.daegu.go.kr/safety/index.do?menu_id=00001280)

동화책

- 콜록콜록 황사가 왔어요(아비랑 동화)–온라인 동화책
- 강순희(2008). 황사의 여행. 해로운 화학물질에서 자신을 구하는 환경동화: 지구환경 편. 현암사.
- 묘리(2014). 콜록콜록 오늘의 황사 뉴스. 과학동아북스.

동영상

- 황사가 온대요. https://www.youtube.com/watch?v=bGQhTuMGeok
- 봄날의 불청객 황사 | 미세먼지 | 환경동화 | 안심 건강★지니키즈. https://www.youtube.com/watch?v=z0MJlUGBrkc
- [안전교육–재난대비] 모래바람이 불어요_황사 대비 안전. https://www.youtube.com/watch?v=2ZrR9MTxnZg

동요

- 작은 별(윤석중 작사, 모차르트 작곡)을 개사하여 사용함.

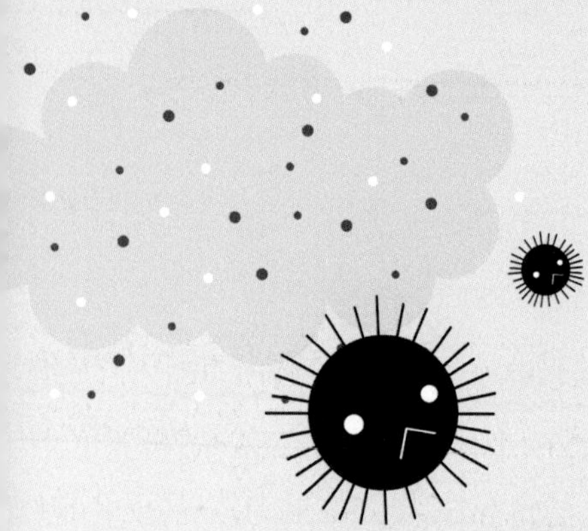

제4장

미세먼지

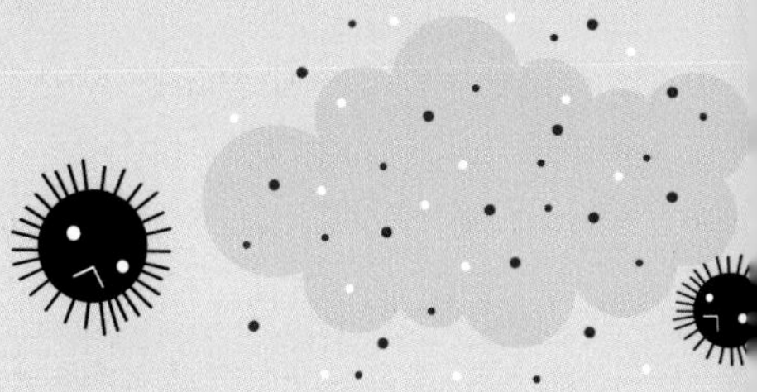

1. 미세먼지에 대한 이해

1) 미세먼지의 정의

- 미세먼지는 대기 중에 떠다니는 10㎛ 이하의 먼지를 통칭하여 말한다.
- 크기에 따라 미세먼지(PM_{10}, 지름 〈 10㎛), 초미세먼지($PM_{2.5}$, 지름 〈 2.5㎛), 극초미세먼지($PM_{1.0}$, 지름 〈 1.0㎛) 등으로 구분된다.
- 2017년 환경부에서는 PM_{10}을 부유먼지, $PM_{2.5}$를 미세먼지로 명명하였다.

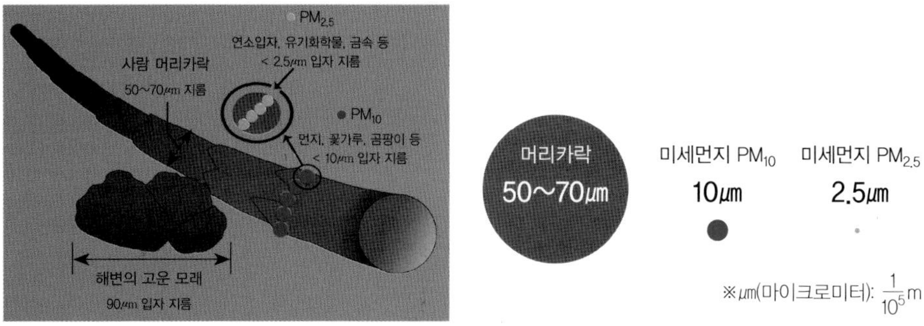

[그림 4-1] 미세먼지 크기 비교

출처: 미국 환경보호청(EPA).

2) 미세먼지의 발생원인

1차 미세먼지 발생

- 자연적 발생원으로는 흙먼지, 꽃가루, 바닷물의 소금 등이 있다.
- 인위적 발생원으로는 공장이나 발전소 등에서의 화석원료(석탄, 석유 등) 연소, 자동차 배기가스 배출, 건설현장 및 공장에서의 원자재 및 부자재 가루성분, 소각장 연기 등이 있다.

제조업 연소	
PM_{10}	66.6%
$PM_{2.5}$	54.2%

• 공장의 연소시설, 공정로, 기타

비도로이동오염원	
PM_{10}	12.5%
$PM_{2.5}$	18.2%

• 건설장비, 철도, 선박, 항공, 농업기계

도로이동오염원	
PM_{10}	10.0%
$PM_{2.5}$	14.5%

• 화물차, 버스, 택시, 승용차, 승합차

[그림 4-2] 1차 미세먼지 발생원인

2차 미세먼지 발생

• 발생원의 물질이 공기 중의 다른 물질과 화학반응을 일으켜 미세먼지가 되기도 하는데, 황산화물, 질소산화물 등이 대기 중의 수증기, 오존, 암모니아 등과 결합하여 2차 미세먼지를 생성하며, $PM_{2.5}$ 발생량의 2/3를 차지한다.

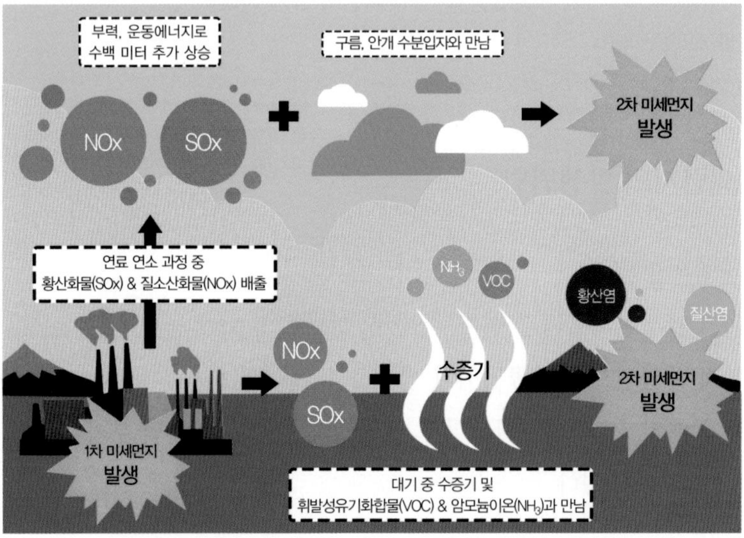

[그림 4-3] 석탄화력발전에 의한 미세먼지 발생

3) 미세먼지의 특징

(1) 미세먼지의 성분

미세먼지의 성분은 발생 지역과 계절, 기상 조건 등에 따라 달라지는데, 일반적으로 대기오염물질이 공기 중에 반응하여 형성된 물질(황산염, 질산염 등), 석탄이나 석유 연소 과정에서 나오는 탄소류 및 유기탄화수소, 흙먼지 등에서 발생하는 광물(유해금속 성분 포함) 등으로 구성된다.

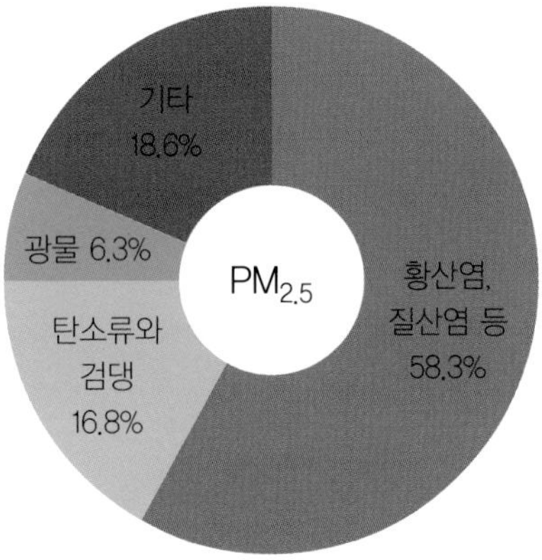

[그림 4-4] 미세먼지 구성성분

> ※ 토양성분이 주성분인 황사와 달리, 미세먼지는 화석 연료의 연소 등으로 발생한 인위적 오염물질(중금속, 유해 화학물질)이 더 많이 포함되어 있음.

(2) 미세먼지의 영향

건강에 미치는 영향

- 미세먼지는 크기가 매우 작아서 코점막을 통해 걸러지지 않고, 깊은 폐포까지 직접 침투할 수 있어(특히 $PM_{2.5}$의 경우), 천식이나 폐 질환을 유발한다(기침, 호흡 곤란, 기관지염 등).
- 혈관 침투가 가능하여 혈액을 통해 전신적 순환을 할 수 있어 심혈관 질환을 유발한다(염증반응, 자율신경계 장애, 부정맥 발생 등).
- 기도와 폐의 방어 작용을 방해하여 호흡기계 감염을 초래한다.
- 피부 및 안구 질환 등을 초래한다.

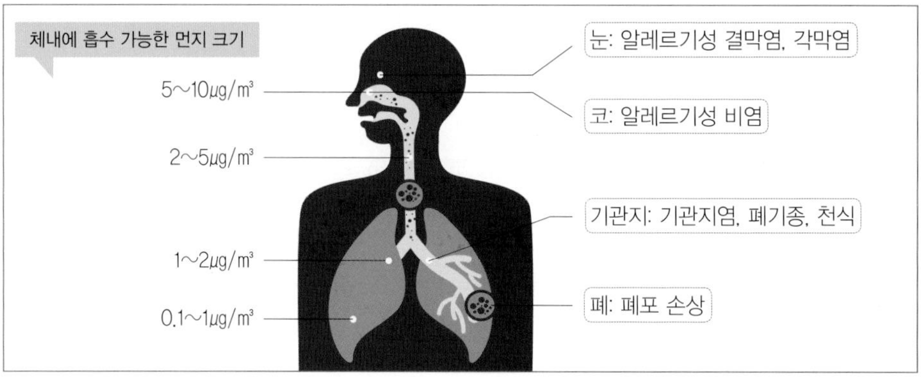

[그림 4-5] 미세먼지로 인한 질병

※ 2013년 세계보건기구 산하의 국제암연구소(IARC)는 미세먼지를 1군 발암물질로 지정함 (미세먼지가 10μg/m³ 증가할 때마다 폐암 발생 22% 증가).

대기에 미치는 영향

- 대기를 탁하게 만들어 가시거리가 줄어든다.
- 미세먼지 농도가 높아지면 미세먼지에 의해 빛이 여러 방향으로 산란 또는 흡수된다.
- 대기오염 물질의 농도가 높은 상태에서 습도까지 높아지면 2차 미세먼지의 발생으로 가시거리가 더욱 줄어든다.
- 기온역전현상이 발생하여 공기의 상하이동이 일어나지 않는다.
- 지상의 대기오염물질이 지상층에 머무르고 계속하여 쌓이면서 농도가 높아진다.

기타 영향

- 미세먼지는 식물의 신진대사와 성장을 방해한다.
- 건축물이나 동상, 설치물 등에 쌓여 부식을 유발한다.

4) 미세먼지의 측정과 예보

측정 방법

- 베타선 흡수법: 방사선인 베타선이 어떤 물질을 통과할 때 물질의 질량이 클수

록 더 많이 흡수되는 성질을 이용한 측정방법이며, 미세먼지 채취 필터에 흡수된 베타선 양을 측정하여 미세먼지의 농도를 구한다.

- 광산란법: 물질에 빛을 쪼이면 충돌한 빛이 여러 방향으로 흩어지는 원리를 이용한 측정방법이며, 흩어진 빛의 양을 측정하여 미세먼지의 농도를 구한다.
- 중량농도법: 24시간 동안 시료를 채취하여 여과지에 모인 물질 중 크기가 2.5㎛보다 작은 미세먼지의 질량을 측정한다.

미세먼지의 측정

우리나라의 전국 300여 개 측정소에서 미세먼지를 측정하며, 전국의 6개 지역(수도권, 백령도, 남부권, 중부권, 영남권, 제주도)에서는 장거리이동 대기오염물질의 성분을 정밀조사한다.

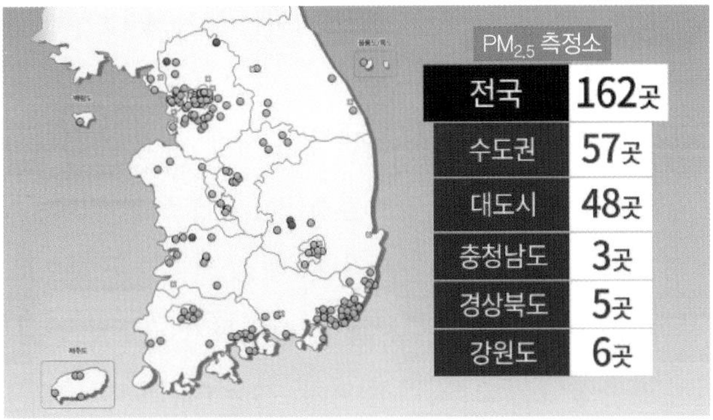

[그림 4-6] 미세먼지 측정소

출처: 한국환경공단(http://www.keco.or.kr).

미세먼지의 예보

- 미세먼지(PM_{10}) 예보 등급: 좋음(0~30㎍/㎥), 보통(31~80㎍/㎥), 나쁨(81~150㎍/㎥), 매우 나쁨(151㎍/㎥~)
- 초미세먼지($PM_{2.5}$) 예보 등급: 좋음(0~15㎍/㎥), 보통(16~50㎍/㎥), 나쁨(51~100㎍/㎥), 매우 나쁨(101㎍/㎥~)

대상 물질	경보 단계	내용
미세먼지	주의보	1시간 평균 미세먼지(PM_{10}) 농도가 120㎍/m3 이상 2시간 이상 지속 예상될 때
	경보	1시간 평균 미세먼지(PM_{10}) 농도가 250㎍/m3 이상 2시간 이상 지속 예상될 때
초미세먼지	주의보	1시간 평균 미세먼지($PM_{2.5}$) 농도가 65㎍/m3 이상 2시간 이상 지속 예상될 때
	경보	1시간 평균 미세먼지($PM_{2.5}$) 농도가 150㎍/m3 이상 2시간 이상 지속 예상될 때

5) 미세먼지의 발생현황

- 2001~2006년에는 51~61㎍/㎥ 사이를 오르내리다가, 2007년부터 감소 추세로 돌아섰으나(수도권 대기환경관리 기본계획 시행의 영향), 최근 대기 질 개선이 다소 정체되어 있다.
- 우리나라 미세먼지 농도는 주요 선진국 도시에 비해 여전히 높은 수준인데, 2014년 황사를 포함한 서울의 미세먼지(PM_{10}) 농도는 미국 LA보다 1.5배 높고, 프랑스 파리와 영국 런던보다 각각 2.1배, 2.3배 높은 것으로 나타났다.
- 우리나라는 인구밀도가 높고, 도시화 및 산업화가 고도로 진행되어 단위 면적당 미세먼지 배출량이 많고, 지리적 위치, 기상 여건 등이 유리하지 않으며, 편

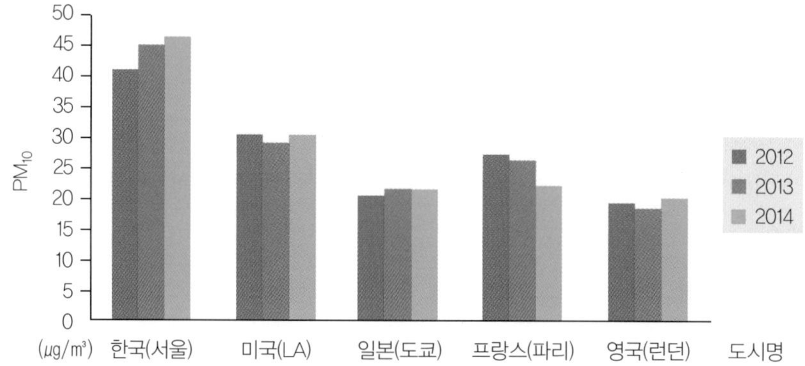

[그림 4-7] 2012~2014년 세계 주요 도시의 미세먼지 농도 비교

출처: 환경부(http://www.me.go.kr).

서풍 지대에 위치하여 상시적으로 주변국의 영향을 받는다.

- 미세먼지를 씻어 내리는 강수가 여름철에 편중되어 있고, 우리나라 주변에 자주 형성되는 대륙성 고기압으로 인하여 대기가 정체되어 고농도 미세먼지 현상이 자주 발생한다.

2. 미세먼지 대비 및 대응 매뉴얼

1) 행동 매뉴얼

(1) 미세먼지 발생 전(예방 및 대비)

유치원의 미세먼지 대비책으로는 미세먼지 대비 시설 점검 및 관련 기기 관리, 유아 건강 정보 숙지 및 개인 용품 준비, 기상예보 청취, 휴업 또는 단축수업 검토, 비상 연락망 점검, 미세먼지 대비 행동요령 지도, 가정 및 지역사회와의 연계 등을 포함한다.

① 미세먼지 대비 시설 점검 및 관련 기기 관리

- 미세먼지 발생 시 외부 공기의 유입을 차단할 유치원의 문과 창문 등의 시설을 점검한다.
- 실내 공기청정기, 가습기 등을 구입하여 각 교실과 유아의 주요 생활 및 활동 공간에 비치한다.
- 교직원은 실내 공기청정기, 가습기 등의 사용 방법과 관리 방법을 숙지하고, 이를 올바르게 사용 및 관리하며 정기적으로 점검한다.

② 유아 건강 정보 숙지 및 개인 용품 준비

- 교사는 개별 유아의 건강 정보(천식, 알레르기성 결막염, 비염 등)를 숙지하고, 상황별 응급처치 등을 알아 둔다.
- 비상시를 대비하여 유아의 긴소매 의복, 손수건, 마스크 등을 유아의 개인 사물함에 준비해 둔다.

③ 기상예보 청취

- 방송매체, 인터넷, 전화 등을 통하여 미세먼지 발생 기상정보를 상시 확인한다.

방송매체	TV, 라디오의 일기예보
인터넷	기상청(www.kma.go.kr), 국립수의과학검역원(www.qia.go.kr) 홈페이지
전화	기상청(국번 없이 131), 농림축산검역본부(031-467-1700)

④ 휴원 또는 단축수업 검토

- 유치원이 위치한 지역에 미세먼지 발생이 예보되면 상황에 맞게 휴원 또는 단축수업을 검토한다.
- 휴원이나 단축수업이 결정되면 부모에게 알린다.
- 휴원 및 단축수업 결정 시 맞벌이 부부 자녀에 대한 보충수업 대책을 수립한다.

⑤ 비상 연락망 점검

- 유아 비상 연락망(부모 등)을 점검, 확인한다.
- 비상시 연락체계를 마련하고 교직원으로 하여금 이를 숙지하도록 안내한다.

⑥ 미세먼지 대비 행동요령 지도

- 유아 미세먼지 대응 교육 활동을 영역 통합적으로 계획하고 실시한다(미세먼지에 대한 이해, 미세먼지 발생 시 행동요령 등).
- 개인 위생교육(손 씻기, 목욕하기 등)을 정기적으로 실시한다.
- 교사 및 교육관계자를 대상으로 미세먼지 대응 사전교육을 실시한다.
- 상황별(외출 시, 외출 후 등) 시나리오를 마련하여 가상 대응 교육을 실시한다.

⑦ 가정 및 지역사회와의 연계

- 부모를 대상으로 한 미세먼지 대응 사전교육을 실시한다.
- 부모에게 상황별 미세먼지 대응 행동요령을 마련하여 가정에 전달한다.

- 미세먼지 정보를 얻을 수 있는 공공 기관의 연락처를 알아 둔다.
- 미세먼지 정보 알림 애플리케이션을 설치해 둔다.
 (안전디딤돌, 우리동네 대기질, 에어코리아 등)

(2) 미세먼지 발생 시(대응)

미세먼지가 발생하면 다음과 같은 행동요령에 따라 행동한다.

미세먼지 예보 및 특보 알림	• 원장 또는 담당 교직원은 미세먼지가 예보되거나 미세먼지 특보가 발령되면 즉시 유치원의 전 교직원에게 알린다. • 각 교직원이 맡은 대응 역할을 주지시킨다.
교육 환경 점검	• 교사는 교실의 창문과 외부로 통하는 문이 모두 닫혀 있는지 확인하고, 열려 있을 시 닫는다. • 교사는 교실 내의 공기청정기와 가습기가 잘 작동하는지 확인한다. • 교실의 공기가 잘 정화되는지, 교실 내 습도가 일정하게 유지되는지 체크한다.
수업활동 변경 및 대체	• 계획되었던 바깥 활동을 체육관, 교실 등에서 진행하는 실내 활동으로 대체하여 실시한다. • 외부 견학 등이 계획되어 있었을 경우 관련 기관에 연락하여 이를 취소하거나 연기한다. • 수업 단축 시 유아의 부모에게 바로 알리고 가정에 돌아가 휴식할 수 있도록 한다.
유아 건강 관리	• 교사는 유아가 손을 깨끗이 씻고 양치질을 하여 미세먼지 질환을 예방하도록 한다. • 유아의 눈이 가려울 때 손으로 만지지 말고 교사에게 이야기하도록 한다. • 유아의 미세먼지 관련 증상을 발견하면 적절한 대처법을 적용하며, 증상이 심한 경우 양호선생님께 알린다. • 유아가 물을 자주 마실 수 있도록 한다.
음식물, 조리 관리	• 유아 음식 조리 시 채소나 과일 등의 농수산물을 더욱 깨끗이 씻는다. • 조리사들은 유아 음식 조리 시 더욱 철저하게 손을 씻는다. • 조리 기구 등을 세척하여 위생관리를 한다.

상황별 미세먼지 대응 행동요령은 다음과 같다.

① 유치원 내에서 미세먼지가 발생했을 때

- 창문과 외부로 연결된 문을 모두 닫는다.
- 산책, 바깥놀이터 활동, 현장학습 등을 모두 취소하고 실내 활동으로 대체하여 진행한다.
- 미세먼지 관련 질환을 예방하기 위해 유아가 손을 깨끗이 씻고 양치질을 하도록 한다.
- 유아가 미세먼지 관련 증상을 보이면 이에 대해 대처하거나 증상이 심할 경우 양호선생님에게 알린다.
- 실내 공기의 질, 습도 등을 관리하고 유아가 물을 자주 마시게 한다.

② 외부 활동 시 미세먼지가 발생했을 때

- 휴대폰 애플리케이션 또는 유치원 연락을 통해 미세먼지 발생을 알게 되면, 교사는 즉시 활동을 중단하고 유치원으로 돌아온다.
- 마스크, 보호 안경 등이 있으면 교사는 이를 유아에게 바로 착용시키고 눈 등을 손으로 만지지 못하도록 지도한다.
- 유치원 인근이 아닐 경우 교사는 가까운 건물의 실내로 들어간 후, 유치원에 교사와 유아의 위치 등을 알리고 필요시 지원을 요청한다.
- 외부 활동 후 유치원으로 돌아오면 교사는 유아들이 손을 깨끗이 씻고 이를 닦도록 한다.

③ 등 · 하원 시 미세먼지가 발생했을 때

- 등원 시 미세먼지가 발생하면 부모에게 유아가 관련 증상이 있는지 묻고 적절한 조치를 취한다.
- 등원 후 모든 유아가 손을 씻고 세수를 하도록 한다.
- 하원 시 미세먼지가 발생하면 교사는 유아의 사물함에서 긴 옷을 꺼내어 입히고, 마스크, 보호 안경 등을 착용시켜 하원 시 유아의 눈, 코, 입을 보호할 수 있도록 한다.
- 원장은 미세먼지 정도에 따라 유치원 운영(휴원 또는 단축수업 등)을 결정하고

안내문을 게시하며, 유치원 운영 방침을 부모에게 유선(문자, 통화 등)으로 즉시 전달한다.

(3) 미세먼지 종료 후(복구)

미세먼지 종료 후 유치원의 교직원은 유치원 방역 및 청소, 유아 건강 확인 및 조치, 피해 복구 및 향후 수업 계획 마련 등과 관련한 활동을 실시한다.

① 유치원 방역 및 청소

- 창문과 문을 열어 실내 공기를 환기시킨다.
- 유치원의 실내와 실외 구조물 등을 청소하여 미세먼지를 제거한다.
- 유치원의 실내외 물품, 조리 기구 등을 깨끗하게 세척하여 사용한다.
- 미세먼지 발생 후 전염병 예방을 위하여 유치원의 교실, 식당, 외부시설 등에 대하여 소독을 한다.

② 유아 건강 확인 및 조치

- 교사는 유아가 감기, 알레르기성 안구질환, 비염, 천식 등의 증상이 있는지 확인한다.
- 미세먼지 질환 증상이 의심되면 이에 적합한 조치를 취하고, 증상이 심하면 양호선생님에게 연락하여 특별 보호를 받도록 한다.
- 건강에 이상이 있는 유아는 휴식을 취하도록 돕고, 부모에게 연락하여 일찍 귀가하도록 한다.
- 교사는 미세먼지 발생이 종료된 후 2주일 정도 지속적으로 유아의 건강 상태를 관찰하고, 질병이나 증상이 확인되면 증상의 정도에 따라 대처한다.

③ 피해 복구 및 향후 수업 계획 마련

- 유치원의 오염된 장소들을 복구하고 관련 용품(마스크, 청소 용품 등)을 재구입하여 비치한다.
- 원장과 교사들은 유치원의 피해 복구 과정 동안 또는 이후에 연속으로 미세먼지가 예보되었을 시 향후 수업 진행에 대한 대책을 마련한다.

2) 부모 지침서

유치원에서는 평상시 부모교육을 통해 부모에게 미세먼지 대응 행동요령, 미세먼지 발생 시 주의사항 등을 전달할 필요가 있다.

미세먼지가 발생하면 이렇게 행동해 주세요!

- 미세먼지가 발생하면 미세먼지가 실내로 들어오지 않도록 창문을 닫습니다.
- 공기청정기 및 가습기를 사용하여 실내 공기를 정화하고 실내가 건조해지지 않도록 합니다.
- 미세먼지는 호흡기 및 안구, 피부 질환을 유발할 수 있으므로 가능한 한 외출을 삼갑니다.
- 외출 시에는 긴소매 옷을 입고, 마스크와 보호 안경을 착용하며, 사람이 많이 모인 곳을 피합니다.
- 귀가 시 집 앞에서 옷을 잘 털고, 집으로 들어온 후에는 손과 얼굴을 깨끗이 씻고 양치질을 합니다.
- 텔레비전, 인터넷, 라디오 등으로 미세먼지 정보를 계속 확인합니다.

미세먼지에 대비해 이러한 점을 주의해 주세요!

- 미세먼지 발생으로 휴원 또는 조기귀가 상황이 생길 수 있으므로 평소 유치원에 부모와 부모 이외 인계자의 인적사항 및 연락처를 전달합니다.
- 유치원, 교사, 유아의 친구 부모 등의 연락처를 저장해 둡니다.
- 미세먼지 발생 시 유치원의 연락을 확인하고 단축 수업 시 유아 인계 방법을 교사와 상의합니다.
- 가정에서도 유아의 개인 위생에 신경 쓰고, 유아에게 미세먼지 관련 증상이 나타나면 병원에서 진료를 받고 교사에게 연락을 합니다.
- 가정에서 유아에게 수분 섭취를 자주 해 주시고 식재료 세척과 조리 시 위생에 신경 씁니다.
- 마스크는 식약처에서 허가된 미세먼지 전용 마스크를 사용하며 세탁하여 사용하지 않으며 밀폐된 장소에서는 사용하지 않습니다.

3) 국민행동요령

(1) 미세먼지 발생 시 행동요령

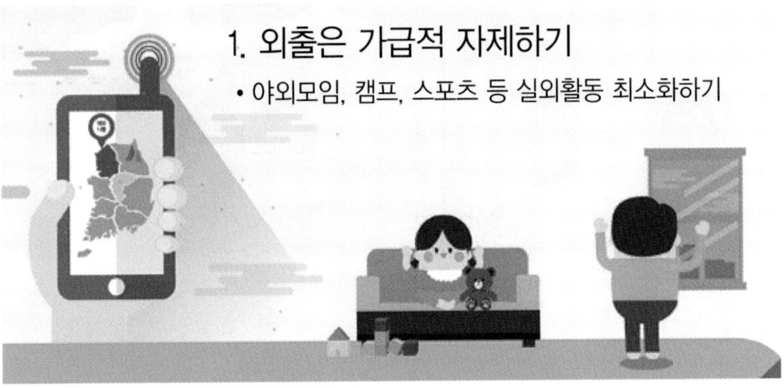

4. 외출 후 깨끗이 씻기

- 온몸을 구석구석 씻고, 특히 필수적으로 손 · 발 · 눈 · 코를 흐르는 물에 씻고 양치질하기

5. 물과 비타민C가 풍부한 과일 · 야채 섭취하기

- 노폐물 배출 효과가 있는 물, 항산화 효과가 있는 과일 · 야채 등 충분히 섭취하기

6. 환기, 실내 물청소 등 실내 공기질 관리하기

- 실내 · 외 공기 오염도를 고려하여 적절한 환기 실시하기
- 실내 물걸레질 등 물청소 실시, 공기청정기 가동하기(공기청정기 필터 주기적 점검 · 교체)

평상시 환기	조리 시 환기
I 실내 오염도가 높을 때는 자연환기 또는 기계환기 실시 (단, '나쁨' 이상시 자연환기 자제) I 하루 3번 30분 이상(오전 10시~오후 9시) 환기 실시 I 대기오염도가 높은 도로변 외의 다른 창문을 통한 환기 실시	I 주방후드 가동과 자연환기를 동시에 실시 I 조리 후에도 30분 이상 환기 실시

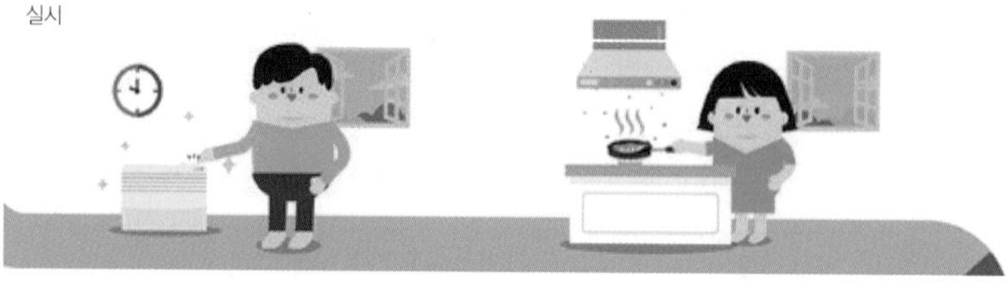

7. 대기오염 유발행위 자제하기

- 자가용 운전 대신 대중교통 이용, 폐기물 태우는 행위 등 자제하기

출처: 환경부(http://www.me.go.kr).

(2) 미세먼지 발생 시 상황별 행동요령

[가정에서]

- 노약자, 호흡기 질환자 등은 실외활동을 자제한다.
- 창문을 닫고 대청소 등은 자제하고, 가급적 외출을 최소화한다.
- 외출 시에는 마스크, 모자 및 보호안경 등을 착용한다.
- 물을 많이 마신다.
- 외출하고 돌아오면 손과 얼굴을 씻고, 흐르는 물에 코를 자주 씻는다.

[유치원 등 교육기관]

- 유치원의 실외활동을 자제한다.
- 미세먼지 예보 결과를 고려해 실내운동으로 대체한다.
- 천식, 아토피 질환 유아의 위생을 점검한다.
- 상비약(안약, 아토피 연고 등)을 비치하고 마스크 착용을 안내한다.

[축산, 농가 등에서]

- 방목장의 가축은 축사 안으로 대피시켜 노출을 최소화한다.
- 비닐하우스, 온실 및 축사의 출입문과 창문 등을 닫는다.
- 야적된 사료용 건초, 볏집 등은 비닐, 천막 등으로 덮는다.

[체육행사]

- 실외경기(야구, 축구 등) 개최를 자제한다.
- 등산, 낚시 등 오랜 실외 활동을 자제한다.

[산업체, 작업장]

- 반도체, 자동차 등 기계설비 작업장의 경우 실내 공기정화 필터를 점검, 교체하고 시설 및 출입구에 에어커튼을 설치한다.
- 자동차 수시 세차 및 실외 도장 작업 시 주의한다.
- 실외 작업자 마스크, 모자 및 보호안경 등을 착용한다.

[식품취급 장소]

- 식품제조, 가동, 조리 시 철저하게 손을 씻는다.
- 과일, 채소 등은 흐르는 물에 충분히 씻어 먹는다.
- 기계, 기구류를 세척하여 위생관리를 하고 2차 오염을 방지한다.

[교통, 항공]

- 항공기 및 선박의 운행 시 가시거리, 안전장치 등을 점검한다.
- 운항관계자 연락망을 확인한다.

출처: 국민재난안전포털(http://www.safekorea.go.kr).

3. 미세먼지 대비 및 대응 교육활동

1) 미세먼지 발생 전(예방 및 대비)

활동명	미세먼지가 뭐예요?	활동 대상	5세
활동 목표	미세먼지에 대해 알게 된다. 미세먼지의 피해, 심각성에 대해 알게 된다.	활동 영역	의사소통, 자연탐구
활동 자료	동화책, 교육 동영상, 관찰 준비물(현미경, 머리카락, 모래, 먼지 등), 활동지		

단계	영역	내용	시간
도입	의사소통	• 동화책을 읽어 주며 미세먼지에 대해 유아의 흥미를 유발한다. T: 미세먼지에 대해 들어 본 적이 있나요? T: 콜록 마을 사람들은 미세먼지 때문에 어떻게 되었나요?	5′
전개	의사소통	• 미세먼지가 발생하는 원인, 피해와 관련한 동영상을 시청하며 이야기를 나눈다. T: 미세먼지는 왜 발생할까요? T: 미세먼지란 무엇일까요? 얼마나 작을까요?	12′
	자연탐구	• 머리카락, 모래 알갱이, 먼지 등을 현미경으로 관찰한다. T: 미세먼지는 얼마나 작을까요? 눈에 보일까요? T: 눈에 안 보이는 것을 크게 확대하여 보는 기구는 무엇일까요? T: 우리가 현미경이라는 기구를 이용해서 작은 것들을 크게 볼 것이에요. • 머리카락, 모래 알갱이, 먼지 등을 현미경에 넣고 관찰해 본다. T: 어떤 것이 가장 크게 보이나요? T: 자세히 보니 어떤 것들이 보이나요? 어떤 색인가요? • 활동지를 제시한 뒤, 관찰한 것을 그림으로 그려 보도록 한다. T: 선생님이 종이를 한 장씩 나눠 줄 거예요. 여기에 친구들이 관찰한 것을 그려 보세요.	10′
마무리	의사소통	• 퀴즈를 함께 풀면서 미세먼지에 대한 내용을 정리한다. T: 여러분, 오늘 미세먼지에 대해 더 잘 알게 되었나요? T: 여러분이 잘 기억하고 있는지 마지막으로 퀴즈를 내 볼게요. 맞으면 ○, 틀리면 ×라고 말해 주세요.	3′
지도 시 유의점		* 현미경이 없을 때에는 이를 대체할 수 있는 활동을 찾는다. (머리카락, 모래, 먼지 등을 테이프에 붙이고 종이에 붙여 크기를 확인하는 활동 등)	

활동 자료

재난유형	미세먼지를 현미경으로 관찰해요!	(　　　　　)반
미세먼지		이름:

머리카락, 모래 알갱이, 미세먼지를 현미경으로 관찰하고 그림으로 그려 보세요.

[머리카락]

[모래 알갱이]

[미세먼지]

활동명	미세먼지를 마시면 몸이 아파요!	활동 대상	5세
활동 목표	미세먼지가 우리의 건강에 미치는 영향을 알게 된다.	활동 영역	의사소통 자연탐구, 사회관계
활동 자료	교육 동영상, 역할극 소품(청진기, 의료기구, 가운 등)		

단계	영역	내용	시간
도입	의사소통	• 지난 활동에 대해 이야기를 나눈다. T: 지난 시간에 우리가 미세먼지에 대해 알아본 것들이 기억나나요? T: 우리가 무엇에 대해 이야기하였지요?	5′
전개	자연탐구 의사소통	• 동영상을 보면서 미세먼지를 많이 마시면 건강에 어떤 영향을 미치는지 알아본다. T: 우리가 미세먼지를 많이 마시면 어떻게 될까요? T: 어디가 아프게 될까요? T: 왜 그렇게 될까요? T: 이렇게 몸이 아프게 되면 어떻게 해야 할까요?	10′
	사회관계	• 미세먼지를 많이 마신 환자가 병원을 찾은 상황을 역할극으로 해 본다. T: 이제 미세먼지를 많이 마신 ○○가 병원을 찾아가는 역할극을 해 볼 거예요. T: 누가 의사를 해 볼까요? 환자는 누가 해 볼까요? • 역할극을 시작한다. 의사 역할을 맡은 유아는 진찰을 한 뒤에 환자 역할을 맡은 유아에게 왜 아픈 것인지 어떻게 해야 하는지 말해 준다. • 역할을 바꾸어 가며 역할극을 진행한다.	10′
마무리	의사소통	• 오늘 함께한 활동에 대해 이야기하며 마무리한다. T: 오늘 우리가 어떤 활동을 하였지요? T: 미세먼지를 많이 마시면 어떻게 되나요? 몸이 아프게 되면 어떻게 해야 하나요?	5′
지도 시 유의점		* 필요시 활동지를 이용한 추가 활동을 진행한다. * 역할극은 유아의 수준에 맞게 구성하고 실시한다.	

활동 자료

재난유형	미세먼지가 발생하면 하늘이 어떻게 될까요?	( )반
미세먼지		이름:

평상시와 미세먼지가 많은 날 하늘은 어떤 색일까요? 아래에 그려 주세요.

[평상시]

[미세먼지가 많은 날]

2) 미세먼지 발생 시(대응)

활동명	미세먼지를 막아요!	활동 대상	5세
활동 목표	미세먼지 발생 시 대응 방법을 알게 된다. 안전을 위한 주의사항을 알게 된다.	활동 영역	의사소통, 예술경험
활동 자료	동화책, 교육 동영상, 활동지, 책 만들기 재료(미니 책, 대응 그림, 가위, 풀 등)		

단계	영역	내용	시간
도입	의사소통	• 미세먼지를 경험하는 주인공이 등장하는 동화책을 읽어 주며 미세먼지 발생 시 어떻게 행동해야 하는지 이야기를 나눈다. T: 미세먼지가 발생하니 ○○(주인공)가 어떻게 하였나요? T: 왜 그렇게 하였나요?	5′
전개	의사소통	• 미세먼지 대처 방법에 대한 동영상을 시청하고 이야기를 나눈다. T: 미세먼지가 발생하면 가장 먼저 어떻게 해야 하나요? T: 왜 그렇게 해야 하나요? T: 그다음으로는 우리가 어떻게 해야 하지요? T: 왜 그렇게 해야 하나요?	13′
	의사소통 예술경험	• 미세먼지 대응 사항을 담은 책을 만들어 본다. T: 미세먼지가 발생하면 어떻게 해야 하는지 책으로 만든다면 어떨까요? 어떤 점이 좋을까요? 도움이 될까요? • 미니 책, 미세먼지 대응(창문 닫기, 마스크 쓰기, 손 씻기 등) 그림, 가위, 풀, 연필 등을 유아에게 제시하고 책 만들기를 시작한다. T: 선생님이 나누어준 책에 미세먼지 대응 그림들을 하나씩 오려서 붙여 보아요. 그리고 그 옆에 내용도 써 보아요. T: 잘하고 있네요. 그림을 더 그리거나 설명을 더 써도 됩니다.	7′
마무리	의사소통	• 미세먼지 발생 시 대응 행동에 대한 내용을 정리해 본다. T: 미세먼지가 발생하면 어떻게 해야 하나요? T: 또 어떤 것들을 해야 하나요?	5′
지도 시 유의점		* 유아의 수준에 맞게 책 만들기 활동을 진행한다(유아들이 글자 쓰기가 서툴 경우에는 내용을 쓰는 활동은 제외).	

활동 자료

재난유형	미세먼지 대응에 관한 나만의 책을 만들어요!	(　　　　)반
미세먼지		이름:

아래의 미세먼지 대응 방법을 오려서 책에 붙이고 나만의 책을 만들어요.

활동명	어떤 음식을 먹을까요?	활동 대상	5세
활동 목표	미세먼지 발생 시 섭취하면 좋은 음식을 알게 된다.	활동 영역	의사소통 신체운동 · 건강, 사회관계
활동 자료	교육 동영상, 사진 자료, 시장놀이 준비물(종이 지갑, 돈, 모형 음식들)		

단계	영역	내용	시간
도입	의사소통	• 동영상을 보며 지난 시간에 배운 것에 대해 이야기를 나눈다. T: 지난번 우리가 함께 배운 것들을 기억하나요? T: 미세먼지는 왜 발생하나요? T: 미세먼지가 발생하면 어떻게 해야 했나요?	5′
전개	신체운동 · 건강	• 사진 자료를 보여 주며 미세먼지에 좋은 음식에 대해 이야기를 나눈다. T: 미세먼지 발생 시 먹으면 도움이 되는 음식을 우리 함께 알아볼까요? T: 먼저 브로콜리가 미세먼지에 좋아요. 비타민 C가 염증(상처) 회복에 도움이 되고 식이섬유가 노폐물 제거에 도움을 주지요. T: 또 어떤 음식들이 있을까요? 비타민이 많이 들어 있는 음식에는 무엇이 있을까요?	10′
	사회관계	• 미세먼지에 좋은 음식을 사 보는 시장놀이를 한다. (종이 지갑과 돈을 준비하여 유아에게 나누어 주고, 시장으로 마련한 공간의 탁자 위에 각각 다양한 모형 음식들을 올려놓는다.) T: 우리 그러면 이 음식들을 시장에 가서 사 보는 놀이를 해 볼까요? T: ○○는 어떤 음식을 사고 싶어요? T: 그럼 저기에 가서 돈을 내고 음식을 사 볼까요?	13′
마무리	의사소통	• 오늘 활동에 대해 이야기하며 마무리한다. T: 오늘 우리가 어떤 활동을 하였지요? T: 미세먼지에 좋은 음식들로는 무엇들이 있나요?	2′
지도 시 유의점		* 유아의 수준에 맞게 활동을 적용한다(음식의 가격을 다르게 하는 등). * 유아의 수준에 맞는 용어를 사용한다. * 필요시 활동지를 이용하여 추가 활동을 진행한다.	

활동 자료

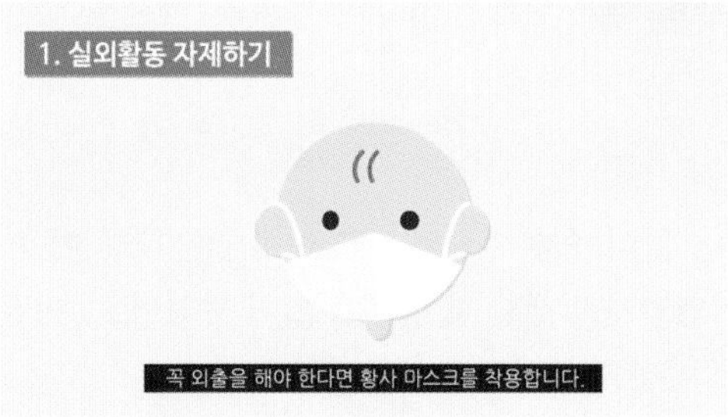

재난유형	미세먼지에 좋은 음식들은 어떤 것들이 있을까요?	( )반
미세먼지		이름:

아래에서 미세먼지에 좋은 음식들을 찾아 동그라미를 그려 주세요.

브로콜리

치킨

아이스크림

미역(해조류)

햄버거

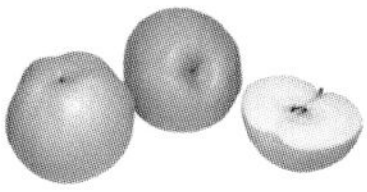
배

3) 미세먼지 종료 후(복구)

활동명	공기를 정화해요!	활동 대상	5세
활동 목표	공기를 정화하는 방법에 대해 알게 된다.	활동 영역	의사소통, 자연탐구 예술경험
활동 자료	동화책, 사진 자료, 액자 만들기 재료(이끼식물, 액자 틀 등)		

단계	영역	내용	시간
도입	의사소통	• 동화책을 읽어 주며 미세먼지 피해 복구에 대해 이야기를 나눈다. T: 미세먼지가 발생할 때 창문을 열어 두었어요. 어떻게 되었나요? T: 이제 이것들을 어떻게 복구해야 할까요?	5′
전개	자연탐구	• 사진 자료들을 보며 공기정화에 대하여 이야기를 나눈다. T: 미세먼지가 발생하여 집 안 곳곳에 먼지가 쌓이게 되었어요. 어떻게 해야 할까요? T: 그래요, 닦아 낼 수 있겠지요? 그리고 또 어떤 방법이 있을까요? T: 그래요. 공기청정기라는 기기를 설치하면 공기가 깨끗하게 정화되지요. (공기청정기 원리에 대해 부연 설명을 함) T: 그리고 혹시 공기정화 식물에 대해 들어 본 적이 있나요? T: 식물들도 공기를 정화할 수 있어요. (부연 설명을 함)	15′
	예술경험	• 이끼식물을 이용하여 액자 만들기를 한다(이끼식물과 액자 틀을 나누어 준다). T: 이끼식물은 이끼의 일종인 식물로 공기를 정화해 준답니다. T: 먼저 이끼식물을 적당하게 뜯어 보세요. T: 이제 액자 틀에 이끼식물을 잘 넣어서 액자를 만들어 보아요. T: 잘하고 있네요. 네, 잘했어요.	8′
마무리	의사소통	• 공기 정화 방법에 대한 내용을 다시 한 번 정리한다. T: 오늘 우리가 무슨 이야기를 나누었나요? 공기를 정화하는 방법에는 어떤 것들이 있었지요?	2′
지도 시 유의점		* 필요시 활동지를 이용하여 추가 활동을 진행한다.	

활동 자료

(이끼식물 액자 만들기 활동)

재난유형	공기를 정화시킬 수 있는 방법은?	(　　　　　)반
미세먼지		이름:

아래에서 공기를 정화시킬 수 있는 것들을 찾아서 동그라미를 그려 주세요.

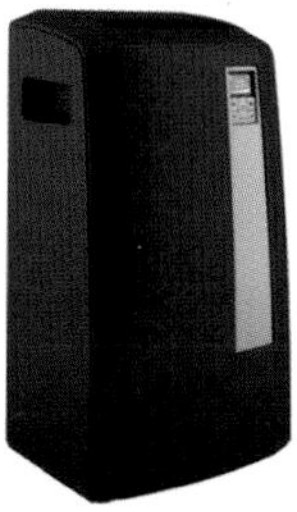

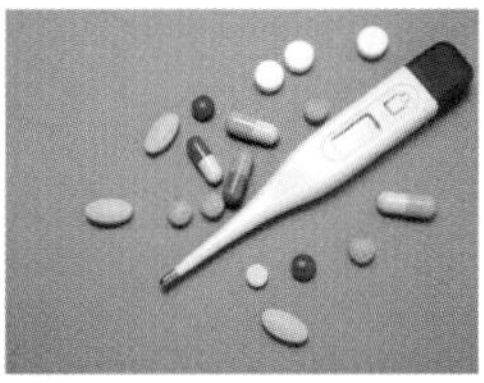

재난유형	미세먼지를 현미경으로 관찰해요!	(　　　　　　　)반
미세먼지		이름:

머리카락, 모래 알갱이, 미세먼지를 현미경으로 관찰하고 그림으로 그려 보세요.

[머리카락]

[모래 알갱이]

[미세먼지]

재난유형	미세먼지가 발생하면 하늘이 어떻게 될까요?	(　　　　　　)반
미세먼지		이름:

평상시와 미세먼지가 많은 날 하늘은 어떤 색일까요? 아래에 그려 주세요.

[평상시]	[미세먼지가 많은 날]
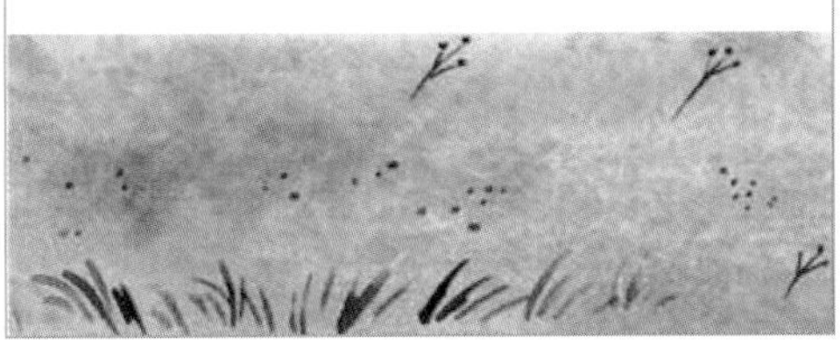	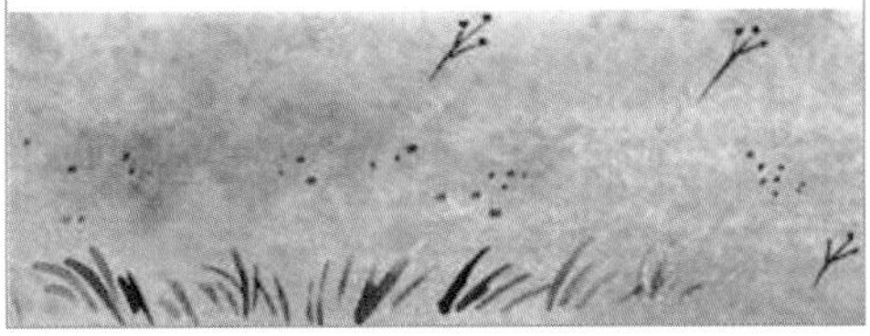

재난유형	미세먼지 대응에 관한 나만의 책을 만들어요!	( )반
미세먼지		이름:

아래의 미세먼지 대응 방법을 오려서 책에 붙이고 나만의 책을 만들어요.

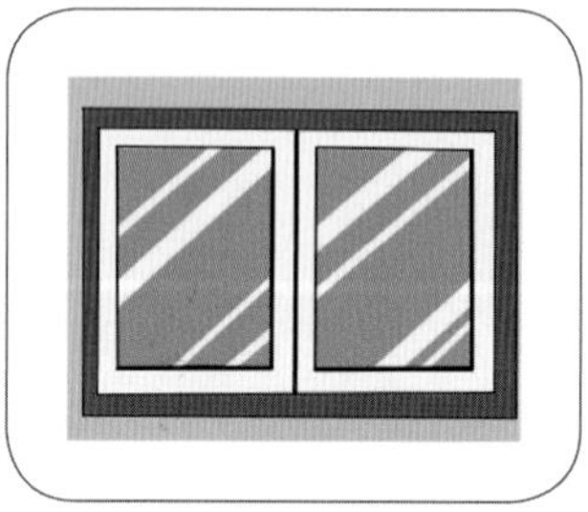

재난유형	미세먼지에 좋은 음식들은 어떤 것들이 있을까요?	(　　　　　　)반
미세먼지		이름:

아래에서 미세먼지에 좋은 음식들을 찾아 동그라미를 그려 주세요.

브로콜리

치킨

아이스크림

미역(해조류)

햄버거

배

재난유형	공기를 정화시킬 수 있는 방법은?	(　　　　　　　)반
미세먼지		이름:

아래에서 공기를 정화시킬 수 있는 것들을 찾아서 동그라미를 그려 주세요.

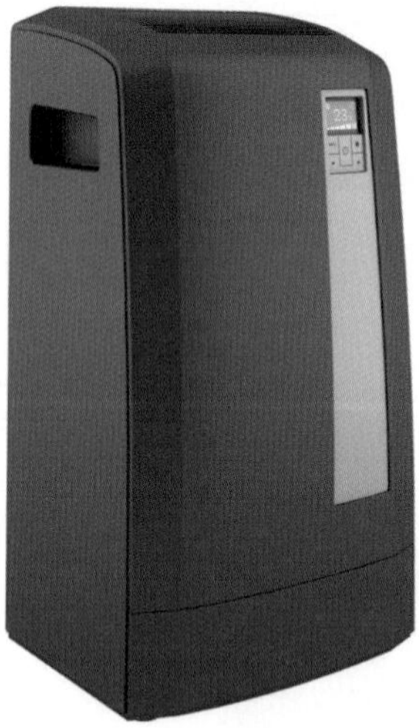

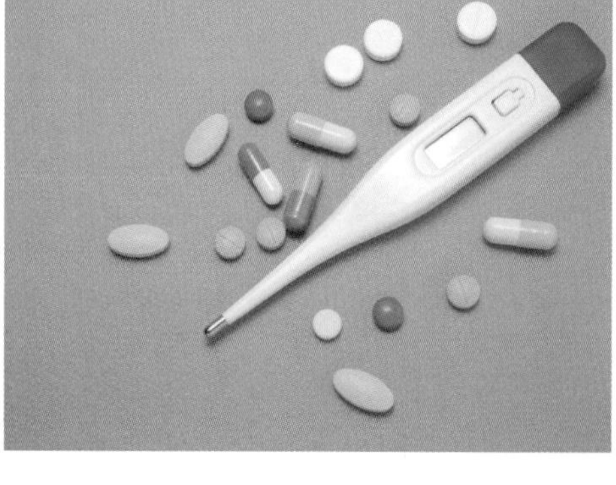

4. 참고자료

관련 사이트 정보

- 행정안전부(www.mois.go.kr)
- 교육부(www.moe.go.kr)
- 보건복지부(www.mohw.go.kr)
- 소방청(www.nfa.go.kr/nfa)
- 해양경찰청(www.kcg.go.kr)
- 기상청(www.kma.go.kr)
- 국민재난안전포털(www.safekorea.go.kr)
- 서울종합방재센터(http://119.seoul.go.kr)
- 세종자치시 소방본부 119(http://www.sejong.go.kr/fire.do)
- SK 이노베이션(http://skinnovation-if.com)
- 국립수의과학검역원(http://www.qia.go.kr)
- 에어코리아(www.airkorea.or.kr)

기타 정보

- 전화: 기상청 날씨예보(☎ 131), 119구조대(☎ 119)
- 앱: 안전디딤돌, 우리동네 대기질

참고문헌

- 2012 황사 대응 매뉴얼(충청북도교육청), 2014 학교현장 재난대응 안전관리 매뉴얼(충청남도논산계룡교육지원청), 2017 여름철 자연재난 국민행동요령(행정안전부), 학교현장 재난유형별 교육 · 훈련매뉴얼(교육부), 2008 재난대비 국민행동매뉴얼 안전 길라잡이(소방방재청), 2015 어린이집 안전관리백과-소방, 재난, 자연재해편(어린이집 안전공제회), 재난안전 체험형 안전교육(경기도교육청), 대구광역시 재해, 재난 시민행동(http://www.daegu.go.kr/safety/index.do?menu_id=00001280), 미세먼지 관리 및 대응 매뉴얼(한국보육진흥원)

동화책

- 박준형(2017). 콜록! 마을이야기. 딜라이트리.
- 양혜원(2016). 오늘 미세먼지 매우 나쁨. 스콜라.
- 달콤팩토리(2014). 미세먼지에서 살아남기. 서바이벌 만화 과학 상식. 아이세움.

동영상

- [안전교육-재난대비] 작고 작은 미세먼지_미세먼지 대처법. https://www.youtube.com/watch?v=2jpOhqN90z4E
- 국민이 안전이와 함께하는 황사와 미세먼지 안전수칙. https://www.youtube.com/watch?v=fzXv67DU5fw
- 미세먼지예방. https://www.youtube.com/watch?v=T-GPDetkFpU
- [미세먼지 예방법]-II. 미세먼지 이렇게 예방하세요! https://www.youtube.com/watch?v=NKWAGo-yHgQ

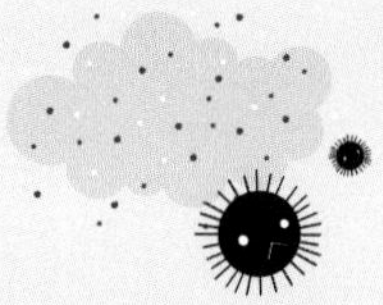

제5장

대기오염

1. 대기오염에 대한 이해

1) 대기오염의 정의

대기 중에 인공적인 오염물질이 널리 분포되어 대기의 성분과 질이 변화되고, 인체 및 동식물, 기물 등에 큰 해를 입히는 것을 말한다.

2) 대기오염의 원인

- 인위적 원인: 공장 가동, 자동차 매연, 일반 가정의 연료 소비 등으로 인해 발생하는데, 구체적으로는 화학반응 및 물리적 공정(철강, 금속제련, 석유정제 등), 자동차 및 항공기 등의 연료 연소, 광화학 물질 생성(태양에 의한 2차 오염원), 산업용품의 생산, 저장, 수송 과정 시 사고로 인해 오염물질이 발생하기 때문이다.
- 자연적 원인: 화산 분출(이산화탄소, 분진 등), 산불로 인한 오염물질 확산, 황사 등으로 인해 대기오염이 발생한다.

3) 대기오염의 특징

(1) 대기오염으로 인한 현상

- 산성비: 화석연료의 연소 시 발생하는 황산화물, 질소산화물 등이 대기 중에 과도하게 존재할 때 비가 내리면 이러한 물질들이 섞여 산성비(pH 5.6 이하)가 내리게 되는데, 금속, 건축물 등의 부식, 하천과 호수의 산성도 변화, 토양의 산성화, 식물의 고사를 유발하고 인간과 동물의 피부를 자극한다.

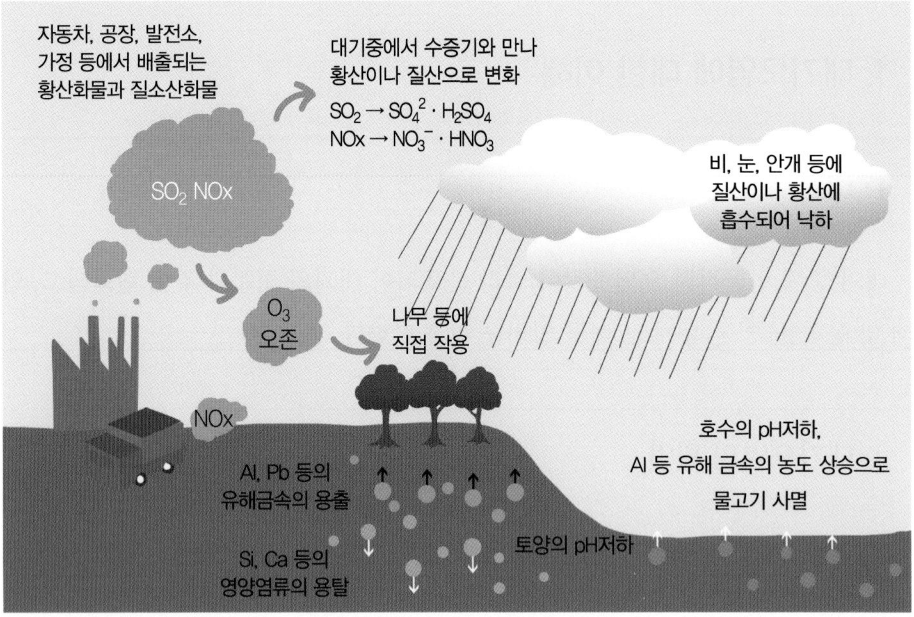

[그림 5-1] 산성비 발생 과정

출처: 두산백과(www.doopedia.co.kr).

- 오존층 파괴: 오존은 25~30km의 성층권에 존재하며 해로운 자외선을 차단시켜 주는데, 대기오염물질인 질소산화물, CFC 등은 오존층을 파괴하며, 오존층이 파괴되면 인간 및 동식물이 자외선에 과도하게 노출되어 피부암, 백내장 등을 유발하고 생태계를 교란시킨다.
- 지구온난화: 대기 중의 온실가스(이산화탄소, CFC, 오존, 메탄가스 등)가 지표에서의 적외선을 흡수하여 지표의 온도가 상승함으로 인해 생태계 파괴, 대륙의 사막화, 해수면 상승, 이상기후현상 등이 급증한다.
- 실내공기오염: 연소 시 발생하는 물질, 건축 재료의 유해화학 물질, 담배연기, 오염된 공기 등이 실내로 유입하여 실내 공기가 오염되어 인체에 매우 유해한 영향을 미친다.

(2) 주요 대기오염물질

종류	내용	피해
아황산가스 (SO_2)	화석연료에 포함된 유황성분이 연소하면서 발생하며, 발전소, 난방장치, 금속 제련공장, 정유공장 등에서 많이 배출된다.	호흡기계 질환, 심장 질환을 유발 또는 악화시키며, 토양과 호수의 산성화, 식물생장 장애, 시정장애, 구조물 부식을 촉진시킨다.
이산화질소 (NO_2)	일산화질소의 산화에 의해 발생하고, 대기 중의 휘발성 유기화합물과 반응하여 오존을 생성하며, 자동차, 고온 연소, 화학물질 제조, 토양 중 세균 등에 의해 배출된다.	고농도 노출 시 눈, 코 등 점막에 질환을 발생시키며, 만성 기관지염, 폐렴 등이 발병하고, 식물세포를 파괴한다.
일산화탄소 (CO)	연료가 불완전 연소할 때 발생하며, 효율이 낮은 소규모 연소장치에서 많이 발생하고, 자동차, 연료 연소, 산불, 주방, 담배 연기 등에서도 발생한다.	혈액 중의 헤모글로빈과 결합하여 산소결핍증 중독을 일으키며, 심장, 뇌 등 인체 기관 및 조직으로 혈액의 산소 운반 기능을 저하시킨다.
오존(O_3)	오존은 대기 중 배출된 NOx와 휘발성 유기화합물 등이 자외선, 광화학 반응을 일으켜 생성(2차 오염물질)되며, 휘발성 유기화합물은 자동차, 화학, 정유 공장 등의 산업시설과 자연적 요인으로 많이 발생한다.	심각한 호흡기 문제를 발생시킨다.
미세먼지 (PM_{10})	대기 중의 부유하는 먼지로, 인위적 · 자연적 요인에 의해 생성된다(배출원에서 직접 배출되거나 아황산가스, 질소산화물 등의 물질에 의해 2차적으로 생성).	호흡기계 질병을 악화하고, 폐 기능의 저하를 초래하며, 시정 악화, 식물 생장과 신진대사 방해, 구조물, 동상 등을 부식시킨다.
기타	불소, 납, 석면, 다이옥신 등	

(3) 대기오염의 영향

- 호흡기계의 기능 장애(만성 기관지염 등)를 유발한다.
- 심혈관 질환을 악화시킨다.

- 알레르기성 질환을 발생시킨다.
- 비행기를 비롯한 교통수단의 시정을 흐리게 한다.
- 오존층을 파괴하고 지구온난화 현상을 초래하며, 엘니뇨 발생에 간접적 영향을 미친다.
- 토양, 호수, 하천 등을 산성화시킨다.
- 식물세포를 파괴하고, 식물 성장을 저해한다.
- 각종 구조물의 부식을 촉진한다.

4) 대기오염의 측정 및 예보

대기오염의 측정

- 한국 대기질 예보 시스템: 한국환경기술진흥원(KIEST)의 지원으로 개발된 대기질 수치예보시스템으로, 동아시아 및 한반도의 3차원 바람장을 계산하고, 한반도의 미세먼지 배출량과 배출 장소, 확산 등을 계산하여 대기오염을 예보한다.

대기오염의 경보 단계

대상 물질	경보 단계	내용
미세먼지	주의보	1시간 평균 미세먼지(PM_{10}) 농도가 120㎍/m3 이상 2시간 이상 지속 예상될 때
	경보	1시간 평균 미세먼지(PM_{10}) 농도가 250㎍/m3 이상 2시간 이상 지속 예상될 때
초미세먼지	주의보	1시간 평균 미세먼지($PM_{2.5}$) 농도가 65㎍/m3 이상 2시간 이상 지속 예상될 때
	경보	1시간 평균 미세먼지($PM_{2.5}$) 농도가 150㎍/m3 이상 2시간 이상 지속 예상될 때
오존	주의보	오존 농도가 0.12ppm 이상 예상될 때
	경보	오존 농도가 0.3ppm 이상 예상될 때
	중대 경보	오존 농도가 0.5ppm 이상 예상될 때

출처: 「대기환경보전법」 제8조 제4항, 「대기환경보전법 시행령」 제2조 제3항, 「대기환경보전법 시행규칙」 제14조 및 별표7

5) 대기오염의 발생현황

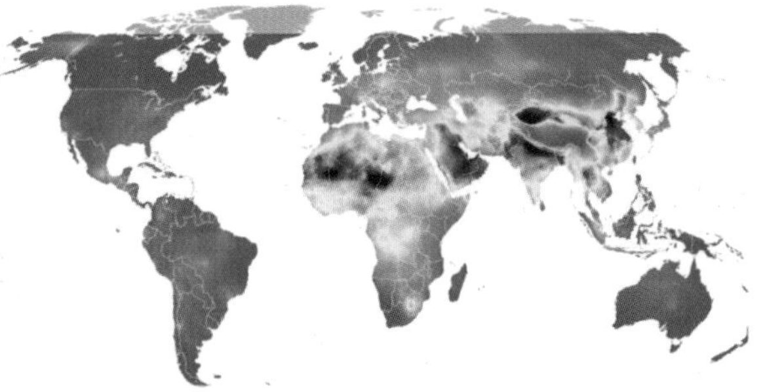

[그림 5-2] 대기오염 심각 지역

출처: https://www.voakorea.com/a/3572998.html

※ 세계 아동 7명 중 1명은 심각한 대기오염에 노출되어 있음(붉은색은 특히 오염이 심각한 지역을 나타냄).

해외 대기오염 발생

발생 일시	발생 내용
1930년 12월	벨기에 뫼즈계곡의 대규모 공업지대에서 가스가 배출되어 지면에 오래 머무르면서 대기 중 이산화황의 농도가 9.6~38.4ppm에 이르게 됨에 따라 심장병, 급성폐렴 등으로 63명이 사망하고, 수많은 급성호흡기 질환자가 발생했으며, 주위의 수목, 가축, 조류에도 피해가 매우 컸다.
1948년 10월	미국 펜실베니아주 도노라 공단지역에 스모그가 대량 발생하여 주민의 50%(6천여 명)가 기침, 호흡곤란, 두통, 구토 등의 증세를 보였다.
1952년 12월	런던에서 석탄 연소로 인해(시민들의 난방 사용 급증) 아황산가스가 안개와 섞여 스모그 현상이 발생하여 매연이 상공으로 확산되지 못하고 런던 시내에 쌓였고, 사건 발생 후 첫 3주에 4,000여 명이 사망하고, 그 후 만성폐질환, 호흡기 질환으로 8,000여 명이 더 사망하였다.
2014년 1월, 2015년 11월	2014년 1월 베이징의 미세먼지 농도가 m^3당 993μg을 기록[세계보건기구(WHO) 권고기준의 약 40배]하였고, 2015년 11월에는 더 심각한 스모그가 발생하였는데, 중국의 급속한 공업화, 도시화로 인하여 스모그 농도가 높아짐으로써 랴오닝 성 선양에서 국지적으로 m^3당 1,400μg의 초미세먼지 농도가 기록되었다.

국내 발생 현황 및 추이

- 한국형 스모그: 회색빛의 안개로 나타나는데, 아침에는 오염물질이 400~600m 고도에 쌓여 있다가 온도가 높아지면 1,000m까지 올라간다.
- 서울은 공장 굴뚝 등의 1차 오염원이 적고, 햇빛도 매우 강하지 않아 별도의 화학적, 물리적 반응이 나타난다.
- 서울은 1980년대에 비해 아황산가스는 10분의 1, 일산화질소와 먼지는 3분의 1로 줄었는데, 자동차 수가 증가했음에도 불구하고 이산화질소와 오존의 총량은 1980년대와 비슷한 수준으로 유지되고 있으나, 시야는 좀처럼 맑아지지 않고 있다.
- 대기오염을 줄이기 위한 캠페인, 실천 등이 나타난다.

[그림 5-3] 수도권 대기오염을 줄이는 생활 속 실천

출처: 환경부(http://www.me.go.kr).

2. 대기오염 대비 및 대응 매뉴얼

1) 행동 매뉴얼

(1) 대기오염 발생 전(예방 및 대비)

유치원의 대기오염 대비책으로는 대기오염 대비 시설 점검 및 관련 기기 관리, 유아 건강 정보 숙지 및 개인 용품 준비, 기상예보 청취, 휴업 또는 단축수업 검토, 비상 연락망 점검, 대기오염 대비 행동요령 지도, 가정 및 지역사회와의 연계 등을 포함한다.

① 대기오염 대비 시설 점검 및 관련 기기 관리, 개인 용품 준비

- 대기오염 발생 시 외부 공기의 유입을 차단할 유치원의 문과 창문 등의 시설을 점검한다.
- 실내 공기청정기, 가습기 등을 구입하여 각 교실과 유아의 주요 생활 및 활동 공간에 비치한다.
- 교직원은 실내 공기청정기, 가습기 등의 사용 방법과 관리 방법을 숙지하고, 이를 올바르게 사용 및 관리하며 정기적으로 점검한다.

② 유아 건강 정보 숙지 및 개인 용품 준비

- 교사는 개별 유아의 건강 정보(천식, 알레르기성 결막염, 비염 등)를 숙지하고, 상황별 응급처치 등을 알아 놓는다.
- 비상시를 대비하여 유아의 긴소매 의복, 손수건, 마스크 등을 유아의 개인 사물함에 준비해 놓는다.

③ 기상예보 청취

- 방송매체, 인터넷, 전화 등을 통하여 대기오염 기상정보를 상시 확인한다.

방송매체	TV, 라디오의 일기예보
인터넷	기상청(www.kma.go.kr), 국립수의과학검역원(www.qia.go.kr) 홈페이지
전화	기상청(국번 없이 131), 농림축산검역본부(031-467-1700)

④ 휴원 또는 단축수업 검토

- 유치원이 위치한 지역에 대기오염이 예보되면 상황에 맞게 휴원 또는 단축수업을 검토한다.
- 휴원이나 단축수업이 결정되면 부모에게 알린다.
- 휴원 및 단축수업 결정 시 맞벌이 부부 자녀에 대한 보충수업 대책을 수립한다.

⑤ 비상 연락망 점검

- 유아 비상 연락망(부모 등)을 점검, 확인한다.
- 비상시 연락체계를 마련하고 교직원으로 하여금 이를 숙지하도록 한다.

⑥ 대기오염 대비 행동요령 지도

- 유아 대기오염 대응 교육활동을 영역 통합적으로 계획하고 실시한다(대기오염에 대한 이해, 대기오염 시 행동요령 등).
- 개인 위생교육(손 씻기, 목욕하기 등)을 정기적으로 실시한다.
- 교사 및 교육관계자를 대상으로 대기오염 대응 사전교육을 실시한다.
- 상황별(외출 시, 외출 후 등) 시나리오를 마련하여 가상 대응 교육을 실시한다.

⑦ 가정 및 지역사회와의 연계

- 부모를 대상으로 한 대기오염 대응 사전교육을 실시한다.
- 부모에게 상황별 대기오염 대응 행동요령을 마련하여 가정에 보낸다.
- 대기오염 정보를 얻을 수 있는 공공 기관의 연락처를 알아 둔다.
- 정부에서 제공하는 대기오염 알림 애플리케이션을 휴대폰에 설치해 둔다.
  (안전디딤돌, 우리동네 대기질, 에어코리아 등)

(2) 대기오염 발생 시(대응)

대기오염이 발생하면 다음과 같은 행동요령에 따라 행동한다.

대기오염 예보 및 특보 알림	• 원장 또는 담당 교직원은 대기오염이 예보되거나 특보가 발령되면 즉시 유치원의 전 교직원에게 알린다. • 각 교직원이 맡은 대응 역할을 주지시킨다.
교육 환경 점검	• 교사는 교실의 창문과 외부로 통하는 문이 모두 닫혀 있는지 확인하고, 열려 있을 시 닫는다. • 교사는 교실 내의 공기청정기와 가습기가 잘 작동하는지 확인한다. • 교실의 공기가 잘 정화되는지, 교실 내 습도가 일정하게 유지되는지 체크한다.
수업활동 변경 및 대체	• 계획되었던 실외 활동을 체육관, 교실 등에서 진행하는 실내 활동으로 대체하여 실시한다. • 외부 견학 등이 계획되어 있었을 경우 관련 기관에 연락하여 이를 취소하거나 연기한다. • 수업 단축 시 유아의 부모에게 바로 알리고 가정에 돌아가 휴식할 수 있도록 한다.
유아 건강 관리	• 교사는 유아가 손을 깨끗이 씻고 양치질을 하여 황사 질환을 예방하도록 한다. • 유아의 눈이 가려울 때 손으로 만지지 말고 교사에게 이야기하도록 한다. • 유아의 목, 눈, 코에서 황사 관련 증상을 발견하면 적절한 대처법을 적용하며, 증상이 심한 경우 양호선생님께 알린다. • 유아가 물을 자주 마실 수 있도록 한다.
음식물, 조리 관리	• 유아 음식 조리 시 채소나 과일 등의 농수산물을 더욱 깨끗이 씻는다. • 조리사들은 유아 음식 조리 시 더욱 철저하게 손을 씻는다. • 조리 기구 등을 세척하여 위생관리를 한다.

상황별 대기오염 대응 행동요령은 다음과 같다.

① 유치원 내에서 대기오염이 발생했을 때

- 창문과 외부로 연결된 문을 모두 닫는다.
- 산책, 바깥놀이터 활동, 현장학습 등을 모두 취소하고 실내 활동으로 대체하여 진행한다.
- 대기오염 관련 질환 예방을 위해 유아가 손을 깨끗이 씻고 양치질을 하도록 한다.
- 유아가 대기오염 관련 증상을 보이면 이에 대해 대처하거나 증상이 심할 경우 양호선생님에게 알린다.
- 실내 공기의 질, 습도 등을 관리하고 유아가 물을 자주 마시게 한다.

② 외부 활동 시 대기오염이 발생했을 때

- 휴대폰 애플리케이션 또는 유치원 연락을 통해 대기오염 발생을 알게 되면, 교사는 즉시 활동을 중단하고 유치원으로 돌아온다.
- 마스크, 보호 안경 등이 있으면 교사는 이를 바로 착용시키고 눈 등을 손으로 만지지 못하도록 지도한다.
- 유치원 인근이 아닐 경우 교사는 가까운 건물의 실내로 들어간 후, 유치원에 교사와 유아의 위치 등을 알리고 필요시 지원을 요청한다.
- 외부 활동 후 유치원으로 돌아오면 교사는 유아들이 손을 깨끗이 씻고 이를 닦도록 한다.

③ 등 · 하원 시 대기오염이 발생했을 때

- 등원 시 대기오염이 발생하면 부모에게 유아의 관련 증상이 있는지 묻고 적절한 조치를 취한다.
- 등원 후 모든 유아가 손을 씻고 세안을 하도록 한다.
- 하원 시 대기오염이 발생하면 교사는 유아의 사물함에서 긴 옷을 꺼내어 입히고, 마스크, 보호 안경 등을 착용시켜 하원 시 유아의 눈, 코, 입을 보호할 수 있도록 한다.
- 원장은 대기오염 정도에 따라 유치원 운영(휴원 또는 단축수업 등)을 결정하고

안내문을 게시하고, 유치원 운영 방침을 부모에게 유선(문자, 통화 등)으로 즉시 전달한다.

(3) 대기오염 종료 후(복구)

대기오염 종료 후 유치원의 교직원은 유치원 방역 및 청소, 유아 건강 확인 및 조치, 피해 복구 및 향후 수업 계획 마련 등과 관련한 활동을 실시한다.

① 유치원 방역 및 청소

- 창문과 문을 열어 실내 공기를 환기시킨다.
- 유치원의 실내와 실외 구조물 등을 청소하여 먼지를 제거한다.
- 유치원의 실내외 물품, 조리기구 등을 깨끗하게 세척하여 사용한다.
- 대기오염 후 전염병 예방을 위하여 유치원의 교실, 식당, 외부시설 등에 대하여 소독을 한다.

② 유아 건강 확인 및 조치

- 교사는 유아가 감기, 알레르기성 안구질환, 비염, 천식 등의 증상이 있는지 확인한다.
- 대기오염 질환 증상이 의심되면 이에 적합한 조치를 취하고, 증상이 심하면 양호선생님에게 연락하여 특별 보호를 받도록 한다.
- 건강에 이상이 있는 유아는 휴식을 취하도록 돕고, 부모에게 연락하여 일찍 귀가하도록 한다.
- 교사는 대기오염이 종료된 후 2주일 정도 지속적으로 유아의 건강 상태를 관찰하고, 질병이나 증상이 확인되면 증상의 정도에 따라 대처한다.

③ 피해 복구 및 향후 수업 계획 마련

- 유치원의 오염된 장소들을 복구하고 관련 용품(마스크, 청소 용품 등)을 재구입하여 비치한다.
- 원장과 교사들은 유치원의 피해 복구 과정 동안 또는 이후에 연속으로 대기오염이 예보되었을 시 향후 수업 진행에 대한 대책을 마련한다.

2) 부모 지침서

유치원에서는 평상시 부모교육을 통해 부모에게 대기오염 대응 행동요령, 대기오염 발생 시 주의사항 등을 전달할 필요가 있다.

대기오염이 발생하면 이렇게 행동해 주세요!

- 대기오염이 발생하면 대기오염물질이 실내로 들어오지 않도록 창문을 닫습니다.
- 공기청정기 및 가습기를 사용하여 실내 공기를 정화하고 실내가 건조해지지 않도록 합니다.
- 대기오염은 호흡기 및 안구, 피부 질환을 유발할 수 있으므로 가능한 한 외출을 삼갑니다.
- 외출 시에는 긴소매 옷을 입고, 마스크와 보호 안경을 착용하며, 사람이 많이 모인 곳을 피합니다.
- 귀가 시 집 앞에서 옷을 잘 털고, 집으로 들어온 후에는 손과 얼굴을 깨끗이 씻고 양치질을 합니다.
- 텔레비전, 인터넷, 라디오 등으로 대기오염 정보를 계속 확인합니다.

대기오염에 대비하여 이러한 점을 주의해 주세요!

- 휴원 또는 조기귀가 상황이 생길 수 있으므로, 평소 유치원에 부모와 부모 이외 인계자의 인적사항 및 연락처를 전달합니다.
- 유치원, 교사, 유아의 친구 부모 등의 연락처를 저장해 둡니다.
- 대기오염 발생 시 유치원의 연락을 확인하고 단축 수업 시 유아 인계 방법을 교사와 상의합니다.
- 가정에서도 유아의 개인 위생에 신경 쓰고, 유아에게 대기오염 관련 증상이 나타나면 병원에서 진료를 받고 교사에게 연락을 합니다.
- 가정에서 유아에게 수분 섭취를 자주 해 주시고 식재료 세척과 조리 시 위생에 신경 씁니다.
- 마스크는 식약처에서 허가된 황사 전용 마스크를 사용하며 세탁하여 사용하지 않으며 밀폐된 장소에서는 사용하지 않습니다.

3) 국민행동요령

(1) 대기오염 발생 시 상황별 행동요령

4. 외출 후 깨끗이 씻기

• 온몸을 구석구석 씻고, 특히 필수적으로 손 · 발 · 눈 · 코를 흐르는 물에 씻고 양치질하기

5. 물과 비타민C가 풍부한 과일 · 야채 섭취하기

• 노폐물 배출 효과가 있는 물, 항산화 효과가 있는 과일 · 야채 등 충분히 섭취하기

6. 환기, 실내 물청소 등 실내 공기질 관리하기

• 실내 · 외 공기 오염도를 고려하여 적절한 환기 실시하기
• 실내 물걸레질 등 물청소 실시, 공기청정기 가동하기(공기청정기 필터 주기적 점검 · 교체)

평상시 환기	조리 시 환기
l 실내 오염도가 높을 때는 자연환기 또는 기계환기 실시 (단, '나쁨' 이상시 자연환기 자제) l 하루 3번 30분 이상(오전 10시~오후 9시) 환기 실시 l 대기오염도가 높은 도로변 외의 다른 창문을 통한 환기 실시	l 주방후드 가동과 자연환기를 동시에 실시 l 조리 후에도 30분 이상 환기 실시

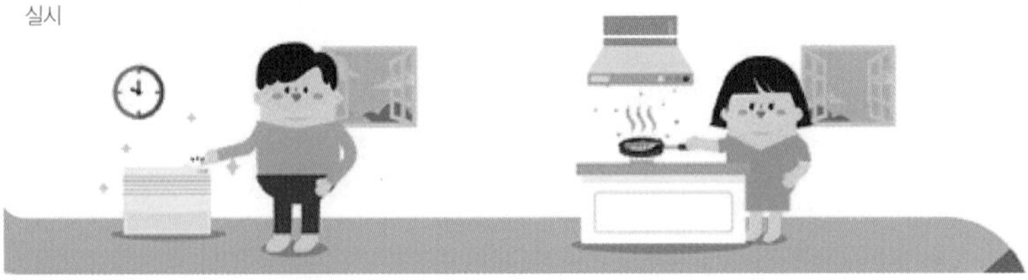

7. 대기오염 유발행위 자제하기

• 자가용 운전 대신 대중교통 이용, 폐기물 태우는 행위 등 자제하기

출처: 환경부(http://www.me.go.kr).

(2) 대기오염 발생 시 장소별 행동요령

[가정에서]

- 노약자, 호흡기 질환자 등은 실외활동을 자제한다.
- 창문을 닫고 대청소 등은 자제한다. 가급적 외출을 최소화한다.
- 외출 시에는 마스크, 모자 및 보호안경 등을 착용한다.
- 물을 많이 마신다.
- 외출하고 돌아오면 손과 얼굴을 씻고, 흐르는 물에 코를 자주 씻는다.

[유치원 등 교육기관]

- 유치원의 실외활동을 자제한다.
- 대기오염 예보 결과를 고려해 실내운동으로 대체한다.
- 천식, 아토피 질환 유아의 위생을 점검한다.
- 상비약(안약, 아토피 연고 등)을 비치하고 마스크 착용을 안내한다.

[축산, 농가 등에서]

- 방목장의 가축은 축사 안으로 대피시켜 노출을 최소화한다.
- 비닐하우스, 온실 및 축사의 출입문과 창문 등을 닫는다.
- 야적된 사료용 건초, 볏집 등은 비닐, 천막 등으로 덮는다.

[체육행사]

- 실외경기(양궁, 축구 등) 개최를 자제한다.
- 등산, 낚시 등 오랜 실외 활동을 자제한다.

[산업체, 작업장]

- 반도체, 자동차 등 기계설비 작업장의 경우 실내 공기정화 필터를 점검, 교체하고 시설 및 출입구에 에어커튼을 설치한다.
- 자동차 수시 세차 및 실외 도장 작업 시 주의한다.
- 실외 작업자 마스크, 모자 및 보호안경 등을 착용한다.

[식품취급 장소]

- 식품제조, 가동, 조리시 철저하게 손을 씻는다.
- 과일, 채소 등은 흐르는 물에 충분히 씻어 먹는다.
- 기계, 기구류를 세척하여 위생관리를 하고 2차 오염을 방지한다.

[교통, 항공]

- 항공기 및 선박의 운행 시 가시거리, 안전장치 등을 점검한다.
- 운항관계자 연락망을 확인한다.

3. 대기오염 대비 및 대응 교육활동

1) 대기오염 발생 전(예방 및 대비)

활동명	콜록콜록, 공기가 오염되었어요!	활동 대상	5세
활동 목표	대기오염에 대해 알게 된다. 대기오염의 피해, 심각성에 대해 알게 된다.	활동 영역	의사소통, 자연탐구
활동 자료	동화책, 교육 동영상, 활동지, 실험재료(흰 종이 등)		

단계	영역	내용	시간
도입	의사소통	• 동화책을 읽어 주며 대기오염에 대한 흥미를 유발한다. T: 이 마을에 어떤 일이 일어났나요? T: ○○이와 친구들은 어떻게 하였나요?	5′
전개	자연탐구 의사소통	• 대기오염이 발생하는 원인 및 피해와 관련한 동영상을 시청하며 이야기를 나눈다. T: 대기오염은 왜 발생할까요? 어떤 것들이 대기오염을 일으킬까요? T: 대기가 오염되면 어떤 일들이 나타날까요? • 활동지를 제시한 뒤, 대기오염이 발생한 후의 장면을 그려 본다. T: 선생님이 그림을 한 장씩 나눠 줄 거예요. 그림에서 대기오염이 발생한다면 여기에 있는 식물, 동물, 사람들이 어떻게 될지 그림으로 그려 보세요.	12′
	자연탐구	• 대기오염을 실제 확인하는 실험을 해 본다. T: 여러분, 오늘은 우리 주변의 공기가 얼마나 오염되어 있는지 실험을 해 볼 거예요. T: 여기 흰 종이가 있지요? 한 장은 교실 안에 두고, 다른 한 장은 창 밖에 하루 종일 놓을 거예요. 먼저, 종이가 각각 어떻게 변할지 예상해 볼까요? 왜 그렇게 생각했나요? • 흰 종이를 각각 실내와 실외에 놓고 다음날 그 두 종이를 비교해 본다. T: 자, 이 종이들이 어떻게 되었나요? 왜 이렇게 되었을까요?	10′
마무리	의사소통	• 함께 퀴즈를 풀면서 오늘 이야기 나눈 내용들을 정리한다. T: 여러분, 오늘 대기오염에 대해 더 잘 알게 되었나요? T: 여러분이 잘 기억하고 있는지 마지막으로 퀴즈를 내 볼게요. 맞으면 ○, 틀리면 ×를 외쳐 주세요.	3′
지도 시 유의점		* 실험 결과를 바로 확인할 수 없기에 다음날 또는 며칠 후 활동을 이어 갈 수 있도록 한다.	

활동 자료

재난유형	대기오염이 발생하면 어떻게 될까요?	(　　　　)반
대기오염		이름:

대기오염이 발생하면 아래의 장면이 어떻게 변할까요?

⇩

활동명	우리 동네 대기질은?	활동 대상	5세
활동 목표	일기예보를 통해 대기오염을 예측해 본다.	활동 영역	의사소통 자연탐구
활동 자료	휴대폰(대기질 정보 애플리케이션 설치), 활동지		

단계	영역	내용	시간
도입	의사소통	• 지난 활동에 대해 이야기를 나눈다. T: 지난 시간에 대기오염에 대해 이야기한 것들이 기억나나요? T: 우리가 무엇에 대해 이야기하였지요?	5′
전개	자연탐구 의사소통	• 우리 동네 대기질을 알아본다. (대기질 애플리케이션 이용) T: 우리 동네 대기오염이 어느 정도인지 (괜찮은지 나쁜지) 어떻게 알 수 있을까요? T: 그렇지요. TV 뉴스에서 일기예보를 본 적이 있을 거예요. 그때 기상캐스터는 내일 공기 중에 미세먼지가 얼마나 많을지 알려 주지요. 대기오염을 알 수 있는 또 다른 방법은 없을까요? T: 요즘은 휴대폰으로도 공기가 얼마나 오염되어 있는지 알 수 있어요. 이 정보를 알려 주는 프로그램이 우리 동네의 공기가 얼마나 깨끗한지, 또는 얼마나 오염되어 있는지 알려 준답니다. T: 자, 이것을 보세요. • 교사는 휴대폰으로 공기의 질을 확인하는 방법(색깔과 오염 정도 등)을 설명한다.	10′
	자연탐구	• 활동지를 나누어 준 뒤 지도에서 공기가 가장 오염된 지역을 찾아보도록 한다. T: 이제 선생님이 여러분에게 지도를 하나 나눠 줄 거예요. 아까 선생님이 오염 정도를 나타내는 색에 대해 이야기를 하였지요? T: 이제 여러분이 지도에서 그 색을 확인하고, 어느 지역의 공기가 가장 오염되어 있는지 찾아 동그라미를 그려 보세요.	10′
마무리	의사소통	• 오늘 함께 한 활동에 대해 이야기를 나눈다. T: 대기오염은 어떻게 확인할 수 있나요? T: 휴대폰 공기오염 정보에서 색은 무엇을 의미하였나요? • (확장활동) 매일의 대기질을 확인하고 스티커 붙이기 T: 이제 우리 매일 아침마다 오늘은 공기가 얼마나 깨끗한지 확인하고 여기 대기오염 판에 스티커를 붙여 보도록 해요. 그리고 대기오염이 심한 날은 어떻게 해야 하는지 이야기를 나누어 보아요.	5′
지도 시 유의점		* 아이들이 지도에 표시되는 대기오염 정보를 잘 이해할 수 있도록 수준에 맞추어 쉽게 설명한다.	

활동 자료

(대기질 정보 애플리케이션)

(대기질 결과 확인)

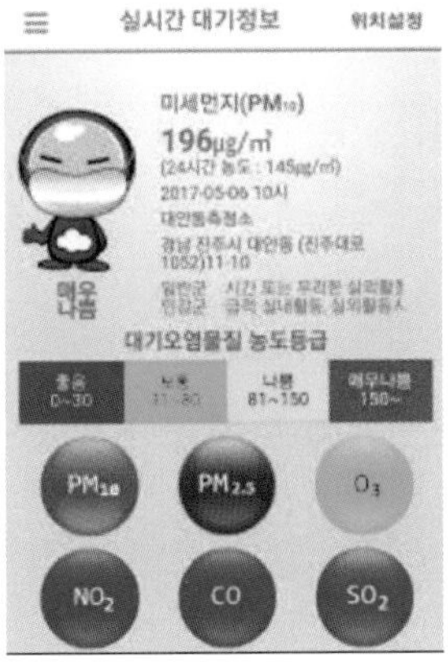

재난유형	대기질이 가장 나쁜 곳은 어디일까요?	(　　　　)반
대기오염		이름:

아래의 우리나라 지도 중에서 대기질이 가장 나쁜 곳은 어디일까요? 동그라미를 그려 주세요.

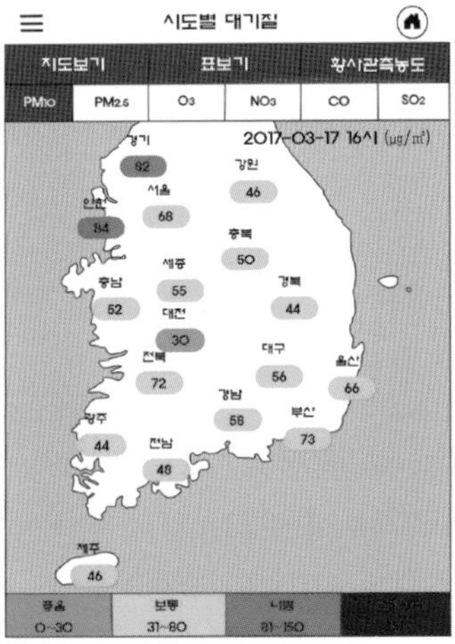

2) 대기오염 발생 시(대응)

활동명	물을 많이 마셔요!	활동 대상	5세
활동 목표	대기오염 발생 시 대응 방법을 알게 된다(물 많이 마시기).	활동 영역	의사소통, 예술경험
활동 자료	동화책, 교육 동영상, 인형극 교구(배경판, 등장인형 등), 물병 만들기 재료(페트병, 유성 사인펜 등)		

단계	영역	내용	시간
도입	의사소통	• 대기오염을 경험하는 주인공이 등장하는 동화책을 읽어 주며 대기오염 발생 시 어떻게 행동해야 하는지 이야기를 나눈다. T: 대기오염이 발생하니 ○○○○(주인공)가 어떻게 하였나요? T: 왜 그렇게 하였나요?	5′
전개	의사소통	• 대기오염 대응 방법에 대한 동영상을 시청하고 이야기를 나눈다. T: 대기오염이 발생하면 어떻게 해야 하나요? T: 왜 그렇게 해야 하나요? T: 또 다른 대응 방법은 어떤 것이 있나요? T: 왜 그렇게 해야 하나요?	13′
	의사소통 예술경험	• 대기오염 시 '물을 많이 마셔요'를 주제로 하는 인형극을 보여 주고 이야기를 더 나눈다. T: (인형극 중) 어, 하늘이 뿌옇게 변했어요. ○○는 집에 들어가서 물을 마시고 있어요. T: △△는 계속해서 목이 따갑다고 해요. 그래서 △△는 ○○와 함께 병원을 찾아갔답니다. 의사선생님께서는……(인형극을 이어서 진행). T: (인형극이 다 끝난 후) 여러분, 하늘이 뿌옇게 변하고 목이 따가운 날에는 어떻게 하는 것이 좋을까요? • 투명 페트병과 유성 사인펜을 나눠 주고 개인 물병 만들기 활동을 한다. T: 이제 우리 공기가 안 좋은 날 가지고 다닐 수 있는 물병을 만들어 볼까요. 선생님이 나누어 준 페트병에 사인펜으로 그림을 그리고 꾸며서 나만의 멋진 물병을 만들어 보아요.	7′
마무리	의사소통	• 대기오염 발생 시 대응 방법에 대한 내용을 정리해 본다. T: 대기오염이 발생하면 가장 먼저 어떻게 해야 하나요? T: 또 어떻게 대응해야 하나요?	5′
지도 시 유의점		* 유아의 수준에 맞는 동화책과 교육 동영상을 선정하여 유아의 이해를 돕는다. * 필요시 활동지를 추가하여 추가 활동을 진행한다.	

활동 자료

재난유형	어떤 것들이 대기오염을 만들까요?	(　　　　　)반
대기오염		이름:

대기오염을 발생시키는 것들을 찾아 동그라미를 그려 주세요.

활동명	식재료를 씻어요!	활동 대상	5세
활동 목표	대기오염 발생 시 대응 방법을 안다(식재료 씻기)	활동 영역	의사소통, 예술경험 신체운동 · 건강
활동 자료	교육 동영상, 과일 샐러드 재료(과일, 마요네즈 등), 앞치마, 머리수건		

단계	영역	내용	시간
도입	예술 경험	• 지난번 배운 내용에 대해 이야기를 나눈다. (필요시 동영상 이용) T: 지난번 우리 함께 배웠던 것들을 기억하나요? T: 대기오염은 왜 발생하였지요? T: 대기오염이 발생하면 어떻게 해야 했지요?	5′
전개	신체 운동 · 건강	• 대기오염 대응 방법 중 '식재료를 씻어요.'에 대해 자세하게 이야기를 나눈다. T: 여러분, 우리가 먹는 채소나 과일은 어디에서 자랄까요? T: 그런데 공기가 오염되면 채소나 과일이 어떻게 될까요? 그래요. 채소나 과일에도 몸에 해로운 먼지들이 많이 묻게 되겠지요? T: 그러면 우리가 깨끗한 채소와 과일을 먹으려면 어떻게 해야 할까요?	10′
	신체 운동 · 건강	• 과일 샐러드 만들기 활동을 한다. T: 여기에 무엇이 있나요? 그래요. 여기에 사과와 딸기 그리고 옥수수, 마요네즈가 있어요. T: 오늘은 여러분과 간단한 요리를 해 볼 거예요. 바로 과일 샐러드를 함께 만들어보려고 해요. 그런데 요리를 하기 전에 먼저 무엇을 해야 할까요? 맞아요. 손을 깨끗하게 씻어야 하지요. 또 과일도 깨끗하게 씻어 과일에 붙어 있는 먼지들을 제거해야 해요. • 사과와 딸기를 씻어 재료를 준비하고, 자른 과일과 옥수수, 마요네즈를 유아의 그릇에 조금씩 담아 준다. 유아가 이것들을 섞어 과일 샐러드를 만들 수 있도록 한다. 다 만든 후에는 함께 먹는 시간을 갖는다.	13′
마무리	의사 소통	• 오늘 활동에 대해 이야기하며 마무리한다. T: 오늘 우리가 무엇을 하였지요? T: 아까 왜 사과와 딸기를 깨끗이 씻었나요?	2′
지도 시 유의점		* 계절에 맞추어 과일을 선정한다. 요리 활동 전, 유아가 앞치마와 머리수건을 두르고 손을 깨끗이 씻도록 한다. * 필요시 도입 활동에서 활동지를 이용한 추가 활동을 진행한다.	

활동 자료

재난유형	대기오염을 줄이기 위해 어떤 것을 탈까요?	(　　　　　)반
대기오염		이름:

대기오염을 줄이기 위해 어떤 교통수단을 타는 것이 좋을까요?
아래의 그림을 오려 해당하는 곳에 붙여 보세요.

이것을 타요!	이것을 타지 않아요!

3) 대기오염 종료 후(복구)

활동명	대기오염을 예방해요!	활동 대상	5세
활동 목표	대기오염 종료 후 지속적으로 대기오염을 관리할 수 있는 방법을 알아본다.	활동 영역	의사소통, 사회관계 예술경험
활동 자료	사진 자료, 캠페인 팻말 만들기 재료(팻말, 흰 종이, 사인펜, 색연필 등)		

단계	영역	내용	시간
도입	의사 소통	• 사진 자료를 보여 주며 대기오염을 막기 위해 평소에 할 수 있는 일들에 대해 이야기를 나눈다. T: 여러분, 공기를 깨끗하게 유지하기 위해 우리가 평소에 할 수 있는 일은 어떤 것들이 있을까요? 그래요. 또 어떤 것들이 있나요?	5′
전개	의사 소통 사회 관계	• 대기오염 예방을 위한 캠페인 활동에 대해 이야기를 나눈다. T: 공기를 깨끗하게 유지하는 방법에 대해 우리는 이야기를 함께 나누어 잘 알고 있는데, 만약 다른 사람들이 잘 모르고 있다면 어떻게 해야 할까요? T: 다른 반 친구들, 동생들, 그리고 어른들 중에서도 잘 모르는 경우가 있을 수 있어요. 우리가 알고 있는 것을 다른 반 친구들에게 알릴 수 있는 방법은 무엇이 있을까요? T: 그래요. 이야기를 해 주어야 하겠지요. 그럼 그 이야기를 어떤 방법으로 해 주면 좋을까요? • 캠페인 팻말에 내용을 담아 이야기를 전하기로 한다.	15′
	예술 경험	• 캠페인 팻말 만들기 활동을 한다(소집단으로 진행). T: 우리 친구들은 여기에 어떤 내용을 쓰고 싶은가요? (자동차 대신 버스, 지하철을 이용해요. 나쁜 가스가 나오는 물건을 이용하지 않아요 등) 좋아요. 우리 그 내용을 쓰고 그림을 그려 보아요. T: 여기 친구들은 팻말에 어떤 내용을 쓰고 싶나요?	8′
마무리	의사 소통	• 다 완성된 캠페인 팻말을 들고 다른 반에 가서 보여 주고 대기오염 예방 방법을 이야기해 주는 시간을 갖는다. T: 이제 우리가 만든 것을 가지고 다른 반에 가서 이것을 보여 주고 이야기해 줄까요?	2′
지도 시 유의점		* 필요시 활동지를 이용한 추가 활동을 진행한다. * 다른 장소에서의 캠페인 활동이 확장활동으로 이어질 수 있다.	

활동 자료

재난유형	대기오염 예방 캠페인을 함께해요!	(　　　　)반
대기오염		이름:

대기오염 예방 캠페인을 위한 내용과 그림을 넣어 주세요.

재난유형	대기오염이 발생하면 어떻게 될까요?	(　　　　　　)반
대기오염		이름:

대기오염이 발생하면 아래의 장면이 어떻게 변할까요?

재난유형	대기질이 가장 나쁜 곳은 어디일까요?	(　　　　　　)반
대기오염		이름:

아래의 우리나라 지도 중에서 대기질이 가장 나쁜 곳은 어디일까요? 동그라미를 그려 주세요.

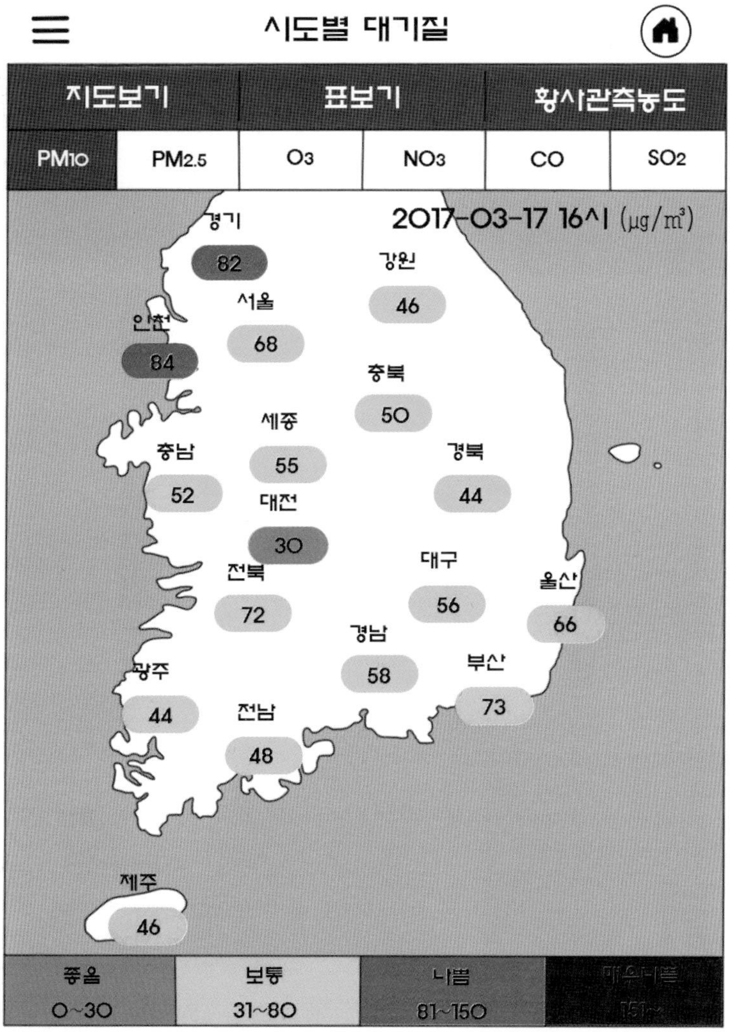

재난유형	어떤 것들이 대기오염을 만들까요?	(　　　　　　　)반
대기오염		이름:

대기오염을 발생시키는 것들을 찾아 동그라미를 그려 주세요.

재난유형	대기오염을 줄이기 위해 어떤 것을 탈까요?	(　　　　　　　)반
대기오염		이름:

대기오염을 줄이기 위해 어떤 교통수단을 타는 것이 좋을까요?
아래의 그림을 오려 해당하는 곳에 붙여 보세요.

이것을 타요!	이것을 타지 않아요!

재난유형	대기오염 예방 캠페인을 함께해요!	(　　　　　　　　)반
대기오염		이름:

대기오염 예방 캠페인을 위한 내용과 그림을 넣어 주세요.

4. 참고자료

관련 사이트 정보

- 행정안전부(www.mois.go.kr)
- 교육부(www.moe.go.kr)
- 보건복지부(www.mohw.go.kr)
- 소방청(www.nfa.go.kr/nfa)
- 해양경찰청(www.kcg.go.kr)
- 기상청(www.kma.go.kr)
- 국민재난안전포털(www.safekorea.go.kr)
- 서울종합방재센터(http://119.seoul.go.kr)
- 세종자치시 소방본부 119(http://www.sejong.go.kr/fire.do)
- SK 이노베이션(http://skinnovation-if.com)
- 국립수의과학검역원(http://www.qia.go.kr)
- 에어코리아(www.airkorea.or.kr)

기타 정보

- 전화: 기상청 날씨예보(☎ 131), 119구조대(☎ 119)
- 앱: 안전디딤돌, 우리동네 대기질

참고문헌

- 2012 황사 대응 매뉴얼(충청북도교육청), 2014 학교현장 재난대응 안전관리 매뉴얼(충청남도논산계룡교육지원청), 2017 여름철 자연재난 국민행동요령(행정안전부), 학교현장 재난유형별 교육 · 훈련매뉴얼(교육부), 2008 재난대비 국민행동매뉴얼 안전 길라잡이(소방방재청), 2015 어린이집 안전관리백과–소방, 재난, 자연재해편(어린이집 안전공제회), 재난안전 체험형 안전교육(경기도교육청), 대구광역시 재해,재난 시민행동(http://www.daegu.go.kr/safety/index.do?menu_id=00001280), 미세먼지 관리 및 대응 매뉴얼(한국보육진흥원)

동화책

- 김고운매(2014). 장군바위 콧수염. 대기 오염을 막아 낸 장수산 아이들. 와이즈만 BOOKS.
- 박철만(2009). 대기 오염: 숨막히는 지구. 아이세움 코믹스.
- 서지원(2017). 어린이를 위한 미세 먼지 보고서. 풀과바람.

동영상

- 엔크의 에너지 대모험 9화 - 하늘이 까매졌어요. https://www.youtube.com/watch?v=ngLGcCF4yFI
- [과학송] 환경오염과 보존송. https://www.youtube.com/watch?v=Q5nZw4j0NHM
- 미세먼지로부터 행복을 지키는 건강한 습관(어린이용)–환경부. https://www.youtube.com/watch?v=FiBo-BTMnu4
- 대기오염 UCC. https://www.youtube.com/watch?v=EYgSoB37-pA

제6장

낙뢰

1. 낙뢰에 대한 이해

1) 낙뢰의 정의

낙뢰는 구름과 지면 사이에서 발생하는 방전 현상을 말하며 벼락이라고도 하는데, 주로 소나기 구름에서 발생한다.

2) 낙뢰의 특징

(1) 낙뢰의 발생 과정

- 햇빛이 강한 날 하층의 공기는 가열되어 대기가 매우 불안정해져 연직 방향의 대류활동으로 인해 적란운이 형성된다.
- 적란운 중에서 온도가 −10℃ 정도인 곳을 중심으로 전하 분리가 일어나는데, 대체로 적란운의 위쪽은 양전하, 아래쪽은 음전하를 띠게 된다(적란운 내부에서 상층 구름의 양전하와 하층 구름의 음전하가 충돌하여 방전현상이 발생하기도 함).
- 구름의 하부에 음전하가 축적되고, 이때 구름의 하부는 지표면에 양전하를 유도시킨다.
- 대기 중의 공기는 좋은 절연체이지만, 구름의 하부와 지표 사이의 전위차가 커지고, 이것이 어느 일정한 값을 초과하게 되면 대기의 절연이 파괴되면서 순간적으로 막대한 전류가 흐르게 된다(두꺼운 섬광 전류는 약 3만 암페어, 작은 섬광 전류의 크기는 수십~수백 암페어 정도임).

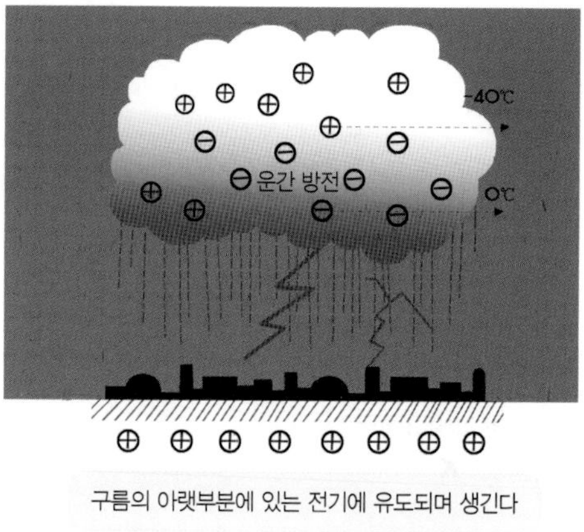

[그림 6-1] 낙뢰의 발생 과정

(2) 낙뢰의 발생 시기 및 징후

- 낙뢰는 7~8월에 가장 많이 발생하며, 겨울에 동해에서 기온이 낮아지고 대기가 불안정해지면 동계뢰 또한 발생한다.
- 적란운이 성장하는 것이 보이면 낙뢰의 위험이 있을 수 있다.
- 머리카락이 곤두서거나 귓가에 매미 우는 소리가 들리고, 노출된 피부가 거미줄에 닿는 듯한 느낌이 들거나 금속제 장비 등에서 푸른 빛의 스파크 현상이 나타나는 경우가 낙뢰의 징후에 해당한다.
- 천둥소리가 희미하게 들리기 시작하면 근처에 낙뢰가 발생할 위험이 높다.
- 낙뢰는 비가 내리기 전에도 발생하며, 낙뢰의 위험은 구름(뇌운)이 소멸될 때까지 계속된다.

(3) 낙뢰 감전의 유형

- 직격뢰(direct strike): 전류가 직접 사람을 통해 대지로 흐르는 경우로 심장마비, 호흡 정지, 신체 훼손 등으로 인해 대부분이 중상을 입거나 사망한다.
- 접촉 뇌격(contact strike): 사람이 지닌 물체(골프채, 등산 스틱, 우산 등)에 낙뢰가 떨어져 전류가 물체에서 사람을 거쳐 대지로 흐르는 경우에 해당한다.
- 측면 섬탁(side flash): 낙뢰가 나무, 건물 등에 떨어진 후 물체와 인근 사람 사이의 큰 전위차로 인해 전류가 사람을 통해 대지로 흐르는 경우로 전류가 심장이나 머리를 통해 흐를 경우 사망할 수 있다.

• 보폭 전압(step voltage): 대지에 낙뢰가 발생한 경우 뇌격 지점의 전압이 매우 높아지면서 사람의 양발 사이에 전압차가 나타날 수 있는데, 이 같은 전압차로 인하여 감전 사고가 발생할 수 있다. 낙뢰 전류가 심장 쪽으로 흐르지 않아 심각하지는 않지만, 앉아 있거나 누워 있을 때는 위험할 수 있다.

[그림 6-2] 낙뢰 감전의 유형

출처: 한국전기연구원(2013).

※ 똑바로 서 있는 인체는 머리에서 발끝까지 전기도체이므로, 벼락에 의한 전류가 흐르기 쉬운 통로가 되고, 우산, 나무처럼 뾰족한 물체가 있으면 금속, 비금속에 관계없이 벼락을 유인하는 효과가 있음.

(4) 낙뢰로 인한 피해

① 인명 피해

• 낙뢰 시 화상, 골절, 내장파괴, 피부홍반(나뭇가지 모양 등)이 나타날 수 있고, 호흡이나 중추신경 마비, 심장장애, 과열 등으로 사망할 수 있으며, 생존한 경우에도 시신경 위축, 백내장 등의 장애가 일어나는 경우가 많다.

• 낙뢰를 맞으면 일반적으로 약 80%는 즉사하고, 약 20%는 치료 후 생명을 건질 수 있는데, 경상자는 점진적으로 회복 가능하지만, 수개월 동안 지속적으로 이상감각, 근육통을 호소할 수 있다. 중상자는 몇 시간 동안 사지경련이 지속되고 저혈압, 고막 손상, 화상 등이 나타날 수 있으며, 영구적 후유증(수면장애, 성격변화, 정신적 장애 등)이 남을 수 있다.

② 재산 피해

낙뢰는 정전, 화재, 건축물 및 설비의 파괴, 전자장비 고장 등으로 이어져 재산 피해를 유발할 수 있다.

③ 기타 피해

통신 두절, 철도 등의 교통시설 불통, 공장이나 빌딩의 조업 중단이 발생할 수 있다.

3) 낙뢰의 관측 및 예보

낙뢰의 관측

기상청은 전국 21개 지점에 낙뢰감지센서(IMPACT)와 구름방전감지센서(LDAR II)를 설치하여 한반도와 주변 해상의 낙뢰 현상을 관측하고 있다.

[그림 6-3] 낙뢰의 관측

출처: 국민재난안전포털(https://www.safekorea.go.kr).

낙뢰의 예보

- 낙뢰는 매우 좁은 구간에서 짧은 시간 발생하고 소멸하기 때문에 예측하기 매우 어려우며, 대기의 불안 정도를 파악하여 개략적인 낙뢰 발생 가능성을 발표하고 있지만, 지역적으로 상세하게 낙뢰를 예보하는 데는 어려움이 있다.
- 낙뢰는 특보가 없고, 낙뢰의 발생시각, 위치, 강도, 극성, 구름방전 강도와 빈도 등을 관측하고 영상으로 처리하여 기상청 홈페이지와 모바일 앱을 통해 국민들에게 제공한다.

낙뢰 관측망

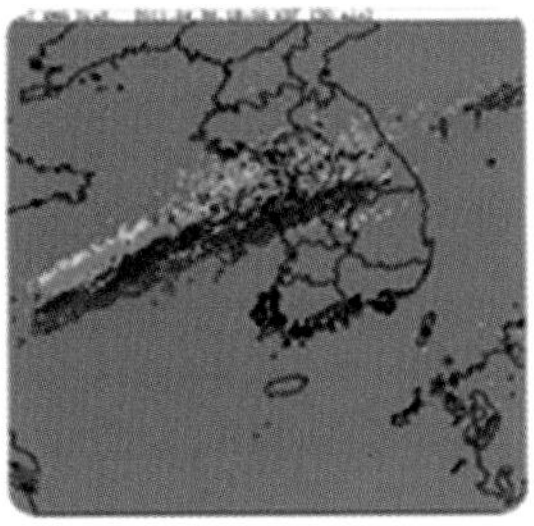

낙뢰 영상

[그림 6-4] 낙뢰 관측망과 낙뢰 영상

출처: 2013 낙뢰안전가이드북.

4) 낙뢰의 발생현황

국내 낙뢰 발생 현황

- 2007년 7월 북한산 낙뢰 사고: 게릴라성 폭우와 함께 동반된 낙뢰로 4명이 사망하고 7명이 부상을 입었다.
- 2007년 7월 수락산 낙뢰 사고: 낙뢰로 인하여 1명이 사망하고 2명이 부상을 입었다.
- 2004~2005년 골프장에서 휴대폰으로 통화를 하던 사람과, 금목걸이를 하고 있던 사람에게 낙뢰가 내리쳐 사망하는 사고가 발생하였다.

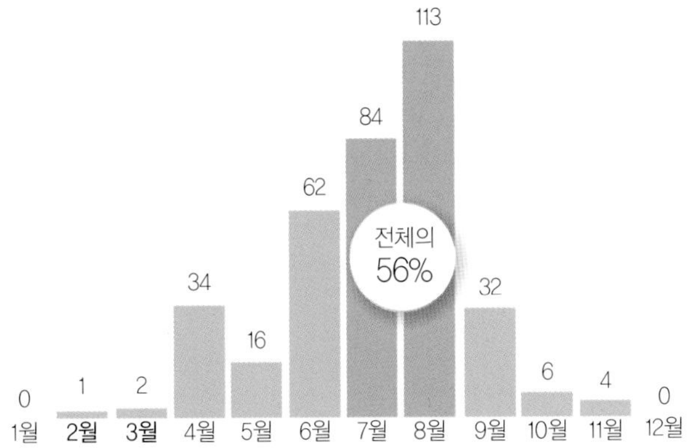

[그림 6-5] 월별 낙뢰 피해 발생 현황(2011~2015년 기준)

출처: 정책브리핑(http://www.korea.kr).

※ 2011~2015년 5년간 국내 낙뢰 피해 발생 총 건수는 354건이며, 주로 7, 8월에 많이 발생함.

국내 낙뢰 발생 및 피해

- 2011~2015년 동안 낙뢰로 인하여 평균 71건의 재해가 발생하였고 8명의 인명 피해(사망 2명, 부상 6명)와 27억 원의 재산 피해가 발생하였다.
- 우리나라 전력설비에서 낙뢰로 인한 피해는 2003년 205건에서 2007년 462건으로 증가하였고, 한국전력 통계에 따르면 매년 낙뢰로 인해 발생하는 송전 고장은 전체의 66% 이상을 차지한 것으로 나타났다.
- 2005년 7월 전남 영광~전북 신김제 간 송전 선로에 낙뢰가 떨어진 사고가 발생했는데, 이 사고로 전기가 끊기고 이로 인해 영광원전 6호기의 가동이 중단되었다.
- 2006년 8월 대전 대덕구에 낙뢰가 떨어져 열차 신호제어 시스템이 고장났으며, 열차 신호제어 시스템이 1시간가량 마비되어 대부분의 열차노선이 연착되는 사고가 발생했다.
- 2008년 8월에도 송전 선로에 낙뢰가 떨어져 고리1호기의 발전이 정지되어 하루 이상 원전발전이 중단되는 피해가 발생했다.

2. 낙뢰 대비 및 대응 매뉴얼

1) 행동 매뉴얼

(1) 낙뢰 발생 전(예방 및 대비)

유치원의 낙뢰 대비책으로는 유치원 시설 점검, 비상 연락망 점검, 기상예보 청취, 낙뢰 대비 교육 실시, 비상용품 및 기기 구비, 가정 및 지역사회와의 연계 등을 포함한다.

① 유치원 시설 점검

- 낙뢰 발생 전 유치원 건물에 피뢰설비를 갖추었는지 확인하고, 피뢰시설이 없을 경우 건물 내부 및 외부에 피뢰시설을 갖춘다.
- TV, 안테나, 케이블, 전기기기 등을 보호하기 위한 서지보호장치(SPD)가 있는

지 확인하고, 없을 시 이를 인입분전반에 설치한다.

- 유치원 건물 근처에 홀로 서 있는 큰 나무가 있거나 금속 울타리, 가로등, 깃대, 기타 금속 구조물이 있는지 확인하고 제거하거나 대체할 수 있는 것들은 제거 및 대체한다.

② 비상 연락망 점검

- 비상시 연락할 유아 비상 연락망(부모 등)을 점검, 확인한다.
- 유치원 교사 및 교육관계자의 비상 연락망을 점검, 확인한다.
- 지역사회 관계기관(주민자치센터, 소방서, 경찰서 등)의 연락처를 확인하고, 연락 체제를 구축한다.

③ 기상예보 청취

- 라디오, 인터넷, 휴대폰 등을 통해 기상예보를 확인한다.
- 낙뢰가 예상되면 계획한 야외활동을 연기하거나 취소하고, 실내 활동으로 대체하여 진행한다.

④ 낙뢰 대비 교육 실시

- 유아를 대상으로 낙뢰 대응 사전교육을 실시한다(낙뢰에 대한 이해, 낙뢰 발생 시 행동요령, 대피 장소 등).
- 유치원 인근의 낮은 지대, 대피소 등의 위치를 확인하고 숙지한다.
- 유아 낙뢰 대응 교육활동을 영역 통합적으로 계획하고 실시한다.
- 교사 및 교육관계자를 대상으로 낙뢰 대응 사전교육을 실시한다(응급처치 방법, 낙뢰 발생 시 행동요령, 대피 경로, 대피 장소 등).
- 부모를 대상으로 낙뢰 대응 사전교육을 실시한다(낙뢰 발생 시 행동 요령, 대피 장소, 상황별 유치원과의 연락 등).

⑤ 비상용품 및 기기 구비

- 비상시를 대비해 유치원에 비상용품 및 기기를 구비하고, 보관 장소와 사용법을 알아 둔다.

구급약품	감기약, 해열제, 소화제, 화상 치료 약품 등이 포함된 구급함
구급기기	심장자동제세동기 등
생존용품	손전등, 건전지, 휴대용 라디오, 호루라기
기타	의류, 담요, 화장지, 물티슈, 비상 연락망 등

⑥ 가정 및 지역사회와의 연계

- 부모를 대상으로 한 낙뢰 대응 사전교육을 실시한다.
- 낙뢰 발생 시 유아가 가정에 있을 때, 유치원에 있을 때 등 부모의 상황별 행동요령을 마련하여 가정에 보낸다.
- 낙뢰 정보를 얻을 수 있는 공공 기관의 연락처를 알아 둔다.
- 정부에서 제공하는 기상정보 애플리케이션을 휴대폰에 설치해 둔다. (안전디딤돌, 기상청 정보 알리미 등)

(2) 낙뢰 발생 시(대응)

낙뢰가 발생하면 다음과 같은 행동요령에 따라 행동한다.

[1단계] 낙뢰 감지 및 알림	• 낙뢰를 처음으로 감지한 사람은 큰 소리로 낙뢰 발생을 알리고, 원장에게 즉시 알린다. • 원장은 재난관리 기관(소방서, 경찰서)에 낙뢰 발생을 알리고, 안내방송을 통해 유치원의 전 구성원에게 낙뢰 발생을 알린다.
[2단계] 낙뢰 발생 최소화	• 일반적으로 피뢰설비가 있는 건물 내부는 비교적 안전하지만 피뢰설비가 없는 건물에서는 출입문이나 창문을 닫고 세면대 등의 이용을 피한다. • 서지보호장치가 없을 경우 전기기기의 전원플러그를 뽑고, 응급 시에만 유선 전화기를 사용하고, 가능한 한 무선전화기나 휴대폰을 사용한다. • 발코니와 같은 개방된 공간은 피한다.

[3단계] 유아 안전 확보	• 피뢰시설이 없는 건물 내에서는 벽, 전기기기, 전원선, 전화선, 금속수도관 또는 금속가스관으로부터 1m 이상 떨어져 두발을 모으고 웅크린 자세를 취한다. • 유아들이 서로 접촉하지 않고 최소 1m 거리를 유지하며 웅크린 자세를 취하도록 한다. • 긴 물체는 세워 두지 않고 접거나 눕혀 둔다.
[4단계] 응급조치	• 교사는 유아의 부상을 확인한다. • 원장은 유아와 교직원의 부상을 확인한다. • 낙뢰로 인한 부상이 확인되면 최대한 빨리 119에 연락하고 부상자가 숨을 쉬지 않을 경우 인공호흡을 실시한다. • 부상자의 다른 상처(화상, 골절, 청각 및 시각의 손상 등)를 체크한다.
[5단계] 재난정보 확인, 마무리 조치	• 교사는 라디오, 휴대폰 등으로 낙뢰 안내방송을 청취하고 낙뢰 발생 상황을 확인한다. • 마지막 번개와 천둥 후 30분 정도는 유아의 안전을 확보하며 안전한 장소에서 기다린다.

상황별 낙뢰 대응 행동요령은 다음과 같다.

① 유치원 내에서 낙뢰가 발생했을 때

• 휴대폰, 라디오 등으로 기상정보를 확인하고 야외활동을 취소한다.
• 벽, 전기기기, 전원선, 전화선 등으로부터 1m 이상 떨어지고 유아들끼리 1m 이상의 간격을 두어 두발을 모으고 웅크린 자세를 취한다.
• 창문을 닫고, TV 안테나 등의 전선을 따라 전류가 흐를 수 있으므로 전자제품의 취급 시 주의한다.
• 건물 내에서 전기제품 등의 플러그를 뽑아 두고, 전등이나 전기제품으로부터 1m 이상 거리를 유지한다.
• 세면대, 개수대 등을 사용하지 않는다.

② 유치원 근처 야외에서 낙뢰가 발생했을 때

• 평지에서 낙뢰가 칠 때에는 몸을 가능한 한 낮게 유지하고 물이 없는 움푹 파인 곳으로 대피한다(야외활동 계획 시 날씨예보를 확인하고 낙뢰가 예상되면 미리

이동 범위 내에 있는 적절한 대피 장소를 확인해 둔다).

- 도심에서는 건물, 자동차(오픈카 제외) 등 안전한 장소로 이동하고 대피할 장소가 없는 개방된 장소에서는 손으로 귀를 덮고 머리를 땅에 가깝게 하여 웅크려 앉는 자세를 취한다.
- 벽, 지지대, 금속 울타리, 피뢰설비 등으로부터 최소 1m 이상 떨어져 발을 모으고 있어야 한다.
- 교사는 유치원에 교사와 유아의 위치, 유아의 안전 상태 등을 알리고, 필요시 지원을 요청한다.
- 비가 그치거나 천둥소리가 작아져도 성급하게 바로 이동하지 말고, 마지막 천둥소리가 난 후 최소한 30분 정도 더 대기하였다가 움직이는 것이 안전하다.

③ 현장학습 시 낙뢰가 발생했을 때(산 또는 바다, 야영지에서)

- 홀로 서 있는 나무는 특히 위험하며 나뭇가지나 줄기로부터 10m 이상 떨어진 거리가 안전하다.
- 산에서 낙뢰를 만나면 대피소 등의 건물 안으로 대피해야 한다.
- 근처에 건물이 없는 경우, 암벽, 틈새, 도드라진 부분을 피하고, 절벽에서 튀어나온 바위 아래 동굴이나 암벽 아래가 안전하다.
- 유아가 손이나 발로 젖은 암벽, 금속로프, 등산로프 등을 접촉하지 않도록 하고, 숲의 가장자리보다 숲 안쪽 중앙으로 대피한다.
- 수영 중이거나 배 위에 있을 때에는 즉각 육지로 나와 건물 안과 같은 안전한 장소로 대피한다.
- 배는 낙뢰의 표적이 되기 때문에 돛대 등의 높은 부분에서 최대한 떨어져 있고 가능한 한 배 안의 깊숙한 곳에서 다리를 모으고 몸을 웅크린다. 유아가 배의 항해장비나 기타 금속 부분을 만지지 않도록 한다.
- 낙뢰 전류는 물속에서 매우 넓게 퍼져 나가기 때문에(뇌격지점에서 약 100m 지점까지도 위험) 물에서 빨리 벗어나야 한다.
- 야영텐트나 이동용 주택 주위의 모든 금속도체는 확실히 접지한다. 외부가 금속으로 제작된 이동용 주택은 자동차와 같은 보호 효과를 가질 수 있으나, 유리섬유로 제작된 이동용 주택은 위험할 수 있다.

- 야영 중 낙뢰가 발생하면 금속재질의 텐트 지지대로부터 거리를 유지하고, 침낭이나 이불을 깔고 앉아(무릎을 굽혀 자세를 낮추고 양발을 모음) 기다린다.

④ **차량 이동 중 낙뢰가 발생했을 때**

- 낙뢰가 자동차에 떨어지더라도 자동차는 위급 시에 적절한 대피소가 될 수 있다. 유리창이 모두 닫혀 있다면 금속재질의 자동차는 도전성이 크므로 양호한 보호기능을 제공한다.
- 자동차 안에 있는 동안에는 유아가 금속 부분을 접촉하지 않도록 하고 교사는 라디오 등을 작동하지 말아야 한다.
- 낙뢰가 발생하는 경우 잠시 정차하는 것이 바람직하고, 부득이하게 이동해야 한다면 안전 속도로 매우 주의하여 운전한다.
- 낙뢰 전류로 전자기기들이 오동작을 일으킬 수 있으므로 낙뢰 후 자동차 전자기기들의 기능을 체크한다.

(3) 낙뢰 종료 후(복구)

낙뢰 종료 후 유치원의 교직원은 피해 상황 파악 및 교육청 보고, 2차 피해 방지를 위한 점검 및 응급조치, 피해 복구 및 비상수업 대책 마련 등과 관련한 활동을 실시한다.

① **피해 상황 파악 및 교육청 보고**

- 부상자가 생기면 119나 인근병원에 긴급 연락하고, 구조대가 올 때까지 인공호흡, 체온 유지 등의 응급조치를 한 후 병원으로 이송한다.
- 유치원 건물 및 주변시설의 피해 상황을 파악한다.
- 부상자와 유치원 피해 상황을 교육청에 보고한다.
- 피해 상황에 따라 원장은 유아의 조기귀가, 휴원 등의 조치를 취하고 부모에게 알린다.

② **2차 피해 방지를 위한 점검 및 응급조치**

- 또 다른 낙뢰 발생 시를 대비해 유치원 시설물을 점검한다.

- 유치원 인근에서 낙뢰가 발생하였을 시 대피할 수 있는 대피 공간을 마련하거나 확보한다.
- 라디오, 스마트폰 등을 통해 기상 정보를 계속 확인하고 공공기관의 기상 정보에 따라 대처한다.

③ **피해 복구 및 비상수업 대책 마련**

- 유치원 내외의 구조물, 전자기기 등이 낙뢰로 인하여 손상되지 않았는지 확인하고 전자기기들의 기능을 체크한다. 기능에 이상이 있을 경우 이를 수리하거나 교체한다.
- 가스, 전기, 수도관 등의 이상을 확인하고, 관련 기관의 도움을 받아 피해를 복구한다.
- 원장은 유관기관(교육청 등)과 긴밀하게 협조 체제를 구축하고, 유치원 피해 복구 과정과 이후의 비상수업에 대한 대책을 마련한다.

2) 부모 지침서

유치원에서는 평상시 부모교육을 통해 부모에게 낙뢰 대응 행동요령, 낙뢰 발생 시 주의사항 등을 전달할 필요가 있다.

낙뢰가 발생하면 이렇게 행동해 주세요!

- 낙뢰가 발생하면 건물 안, 자동차 안, 움푹 파인 곳이나 동굴 등 안전한 장소로 대피합니다.
- 낚시대나 골프채 등을 이용하는 야외활동은 매우 위험하므로 즉시 중단하고 안전한 곳으로 대피합니다.
- 전기제품, 금속성 건축자재 등으로부터 1m 이상 거리를 유지하는 것이 안전하고, 외부 활동 시 키 큰 나무 밑을 피합니다.
- 등산용 스틱, 우산, 골프채 등 긴 금속 물건은 땅에 뉘어 놓고, 몸에서 떨어뜨립니다.
- 다른 사람들과 일정한 간격으로 떨어져 위치하고, 마지막 천둥 및 번개 후 약 30분 정도 동안은 안전한 장소에서 기다립니다.

낙뢰에 대비하여 이러한 점을 주의해 주세요!

- 평소 유치원에 부모와 부모 이외 인계자의 인적사항 및 연락처를 전달합니다.
- 낙뢰 발생 시 유아의 대피 장소를 알아 두고, 유치원, 교사, 유아의 친구 부모 등의 연락처를 저장해 둡니다.
- 낙뢰 발생 상황에 따라 유아의 조기귀가가 결정될 수 있으므로 이 경우 유아 인계 방법(누가 언제 유아를 인계할 것인지)을 교사와 상의합니다.
- 가정에 피뢰설비 및 서지보호장치가 설치되어 있는지 확인하고 없을 시에는 이를 설치합니다.
- 상황별 낙뢰 대응 방법을 숙지하고, 낙뢰 발생 시 유아가 놀라지 않도록 침착하게 대처합니다.
- 재난 상황에서 침착하게 대처하여 유아의 충격을 완화하고 유아를 안정시킵니다.

3) 국민행동요령

(1) 낙뢰 발생 시 행동요령

[낙뢰 예보 시 가정에서]

- 외출하지 않고 집 안에 머무릅니다.
- 야외에서 일을 하거나 등산, 골프, 낚시 등을 계획할 경우 기상정보를 미리 확인하고 가급적 야외활동을 자제합니다.
- 전화기나 전기제품 등의 플러그를 뽑아 둡니다.
- 전등이나 전기제품으로부터 1m 이상의 거리를 유지합니다. 창문을 닫고, 감전 우려가 있으므로 샤워나 설거지 등은 하지 않습니다.

[낙뢰 발생 시 산 정상부에서]

- 신속히 낮은 지대로 이동합니다. 정상부 암벽 위나 키 큰 나무는 위험하며 물이 없는 움푹 파인 곳이나 동굴 안으로 대피합니다.

[낙뢰 발생 시 야외에서]

- 야외에서 등산용 스틱, 골프채, 우산, 농기구 등은 땅에 뉘여 놓고, 몸에서 떨어뜨립니다.
- 낙뢰 발생 시 지붕이 열린 자동차, 오토바이, 자전거, 트랙터, 잔디 깎기, 골프카트, 콤바인 등을 타는 것을 피합니다.

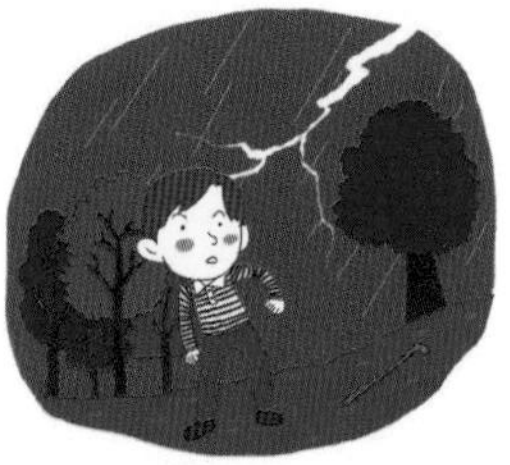

출처: 국민재난안전포털(https://www.safekorea.go.kr).

(2) 낙뢰 발생 시 장소별 행동요령

[건물 내에서]

- 전기기기와 전선 등으로부터 1m 이상 떨어져 있는다.
- 창문을 닫고 발코니 등의 개방된 공간은 피한다.
- 피뢰설비가 없는 헛간, 오두막 등에서는 두발을 모으고 웅크린 자세로 방의 중앙에 머무른다.
- 버스정류장 같이 부분적으로 개방된 피난처는 벽면으로부터 가능한 한 멀리 떨어져 중앙 부분에 웅크린 자세로 피한다.

[야외에서]

- 홀로 서 있는 나무는 매우 위험하므로 나뭇가지나 줄기로부터 10m 이상 떨어져 있는다.
- 금속 울타리, 철망, 철탑, 가로등 등으로부터 멀리 떨어져 있는다.
- 여러 사람이 운집한 경우 서로 접촉하지 말고 최소 1m 이상 거리를 유지한다.
- 우산, 골프채, 낚싯대 등의 긴 금속 물체는 바닥에 눕혀 둔다.

[차량 내에서]

- 낙뢰 발생 시 바깥보다 자동차 안이 훨씬 안전하다.
- 자동차 내에서 금속 부분을 접촉하지 말고, 라디오 등을 작동시키지 않는다.
- 낙뢰 발생 중에는 잠시 정차하는 것이 바람직하고, 반드시 이동해야 하는 상황에서는 안전속도로 매우 주의하여 운전한다.

[등산 시]

- 낙뢰주의보가 발령되면 산에 가지 않으며, 만일 산행 중 천둥소리를 들으면 즉시 산에서 내려온다.
- 등산 중 낙뢰를 만나면 대피소 등의 건물 안으로 대피하고, 건물이 없을 경우 암벽, 균열, 틈새, 도드라진 부분 등을 피하고, 동굴이나 암벽 아래 부분으로 대피한다.
- 나무로부터 떨어져 몸을 웅크리고 앉고, 손이나 발로 젖은 암벽, 로프, 사다리 등은 접촉하지 않는다.

[야외 스포츠, 야외 행사장에서]

- 낙뢰 발생 시 축구, 승마, 골프 등의 경기나 훈련을 중단한다.
- 대피 공간이 전혀 없는 축구장 같은 장소에서 선수들은 웅크리고 앉고 손으로 땅을 짚지 말아야 한다.
- 단체로 서 있는 것을 피하고 개인 간 거리는 최소 1m 이상 유지한다.
- 개방된 플랫폼, 보호울타리, 벽, 기둥 및 금속 부분은 위험하므로 접촉하지 않고, 이로부터 최소 1m 이상 떨어져 발을 가까이 모으고 있는다.

[수상활동 중]

- 낙뢰는 해상에서도 발생하므로 수영, 보트 탑승 등을 중지하고 즉시 육지로 나와 건물 등의 안전한 장소로 대피한다.
- 낙뢰 발생 시 수상스포츠를 하지 말아야 하며, 배 위에 있는 경우 갑판에 머무르거나 낚시를 하지 말아야 한다. 가능한 한 배 안에서 다리를 모으고 몸을 웅크린 후 항해장비나 기타 금속 부분을 만지지 않는다.
- 낙뢰전류는 물속에서 넓게 퍼져 나가므로 물에서 빨리 벗어난다.

출처: 국민재난안전포털(https://www.safekorea.go.kr).

3. 낙뢰 대비 및 대응 교육활동

1) 낙뢰 발생 전(예방 및 대비)

활동명	우르릉 쾅쾅!	활동 대상	5세
활동 목표	낙뢰에 대해 알게 된다. 낙뢰의 피해, 심각성에 대해 알게 된다.	활동 영역	의사소통, 자연탐구
활동 자료	동화책, 교육 동영상, 활동지, 실험 재료(풍선, 마른수건 등)		

단계	영역	내용	시간
도입	의사소통	• 동화책을 읽어 주며 낙뢰에 대한 흥미를 유발한다. T: 비 오는 날 불빛이 번쩍 하는 것을 본 적이 있나요? T: 불빛이 번쩍 한 뒤에는 어떤 일이 일어났나요?	5′
전개	자연탐구 의사소통	• 동영상을 보며 낙뢰에 대해 이야기를 나눈다. T: 낙뢰는 어떤 모양인가요? 어떤 소리가 함께 들리지요? T: 낙뢰는 왜 발생하는 것일까요? T: 낙뢰가 발생하면 무슨 일이 일어나나요? • 활동지를 제시한 뒤, 낙뢰의 모양을 그려 본다. T: 선생님이 그림을 한 장씩 나눠 줄 거예요. 하늘에서 '번쩍' 하고 낙뢰가 떨어질 때 낙뢰의 모양을 그려 보세요.	12′
	자연탐구	• 전기에 대해 이야기를 나누며 정전기 실험을 해 본다. T: 정전기는 왜 생기는 걸까요? T: 선생님이 설명한 것과 같이 물체 안에 작은 입자들이 서로 다른 성질을 띠게 되면 어떻게 되는지 확인해 볼까요? • 풍선을 마른수건으로 문질러 머리카락에 가까이 대 본다. T: 머리카락이 어떻게 되었지요? T: 왜 이런 일이 발생하였을까요?	10′
마무리	의사소통	• 퀴즈를 함께 풀면서 낙뢰(전기) 등에 대한 내용을 정리한다. T: 여러분, 오늘 낙뢰(전기)에 대해 더 잘 알게 되었나요? T: 여러분이 잘 기억하고 있는지 마지막으로 퀴즈를 내 볼게요. 맞으면 ○, 틀리면 ×라고 말해 주세요.	3′
지도 시 유의점		* 유아의 수준에 맞는 동화책과 교육 동영상을 선정한다. 유아가 이해할 수 있도록 낙뢰, 전기의 개념을 쉽게 설명한다.	

⚽ 활동 자료

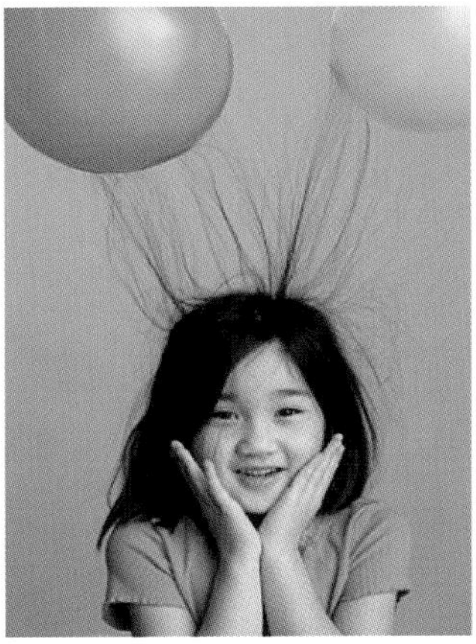

재난유형	우르릉 쾅쾅 번쩍	( )반
낙뢰	낙뢰가 떨어져요!	이름:

하늘에서 낙뢰가 떨어지고 있어요. 떨어지는 낙뢰 모양을 그려 보세요.

활동명	이 물건은 위험해요!	활동 대상	5세
활동 목표	낙뢰가 칠 때 위험한 물건들을 안다.	활동 영역	의사소통 자연탐구
활동 자료	실험 재료(나무조각, 우산, 종이, 쇠막대 등), 활동지		

단계	영역	내용	시간
도입	의사소통	• 지난 활동에 대해 이야기를 나눈다. T: 지난 시간에 우리가 낙뢰에 대해 알아본 것들이 기억나나요? T: 우리가 어떤 것들을 이야기하였지요?	5′
전개	자연탐구 의사소통	• 전기가 잘 통하는 물체와 잘 통하지 않는 물체에 대해 이야기를 나눈다. T: 여러분, 전기는 모든 물체에서 잘 통할까요? T: 잘 통하는 물체도 있고 잘 통하지 않는 물체도 있어요. • 전기가 잘 통하는 물체(도체) 찾기 활동을 해 본다(책상 위에 나무조각, 우산, 종이, 쇠막대 등 다양한 물체를 놓는다). T: 선생님이 들고 있는 것은 어떤 물체에 전기가 잘 통하는지 알려 주는 기계예요. 이 기계로 어떤 물체가 전기가 잘 통하는지 확인해 볼 거예요. 그 전에 먼저 전기가 잘 통할 것이라고 생각하는 물체를 이야기해 볼까요? T: 그럼 이제 생각한 것이 맞는지 이 기계로 함께 확인해 보아요.	10′
	자연탐구	• 낙뢰가 칠 때 가지고 있으면 안 되는 물건들에 대해 이야기를 나눈다. T: 낙뢰는 매우 센 전기예요. 그래서 우리가 전기가 잘 통하는 물건을 들고 있으면 바로 그 전기가 우리 몸으로 들어오게 돼요. • 활동지를 통해 낙뢰 발생 시 소지하면 위험한 물건을 찾는다. T: 우리 친구 ○○가 외출을 하였는데, 하늘에 먹구름이 몰려오고 하늘에서 번쩍하고 낙뢰가 칠 것 같아요. 이때 ○○가 가지고 있으면 안 되는 물건은 무엇일까요? 그림에서 찾아 동그라미를 그려 주세요.	10′
마무리	의사소통	• 낙뢰 발생 시 소지하면 위험한 물건에 대해 정리해 본다. T: 오늘 우리가 무엇에 대해 이야기하였지요? T: 낙뢰가 칠 때 어떤 물건들을 바닥에 내려놓아야 하나요?	5′
지도 시 유의점		* 낙뢰, 전기의 개념이 유아에게 어려울 수 있으므로, 유아가 잘 이해할 수 있도록 쉽게 내용을 설명하고 활동을 진행한다.	

⚽ 활동 자료

(전기 전도도 측정기)

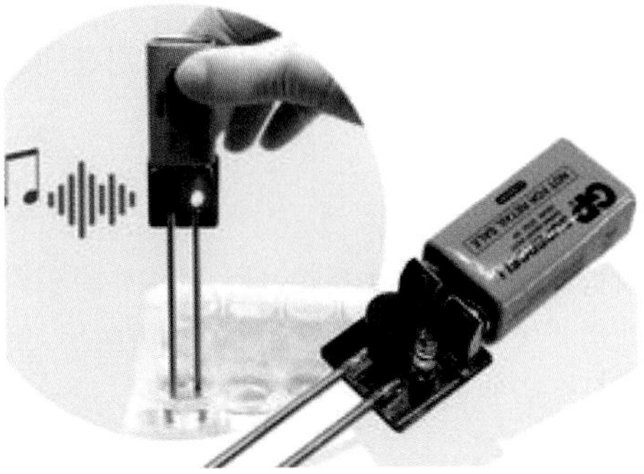

재난유형	낙뢰가 칠 때 이것은 위험해요!	(　　　　)반
낙뢰		이름:

다음 중 낙뢰가 칠 때 가지고 있으면 위험한 물건을 고르세요.

2) 낙뢰 발생 시(대응)

활동명	어디로 대피해야 할까요?	활동 대상	5세
활동 목표	낙뢰 발생 시 대응 방법을 알게 된다. 낙뢰 발생 시 대피 장소를 알게 된다.	활동 영역	의사소통, 자연탐구
활동 자료	동화책, 교육 동영상, 안전한 장소 찾기 준비물(배경판, 종이인형 등)		

단계	영역	내용	시간
도입	의사소통	• 낙뢰를 경험하는 주인공이 등장하는 동화책을 읽어 주며 낙뢰 발생 시 어디로 대피해야 하는지 이야기를 나눈다(또는 관련 배경을 만들어서 인형극 형식으로 보여 줌). T: 낙뢰가 발생하니 ○○(주인공)가 어디로 대피하였나요? T: 다른 곳으로 대피한 △△는 어떻게 되었나요?	5′
전개	의사소통	• 낙뢰 대응 방법에 대한 동영상을 시청하고 이야기를 나눈다. T: 낙뢰가 발생하면 어디로 대피해야 할까요? T: 왜 그렇게 해야 하나요? T: 어디에 있으면 위험하지요?	13′
	의사소통 자연탐구	• 다양한 장소에서 낙뢰가 떨어질 때 대피 장소로 알맞은 안전한 장소에 대해 이야기를 나눈다(다양한 장소의 배경 판에 탈부착이 가능한 종이인형을 각각 다른 장소에 붙여 놓고, 위험한 장소에 있는 종이인형을 떼어 안전한 곳으로 이동시키는 활동을 함). T: ○○는 친구들과 함께 산으로 놀러갔어요. 그런데 갑자기 검은 구름이 몰려오더니 비가 내리고 우르릉 쾅쾅 소리가 들리기 시작하였어요. ○○와 친구들은 모두 다른 곳으로 대피하였지요. T: 이 중에서 안전한 곳으로 대피한 친구들도 있지만 위험한 곳으로 대피한 친구들도 있네요. 우리 위험한 곳에 있는 친구들을 안전한 곳으로 옮겨 줄까요? T: 누가 먼저 해 볼까요? (한 명씩 돌아가면서 참여할 수 있도록 한다.)	7′
마무리	의사소통	• 낙뢰 발생 시 안전한 대피 장소에 대해 정리한다. T: 오늘 우리가 무엇에 대해 이야기를 나누었지요? T: 낙뢰가 발생하면 우리는 어디로 대피해야 할까요?	5′
지도 시 유의점	* 상황에 따라 교사는 도입 활동을 인형극으로 진행할 수 있다. * 교사는 전개 활동을 '동굴로 대피해요!' '차 안으로 대피해요!'와 같은 구체적인 주제를 가지고 진행할 수 있다. * 필요시 활동지를 이용한 추가 활동을 진행한다.		

활동 자료

재난유형	낙뢰가 발생할 수 있는 날씨는?	(　　　　)반
낙뢰		이름:

낙뢰는 어떤 날씨에서 발생할까요? 낙뢰가 발생할 수 있는 날씨를 아래에서 골라서 동그라미를 그려 주세요.

활동명	어떻게 행동해야 할까요?	활동 대상	5세
활동 목표	낙뢰 발생 시 대응 행동을 알고 직접 체험해 본다.	활동 영역	의사소통 신체운동 · 건강
활동 자료	교육 동영상, 활동지, 낙뢰 대응 게임 준비물(신체활동 매트 등)		

단계	영역	내용	시간
도입	의사소통	• 지난 시간에 배운 내용에 대해 이야기를 나눈다. T: 지난번 우리 함께 배웠던 것들을 기억하나요? T: 어떤 것들에 대해 이야기를 나누었지요?	5′
전개	의사소통	• 동영상을 보며 낙뢰 대응 행동에 대해 이야기를 나눈다. T: 낙뢰가 떨어질 때 우리는 어떤 자세를 취해야 할까요? (웅크리고 쪼그려 앉기, 다른 사람과 붙어 있지 않기, 두 발을 벌려 서기 등에 대해 이야기) T: 그럼 이렇게 해도 될까요? (교사가 시범을 보이면서) T: 왜 안 될까요? • 활동지를 나누어 준 뒤, 낙뢰에 잘 대응하고 있는 친구를 찾아본다. T: 이제 선생님이 나눠 주는 그림 속에서 낙뢰가 떨어질 때 잘 대응하고 있는 친구를 찾아볼까요? 찾아서 동그라미를 그려 주세요.	10′
	신체운동 · 건강	• 동작실에서 낙뢰 대응 게임을 해 본다(산이라고 가정하고 큰 나무, 언덕, 동굴 등을 신체활동 매트로 구성해 놓는다). T: 자, 이제 낙뢰가 발생했을 때 대피하는 게임을 해 볼 거예요. T: 선생님이 '번쩍, 우르릉 쾅쾅~'이라고 하면 안전하다고 생각하는 곳으로 가서 안전한 자세로 대피해 보세요. T: 자~ '번쩍, 우르릉 쾅쾅~'	13′
마무리	의사소통	• 낙뢰가 떨어질 때 취해야 하는 자세에 대해 정리한다. T: 오늘 우리가 무엇에 대해 이야기를 나누었나요? T: 낙뢰가 떨어질 때 우리의 몸을 어떻게 해야 하나요?	2′
지도 시 유의점		* 상황에 따라 낙뢰가 떨어지는 장소를 다르게 하여 활동을 구성할 수 있다.	

⚽ 활동 자료

재난유형	낙뢰가 떨어지고 있어요! 어떻게 해야 할까요?	( )반
낙뢰		이름:

산에서 낙뢰가 떨어지고 있어요. 잘 대처하고 있는 친구는 누구일까요? 아래에서 골라 동그라미를 그려 주세요.

3) 낙뢰 종료 후(복구)

활동명	친구가 다쳤어요!	활동 대상	5세
활동 목표	낙뢰로 인한 피해 복구 방법에 대해 알게 된다. 낙뢰로 인한 부상자 발생 시 대응 방법에 대해 알게 된다.	활동 영역	의사소통 사회관계
활동 자료	사진 자료, 역할극 소품(전화기, 구급상자, 앰뷸런스 등)		

단계	영역	내용	시간
도입	의사 소통	• 사진자료를 보여 주며 낙뢰로 인한 피해와 복구에 대해 이야기를 나눈다. T: 이제 낙뢰가 모두 지나갔어요. 그런데 전기 기기가 고장이 났네요. T: 어떻게 해야 할까요?	5′
전개	사회 관계	• 부상자가 생겼을 때 대응 방법에 대해 이야기를 나눈다. T: 친구 ◯◯가 낙뢰를 맞고 쓰러졌어요. 어떻게 해야 할까요? T: 그래요, 먼저 주변 어른에게 알려서 119에 신고를 해야 하겠지요. 또 무엇을 해야 할까요? 그렇지요. 이 친구에게 응급처치가 필요할 것 같아요. 어른의 도움을 받아 빨리 응급처치를 해야 해요. T: 그리고 어떻게 해야 할까요? 네, 119 응급차가 오면 가능한 한 빨리 병원으로 이송해야 하지요.	15′
	의사 소통	• 부상자를 구조하는 역할극을 해 본다. T: 그럼 우리 낙뢰를 맞고 크게 다친 친구가 있을 때 어떻게 해야 할지 역할극을 한 번 해 보아요. T: 이 친구는 산에 놀러갔다가 큰 나무 옆에서 낙뢰를 맞았어요. T: 이 역할극에 누가 함께 나오면 좋을까요? T: 그래요. 이 친구와 엄마, 아빠, 구조대원, 의사선생님 등이 함께 나올 수 있겠네요. T: 그럼 우리 역할을 나누어서 역할극을 한 번 해 볼까요?	8′
마무리	의사 소통	• 낙뢰 피해 복구와 부상자 구조에 대해 정리한다. T: 오늘 우리가 무엇에 대해 이야기를 나누었지요? T: 낙뢰를 맞아 쓰러진 사람을 발견하면 어떻게 해야 하지요?	2′
지도 시 유의점		* 도입 단계에서 낙뢰 피해 복구와 관련한 자료집, 책 등이 있으면 이를 이용할 수 있다. * 필요시 활동지를 이용한 추가 활동을 진행한다.	

활동 자료

(역할극 소품)

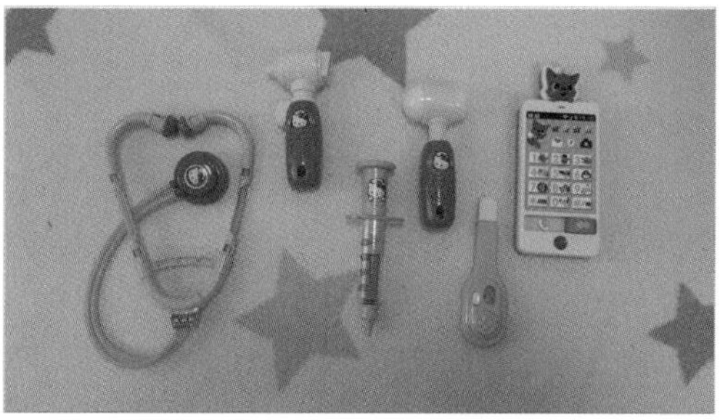

재난유형	낙뢰를 맞고 사람이 쓰러졌어요!	(　　　　　)반
낙뢰		이름:

낙뢰를 맞고 사람이 쓰러졌어요. 어떻게 해야 할까요?
아래에 그림으로 그려 보세요.

재난유형	우르릉 쾅쾅 번쩍 낙뢰가 떨어져요!	(　　　　　　)반
낙뢰		이름:

하늘에서 낙뢰가 떨어지고 있어요. 떨어지는 낙뢰 모양을 그려 보세요.

재난유형	낙뢰가 칠 때 이것은 위험해요!	(　　　　　　)반
낙뢰		이름:

다음 중 낙뢰가 칠 때 가지고 있으면 위험한 물건을 고르세요.

재난유형	낙뢰가 발생할 수 있는 날씨는?	(　　　　　　　　)반
낙뢰		이름:

낙뢰는 어떤 날씨에서 발생할까요? 낙뢰가 발생할 수 있는 날씨를 아래에서 골라서 동그라미를 그려 주세요.

재난유형	낙뢰가 떨어지고 있어요! 어떻게 해야 할까요?	(　　　　　　)반
낙뢰		이름:

산에서 낙뢰가 떨어지고 있어요. 잘 대처하고 있는 친구는 누구일까요? 아래에서 골라 동그라미를 그려 주세요.

재난유형	낙뢰를 맞고 사람이 쓰러졌어요!	(　　　　)반
낙뢰		이름:

낙뢰를 맞고 사람이 쓰러졌어요. 어떻게 해야 할까요?
아래에 그림으로 그려 보세요.

4. 참고자료

관련 사이트 정보

- 행정안전부(www.mois.go.kr)
- 교육부(www.moe.go.kr)
- 보건복지부(www.mohw.go.kr)
- 소방청(www.nfa.go.kr/nfa)
- 해양경찰청(www.kcg.go.kr)
- 기상청(www.kma.go.kr)
- 국민재난안전포털(www.safekorea.go.kr)
- 동남아전설(http://www.dongnamaesco.com/common.html)

기타 정보

- 전화: 기상청 날씨예보(☎ 131), 119구조대(☎ 119)
- 앱: 안전디딤돌

참고문헌

- 2013 낙뢰안전 가이드북(KERI 한국전기연구원), 2017 여름철 자연재난 국민행동요령(행정안전부), 낙뢰 이렇게 준비하세요(국민안전처), 2008 재난대비 국민행동매뉴얼 안전 길라잡이(소방방재청), 2015 어린이집 안전관리백과-소방, 재난, 자연재해편(어린이집 안전공제회), 동해시 낙뢰대비 국민행동요령(http://www.dh.go.kr/)

동화책

- 앤 케이프시(2010). 번개대작전. 신기한 스쿨 버스 테마 과학 동화 15. 비룡소.
- 선우미정(2002). 천둥과 번개는 어떻게 생기나요. 느림보.
- 로이비쥬얼(2017). 로보카 폴리. 번쩍번쩍, 번개 탐험! 태풍 번개 안전. (안전그림책 9) 로이북스.

동영상

- [누리노트] 5월 공통 우르르쾅쾅 천둥번개. https://www.youtube.com/watch?v=cTCGi21OZD4
- 01 빛나는 재해 '낙뢰'(국민안전처). https://www.youtube.com/watch?v=JbZ2xlnAG-A
- 02 낙뢰가 칠 때(국민안전처). https://www.youtube.com/watch?v=PQLS1_yfR1Y

제7장

폭염

1. 폭염에 대한 이해

1) 폭염의 정의

폭염이란 인명 및 재산 피해가 유발되는 매우 심한 더위를 말하며, 폭서, 불볕더위라고도 한다.

2) 폭염의 특징

(1) 폭염의 발생원인

북태평양 고기압

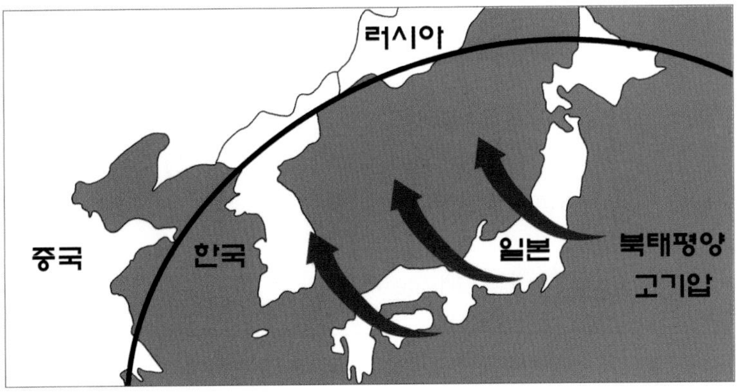

[그림 7-1] 북태평양 고기압과 폭염

- 일반적으로 여름철 폭염은 북태평양 고기압과 관련된 현상이다.
- 북태평양 고기압이 일본에서 우리나라로 강하게 확장해 오면 고온다습한 찜통더위가 이어진다(이 고기압의 가장자리에 위치할 때는 소나기와 국지성 뇌우가 자주 발생함).

지구 온난화

- 태양에너지는 지구에 도달한 후 우주로 다시 방출되는데, 화석 연료의 사용으로 온실가스층이 점차 두꺼워지면서 지구에서 방출되는 복사에너지가 감소하며, 이로 인해 지구의 평균 기온이 상승한다.

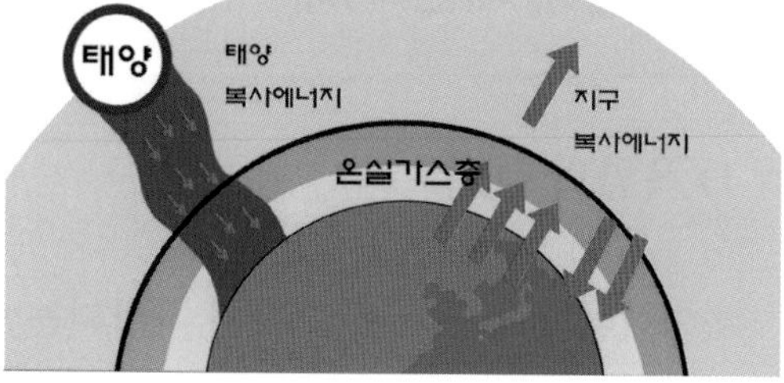

[그림 7-2] 지구온난화와 폭염

연대	1970년대	1980년대	1990년대	2000년대
평균 기온	14.01℃	14.26℃	14.39℃	14.62℃

엘리뇨 현상

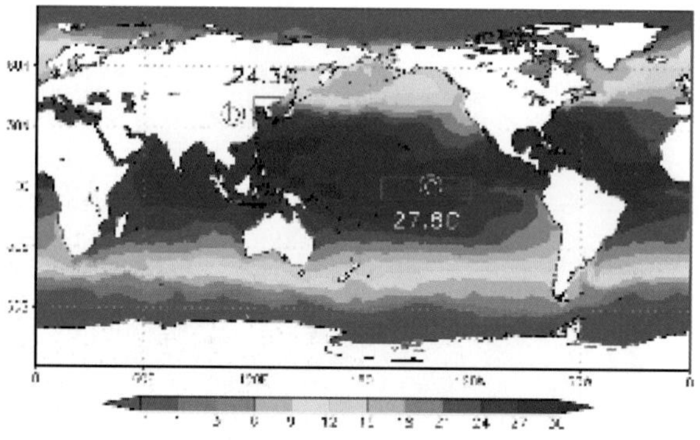

[그림 7-3] 엘리뇨 현상과 폭염

출처: 기상청(http://www.kma.go.kr).

- 겨울철부터 다음해 봄철까지 태평양 적도 해역 해수 온도의 이상 고온 현상(2~10℃ 이상 상승)이 2~7년 주기로 나타난다.
- 엘리뇨 현상의 영향으로 북태평양 고기압이 수축되거나 팽창되면서 전 세계적으로 이상기온현상을 야기한다(수축 시 이상고온현상 발생).

열섬 현상

- 도시화로 인해 도시기반시설인 콘크리트, 아스팔트 구조물이 많아졌는데, 이들은 열용량이 높아 기온이 상승하면 열을 다량으로 방출하기 때문에 주요 도시의 기온을 상승시킨다.

(2) 폭염의 영향

건강에 미치는 영향

- 열대야 현상으로 수면의 질이 저하되고 피로감이 증가한다.

※ 열대야 현상: 야간의 최저 기온이 25℃ 이상으로 나타나는 현상으로 최근 도시의 열섬 현상으로 인해 특히 대도시에서 열대야가 나타나는 날이 크게 증가함.

- 각종 온열 질환이 발생한다.

종류	증상
땀띠(한진)	땀 배출로 피부가 자극을 받아 발진이 생긴다.
열경련	땀 배출로 몸 속 수분과 염분이 부족하여 경련이 발생하며, 주로 근육을 중심으로 경련이 일어나고, 심한 경우 현기증, 구토 증세를 수반한다.
일사병	폭염에 장시간 노출될 때 발생하는데, 신체 온도가 37~40℃까지 오르며, 중추 신경계의 이상은 나타나지 않으나 심박동의 유지가 어렵다. 높은 기온과 습도가 함께 영향을 미쳐 전해질 및 영양분이 체액이나 땀으로 배출되며, 수분 부족으로 탈수 증상도 나타난다.
열사병	높은 온도와 습도에 오래 노출될 때, 바람이 통하지 않는 뜨거운 장소 등에서 몸의 열이 발산되지 못해 발생하며, 얼굴이 창백해지고 식은땀이 나고, 현기증, 일시적 정신 착란 증세가 나타나기도 한다.
울열증	태양열에 오래 노출될 때 체온은 매우 높지만 땀이 배출되지 않는 상태가 되며, 두통과 구토 증세를 동반하며 심할 경우 의식을 잃기도 한다.
화상	폭염에 오래 노출되면 화상을 입을 수 있고, 피부에 수포까지 생기면 위험한데, 특히 신체의 3분의 2 이상이 화상을 입으면 생명까지도 지장을 받을 수 있다.
기타	강한 자외선에 노출될 때 광각막염(눈에 나타나는 일시적인 화상 증상), 피부 질환 등이 나타날 수 있다.

- 기온이 32℃ 이상 지속될 때, 고령자, 노약자의 사망률이 증가한다(주로 심혈관계 질환으로).
- 모기 수의 증가로 수인성 질환 또는 음식물 매개 질환이 증가하며, 각종 전염병이 발생할 가능성도 증가한다.

산업체에 미치는 영향

- 정전 또는 집중력 감소 등으로 생산성이 감소한다.
- 에너지 비용 증가로 직간접적인 사회 비용이 증가하고, 전력난이 가중된다.
- 철로가 녹거나 휘어 열차가 탈선하고 인명피해가 발생할 수 있다.

기타 영향

- 폭염은 산불을 발생시킬 수 있다.
- 잎도열병 또는 적조 발생, 가축 폐사로 1차 산업의 생산량이 감소한다.
- 농축산물, 생활필수품 등의 수급 차질로 국민 생활에 불편을 초래한다.

3) 폭염의 예보

폭염 특보

종류	주의보	경보
폭염	낮 최고기온이 33℃ 이상으로 2일 이상 지속될 것으로 예상	낮 최고기온이 35℃ 이상으로 2일 이상 지속될 것으로 예상

4) 폭염의 발생현황

해외 폭염 기록

- 1995년 7월 12일~16일 미국 시카고 폭염: 이 기간에 465명이 고온으로 사망하였으며, 75세 이상의 노약자가 절반 이상을 차지하였다.
- 2003년 8월 유럽 폭염: 1800년대 후반 이래로 최대의 폭염이 발생하여 프랑스

일부 지방에서는 일주일 연속으로 40℃ 이상의 기온이 나타나서 프랑스, 독일, 스페인, 이탈리아 등 유럽 8개국에서 3만 5천여 명이 사망하고, 130억 달러 이상의 피해가 발생하였다.

- 2015년 4~5월 인도 폭염: 이 폭염으로 2,500명 이상이 사망하였고, 소나기가 거의 내리지 않아 인도의 대부분 지역이 매우 건조해져 엘니뇨의 영향과 겹쳐 기록적인 폭염이 나타났다.
- 2015년 파키스탄 폭염: 이 폭염으로 1,300명 이상이 사망하였고, 1979년 기상 관측 이래 카라치에서는 최고의 온도를 기록하였다.
- 2017년 미국 북서부 지역의 폭염: 미국 북서부 지역(캘리포니아 북부, 오리건, 워싱턴 등), 오리건의 포틀랜드 지역 기온은 기상 관측을 시작한 1874년 이래 최고인 41℃를 기록하였고, 시애틀과 포틀랜드에 폭염 경보가 발령되었다.

국내 폭염 기록

- 1994년 폭염: 약 3,384명이 사망하였고, 광주 38.5℃, 전주 38.2℃, 서울 38.4℃를 기록하였는데, 1994년 서울의 열대야 일수는 34일로 1968년 이후 최다였다.
- 2013년 폭염: 남부지방에 강한 북태평양 고기압이 확장하면서 폭염이 발생하여 6월 16일 대구에서 첫 폭염특보가 발령되었고 8월 26일까지 총 724회의 특보가 발령되었다. 전국의 농가에서 폭염 관련 가축 폐사 수는 약 186만 마리였고, 낙동강 하천에서는 녹조 피해가 발생하였다.
- 2016년 폭염: 서울에서 22일 동안 연속하여 열대야 현상이 발생하였는데, 이는 1973년 이래 가장 긴 열대야를 기록한 것이다.
- 2017년 6~7월 폭염: 북태평양 고기압이 평년보다 북쪽에서 발달하여 전국 평균 최고 기온(전국 45개 주요 관측소 기준)은 29.1℃였으며, 1994년 29.8℃에 이어 두 번째로 높은 수치를 기록하였는데, 이는 평년보다 2℃ 정도 높은 수준이었다.

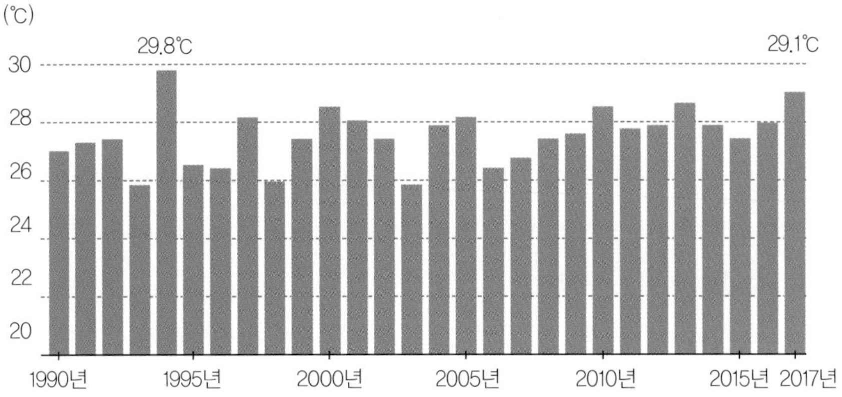

[그림 7-4] 우리나라의 연도별 평균 최고 기온(1990년 이후)

출처: 기상청(http://www.kma.go.kr).

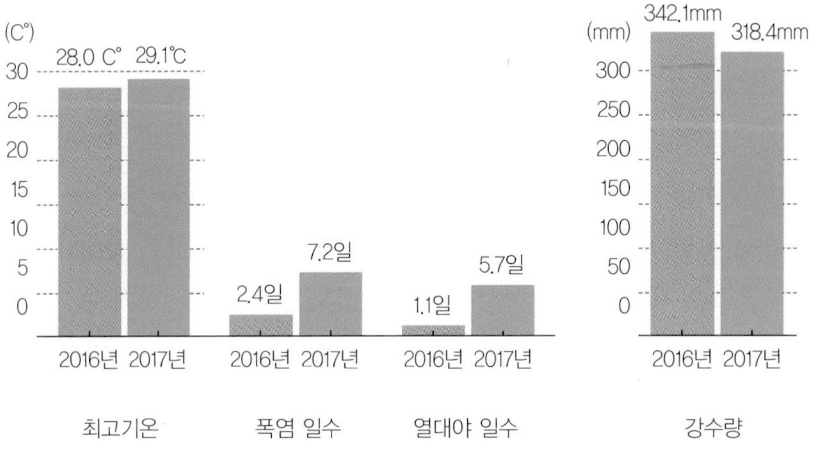

[그림 7-5] 우리나라의 6~7월 여름 기상특성 비교(2016년과 2017년)

출처: 기상청(http://www.kma.go.kr).

2. 폭염 대비 및 대응 매뉴얼

1) 행동 매뉴얼

(1) 폭염 발생 전(예방 및 대비)

유치원의 폭염 대비책으로는 유치원 시설 점검, 비상용품 구비, 기상 정보 청취, 비상 연락망 점검, 폭염 대비 교육의 실시, 가정 및 지역사회와의 연계 등을 포함한다.

① 유치원 시설 점검

- 폭염 발생 전 냉방기기(에어컨, 선풍기 등)가 잘 작동하는지 확인하고, 이를 사용할 수 있도록 사전에 정비한다.
- 유치원의 교실 또는 식당, 기타 활동실 창문에 직사광선을 차단할 수 있도록 커튼이나 블라인드를 설치한다.
- 유아의 이동 통로가 되는 유치원 외부에 그늘막 등을 설치하여 이동 시 직사광선을 피하도록 한다.
- 유치원의 변압기를 사전에 점검하여 과부하에 대비한다.

② 비상용품 및 유아 개인 용품 구비

- 비상시를 대비해 유치원에 비상용품을 구비한다.
  - 정전에 대비하여 손전등, 비상 식음료, 부채, 휴대용 선풍기, 휴대용 라디오 등을 준비해 둔다.
  - 단수에 대비하여 생수를 준비하고, 세면 등을 위한 생활용수를 물탱크 등에 미리 저장해 둔다.
  - 유아의 더위로 인한 질병(땀띠, 열경련, 화상 등)에 대비하여 비상약품을 구비해 둔다.

- 폭염을 대비해 유아 개인 용품을 구비한다.
  - 유아 개인 모자, 손수건, 선크림 등을 개인 사물함에 비치해 둔다.

③ 기상 정보 청취

- 교사는 라디오, 인터넷, 휴대폰 등을 통해 폭염과 관련한 기상 상황을 수시로 확인한다(국민안전처 안전디딤돌, 기상청 기상 정보 알리미 등 이용).

④ 비상 연락망 점검

- 비상시를 대비해 유아 비상 연락망(부모 등)을 점검, 확인한다.
- 유치원 교사 및 교육관계자의 비상 연락망을 점검, 확인한다.
- 지역사회 관계기관(주민자치센터, 병원, 소방서, 경찰서 등)의 연락처를 확인하고, 연락체제를 구축한다.

⑤ 폭염 대비 교육의 실시

- 유아를 대상으로 폭염 대응 사전교육을 실시한다(폭염에 대한 이해, 폭염 발생 시 행동요령 등).
- 유아 폭염 대응 교육활동을 영역 통합적으로 계획하고 실시한다.
- 교사 및 교육관계자를 대상으로 폭염 대응 사전교육을 실시한다(응급처치 방법, 폭염 발생 시 행동요령 등).

⑥ 가정 및 지역사회와의 연계

- 부모를 대상으로 한 폭염 대응 사전교육을 실시한다(폭염 발생 시 행동요령, 상황별 유치원과의 연락 등).
- 여름철 유아 건강관리, 폭염 발생 시 부모의 상황별 행동요령을 마련하여 가정에 보낸다.
- 폭염 정보를 얻을 수 있는 공공 기관의 연락처를 알아 둔다.
- 정부에서 제공하는 폭염 정보 알림 애플리케이션을 휴대폰에 설치해 둔다. (안전디딤돌, 기상청 기상 정보 알리미 등).

(2) 폭염 발생 시(대응)

폭염이 발생하면 다음과 같은 행동요령에 따라 행동한다.

폭염 예보 및 특보 알림	• 원장 또는 담당 교직원은 폭염이 예보되거나 폭염 주의보 및 특보가 발령되면 즉시 유치원의 전 교직원에게 알린다. • 각 교직원이 맡은 대응 역할을 주지시킨다.
교육 환경 점검	• 교사는 교실 창문의 커튼이나 블라인드를 쳐서 직사광선을 차단한다. • 에어컨이나 선풍기를 작동하고, 냉방기기 사용 시 실내 · 외 온도차를 5℃ 내외로 유지하여 냉방병을 예방한다(냉방 온도 26~28℃ 유지).
수업활동 변경 및 대체	• 실외 신체활동, 소풍 등 각종 야외활동을 취소하고 실내 체육관, 교실 등에서 진행하는 실내 활동으로 대체하여 실시한다. • 특히 오후 2~5시 사이에 외부 활동을 하지 않는다. • 외부 견학 등이 계획되어 있었을 시 관련 기관에 연락하여 이를 취소하거나 연기한다. • 단축수업이 결정되면 유아의 부모에게 바로 알리고 가정에 돌아가 휴식할 수 있도록 한다.
유아 건강 관리	• 유아가 물을 자주 마실 수 있도록 한다. • 교사는 냉방기기의 온도 유지에 유의한다. 유아에 따라 더 추위를 느끼는 경우 긴 옷이나 얇은 가디건 등을 입게 하여 유아의 체온 유지를 돕는다. • 더위로 인한 질병(땀띠, 열경련, 화상 등)이 나타난 경우에는 즉시 응급조치를 하고 증상이 심할 때에는 양호선생님에게 연락한다. • 교사는 유아가 감기, 배탈 등의 증상이 있는지 지속적으로 관찰하고, 이러한 증상이 나타나면 적절히 대처한다.
음식물, 조리 관리	• 여름철에는 음식이 쉽게 상할 수 있으므로 음식 재료에 대한 관리를 더욱 철저히 한다. • 조리된 후 외부에 오래 방치된 음식은 모두 폐기처분한다(식중독 사고를 주의한다).

상황별 폭염 대응 행동요령은 다음과 같다.

① 유치원 내에서 폭염이 발생했을 때

- 창문의 커튼이나 블라인드를 모두 쳐서 직사광선을 막는다.
- 선풍기, 에어컨 등의 냉방기기를 이용해 적정 온도로 냉방한다.
- 냉방이 되지 않는 실내에서는 햇볕을 가리고 맞바람이 불도록 환기한다.
- 냉방이 되지 않는 실내에 유아를 홀로 남겨 두지 않는다.
- 외부 활동, 현장 학습 등을 취소하고 실내 활동으로 대체하여 진행한다(특히 오후 2~5시의 외부 활동을 피한다).

- 유아에게 물을 자주 마시게 하고, 낮잠으로 유아의 개인 건강을 유지한다.
- 유아가 더위 관련 증상 또는 감기, 식중독 등의 증상을 보이면 바로 응급조치를 취하고, 증상이 심할 경우 양호선생님에게 알리거나 병원으로 데려간다.
- 유아의 외출이 꼭 필요한 경우에는 모자를 착용하고 가벼운 옷차림을 하며, 물병을 반드시 휴대한다.

② 외부 활동 시 폭염이 발생했을 때

- 휴대폰 애플리케이션 또는 유치원 연락을 통해 폭염 발생을 알게 되면, 교사는 즉시 외부 활동을 중단하고 유치원으로 돌아온다.
- 유치원 인근이 아닐 경우, 교사는 가까운 건물의 실내에서 유아들이 휴식할 수 있도록 하고, 유치원과 연락을 통해 필요시 지원을 요청한다.
- 식수를 조달하여 유아들에게 물을 마시게 한다.
- 유아의 건강을 체크하고 폭염 관련 증상(열경련, 열사병 등)이 나타난 경우 119에 신고하고 응급조치 후 병원으로 이송한다.
- 유치원으로 돌아온 후에는 유아들이 손과 얼굴을 씻고 시원한 실내에서 휴식할 수 있도록 한다.

③ 폭염으로 인하여 정전, 단수 등이 발생했을 때

- 폭염으로 인하여 정전, 단수 등이 발생했을 때 원장은 상황의 심각성을 확인하고 단축수업, 휴원 등을 검토한다.
- 정전이나 단수 등이 발생하면 유치원에 비치된 비상 용품으로 상황을 대처한다.
- 원장이 유치원 운영(휴원 또는 단축수업 등)을 결정하면, 이를 부모에게 유선(문자, 통화 등)으로 즉시 전달하여 유아가 조기 귀가할 수 있도록 한다.

(3) 폭염 종료 후(복구)

폭염 종료 후 유치원의 교직원은 피해 상황 파악 및 교육청 보고, 2차 폭염 방지를 위한 점검 및 응급조치, 피해 복구 및 향후 수업 대책 마련 등과 관련한 활동을 실시한다.

① 피해 상황 파악 및 교육청 보고

- 폭염 종료 후 열사병 등 온열질환이 나타난 유아나 교직원이 있는지 확인하고 응급조치 후 병원으로 이송한다.
- 폭염으로 인하여 유치원의 기물 변형, 전자기기 이상 등이 발생하였는지 유치원 내외의 시설물을 살펴본다.
- 온열환자의 발생과 유치원 시설물의 피해 등을 교육청에 보고한다.

② 2차 폭염 방지를 위한 점검 및 응급조치

- 2차 폭염 방지를 위해 유치원의 시설물, 냉방기기, 변압기 등을 재점검하고 이상이 있을 시 수리한다.
- 정전 및 단수에 대비하여 비상용품, 비상 식음료 등을 미리 구비한다.
- 여름철 유아들의 건강 상태를 지속적으로 관찰하고, 질병이나 증상이 확인되면 증상에 따라 대처한다.

③ 피해 복구 및 향후 수업 계획 마련

- 정전, 단수 등의 피해가 발생하였을 때에는 관련 기관에 연락하여 피해를 복구한다.
- 원장과 교사들은 유치원의 피해 복구 과정 동안 또는 이후에 연속으로 폭염이 예보되었을 경우 향후 수업 진행에 대한 대책을 마련한다.
- 유치원 단축수업이나 휴원이 결정되면 학부모에게 이와 같은 운영 방침을 알린다.

2) 부모 지침서

유치원에서는 평상시 부모교육을 통해 부모에게 폭염 대응 행동요령, 폭염 발생 시 주의사항 등을 전달할 필요가 있다.

폭염이 발생하면 이렇게 행동해 주세요!

- 폭염이 발생하면(특히 노약자는) 가능한 한 외부 활동을 삼가고, 실내 또는 시원한 장소에서 더위를 피합니다.
- 실내에는 햇볕이 들어오지 않도록 하고, 냉방을 하거나 환기가 잘 되도록 창문이나 출입문을 열어 둡니다.
- 냉방기기 사용 시 실내 · 외 온도차는 5°C 내외로 유지합니다(실내 온도를 26~28°C로 유지).
- 외출이 꼭 필요한 경우에는 창이 넓은 모자를 쓰고 가벼운 옷차림을 하며 물병을 휴대하고, 자외선 차단제를 발라 피부를 보호합니다.
- 물을 많이 마시되 너무 달거나 카페인이 들어간 음료, 주류 등은 마시지 않습니다.

폭염에 대비하여 이러한 점을 주의해 주세요!

- 평소 유치원에 부모와 부모 이외 인계자의 인적사항 및 연락처를 전달합니다.
- 유치원, 교사, 유아의 친구 부모 등의 연락처를 저장해 둡니다.
- 비상시(폭염으로 인한 정전, 단수 등) 유아가 조기 귀가해야 할 때, 유아 인계 방법(누가 언제 유아를 인계할 것인지)을 교사와 상의합니다.
- 창문이 닫힌 자동차 안에 절대 유아를 홀로 남겨 두지 않습니다.
- 유아를 두고 외출을 삼가고, 장시간 외출 시에는 친인척, 이웃 등에 보호를 의뢰합니다.
- 유아의 건강 상태를 지속적으로 파악하고, 온열 질환 또는 감기, 식중독 등의 증상이 있을 시 바로 응급조치를 취하고 병원으로 데려갑니다.

3) 국민행동요령

(1) 폭염 발생 시 상황별 행동요령

- 야외활동에 주의합니다. 특히 낮 2~5시 동안의 야외 활동을 피하고, 어린이와 노약자의 외출을 삼갑니다.
- 꼭 필요한 외출 시에는 햇볕을 가릴 수 있도록 모자를 쓰거나 양산을 사용하고, 가벼운 옷차림으로 피부에는 선크림을 바릅니다. 외출 시 물병을 반드시 지참합니다.

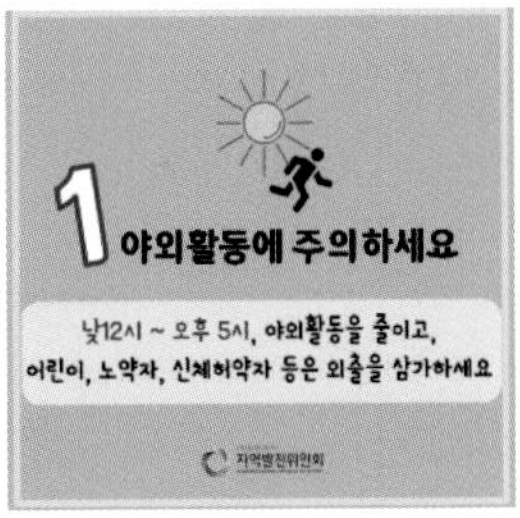

- 물을 충분히 섭취합니다. 너무 달거나 카페인이 들어간 음료, 주류는 마시지 않습니다. 탈수 등의 이유로 소금 등을 섭취할 때에는 의사의 조언에 따릅니다.
- 응급환자가 발생하면 119에 신고합니다. 현기증, 메스꺼움, 두통 등의 열사병 증상이 있을 때에는 시원한 장소에서 휴식을 취한 후 시원한 음료를 천천히 마십니다.

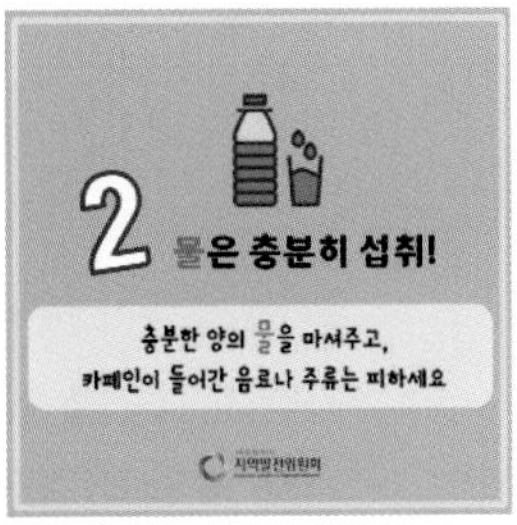

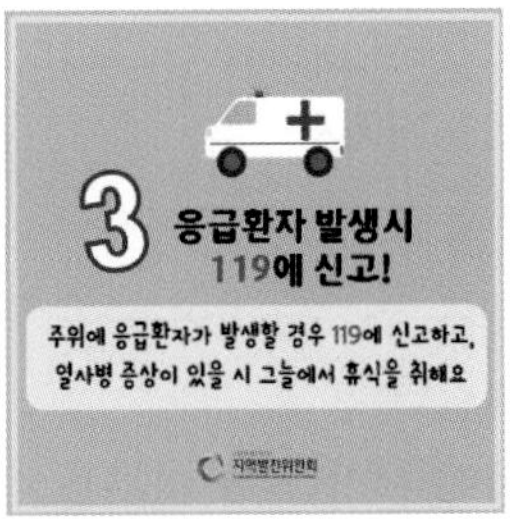

- 창문이 닫힌 자동차에 어린이를 절대 혼자 두지 않습니다. 또한 냉방 시설이 되지 않는 실내에 노약자와 어린이를 혼자 두지 않습니다. 외출 시 친인척, 이웃 등에 보호를 의뢰합니다.
- 미지근한 물로 샤워를 하고 냉방시설을 밤새 켜 두지 않습니다. 잠들기 전에 끄거나 일정시간 가동 후 꺼지도록 예약합니다.

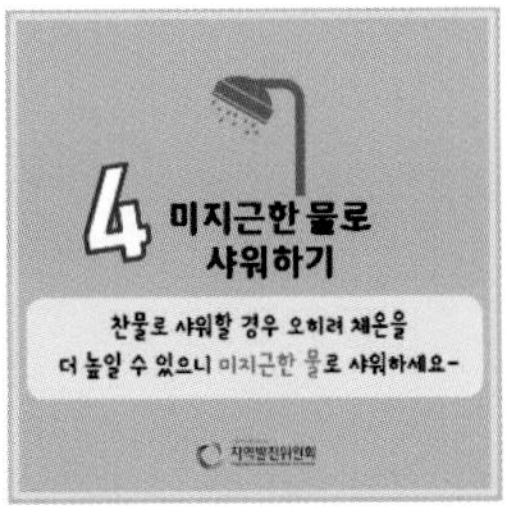

출처: 국민재난안전포털, 대통령직속지역발전위원회.

(2) 폭염 발생 시 장소별 행동요령

[일반 가정에서]

- 야외 활동을 자제합니다.
- 물을 많이 마시되, 카페인이 들어간 음료, 주류 등을 삼갑니다.
- 실내 적정 온도(26~28°C)를 유지합니다.
- 냉방이 되지 않는 경우 직사광선을 차단하고 맞바람이 불도록 창문과 출입문을 열어 둡니다.

[직장에서]

- 스포츠 경기 등의 외부 행사를 취소하거나 연기합니다.
- 점심시간 등을 이용하여 휴식을 취하고 개인건강을 유지합니다.
- 편안한 옷차림으로 일할 수 있도록 합니다.

[학교에서]

- 폭염 발생 정도에 따라 수업 단축 또는 휴업을 검토합니다.
- 실외 체육활동, 소풍 등 각종 야외활동을 다른 활동으로 대체 및 연기합니다.
- 학교 급식 시 식중독 사고가 발생하지 않도록 유의합니다.

[산업, 건설현장에서]

- 휴식시간을 짧게 자주 가집니다.
- 실내 작업장에서 자연환기가 될 수 있도록 창문, 출입문 등을 열어 둡니다.
- 건설기계의 냉각 장치를 수시로 점검하고 과열을 방지합니다.
- 작업 중 시원한 물을 자주 섭취합니다.
- 밀착된 의복의 착용을 피합니다.

[어류 양식장, 농가에서]

- 양식 시설에 차광막을 설치합니다.
- 양식 시설의 창문을 열어 놓아 통풍이 잘 되도록 합니다.
- 정전 대비 발전기 가동 여부를 사전에 점검합니다.
- 선풍기, 팬 등을 이용하여 지속적인 환기를 실시하고 적정 사육 밀도를 유지합니다.

[도시, 철도에서]

- 35°C 이상 예보 시에 도로 표면의 변형을 방지하기 위해 도로에 살수차를 동원하여 살수를 실시합니다.
- 철로 레일 점검을 강화하고 레일에 살수를 실시합니다.

출처: 국민재난안전포털(https://www.safekorea.go.kr).

3. 폭염 대비 및 대응 교육활동

1) 폭염 발생 전(예방 및 대비)

활동명	덥다 더워~~	활동 대상	5세
활동 목표	폭염의 원인에 대해 알게 된다. 폭염의 피해, 심각성에 대해 알게 된다.	활동 영역	의사소통, 자연탐구 예술경험
활동 자료	동화책, 교육 동영상, 활동지, 온도계 만들기 재료(나무판, 유리막대, 온도계 등)		

단계	영역	내용	시간
도입	의사소통	• 동화책을 읽어 주며 폭염에 대해 이야기를 나눈다. T: 폭염이란 무엇을 말하나요? T: 폭염이 발생하면 어떤 일이 일어나나요?	5′
전개	의사소통 자연탐구	• 폭염이 발생하는 원인 및 피해와 관련한 동영상을 시청하며 이야기를 나눈다. T: 폭염이 발생하면 어떤 일이 일어나나요? T: 폭염은 왜 발생할까요? • 활동지에서 폭염이 발생한 장면을 골라 본다. T: 선생님이 그림을 한 장씩 나눠 줄 거예요. 그림에서 폭염이 발생한 장면들을 골라서 동그라미를 그려 보세요.	12′
	예술경험	• 온도를 측정할 수 있는 온도계에 대해 이야기를 나눈다. T: 그런데 우리가 얼마나 더운지 무엇을 보고 알 수 있을까요? T: 그래요. 땀이 얼마나 나는지를 보고 알 수 있겠지요? 또 무엇을 보면 알 수 있을까요? 더 정확하게 알 수 있는 방법은 없을까요? T: 네. 맞아요. 온도계를 이용하면 알 수 있어요. (온도계에 대해 더 설명하기) • 나만의 온도계를 만들어 본다. T: 우리 그럼 여름에 얼마나 더운지 알 수 있도록 나만의 온도계를 만들어 볼까요? 선생님이 나누어 준 나무판에 그림도 그리고 색칠도 해 보아요. T: 모두 한 친구는 선생님이 그 위에 유리막대 온도계를 붙여 줄 거예요.	10′
마무리	의사소통	• 폭염에 대한 내용을 정리한다. T: 여러분, 오늘 폭염에 대해 어떤 이야기를 나누었지요? T: 그리고 어떤 활동을 함께하였지요?	3′
지도 시 유의점	* 유리막대 온도계가 나무판에서 쉽게 떨어지지 않도록 잘 부착하고 유아에게 온도계를 조심해서 다룰 것을 당부한다.		

활동 자료

재난유형	폭염이 발생하면 어떻게 될까요?	(　　　　)반
폭염		이름:

폭염이 발생하면 어떤 일이 생길까요? 아래 그림에서 고르세요.

활동명	철로가 휘었어요!	활동 대상	5세
활동 목표	폭염이 발생했을 때 나타나는 현상을 안다.	활동 영역	의사소통, 예술경험 자연탐구
활동 자료	폭염 동요, 사진 자료, 철로 만들기 재료(도화지, 지점토 또는 클레이 등)		

단계	영역	내용	시간
도입	의사 소통 예술 경험	• 지난 활동에 대해 이야기를 나눈다. T: 지난 시간에 우리가 폭염에 대해 알아본 것들을 기억하나요? T: 우리가 무엇에 대해 이야기하였지요? • 폭염 동요를 함께 배운다. T: 〈무더위 건강송〉이라는 폭염 동요를 함께 배워 보아요.	5′
전개	자연 탐구 의사 소통	• 폭염이 발생했을 때 나타나는 현상에 대해 이야기를 나눈다. T: 태양이 쨍쨍 너무 더운 날이에요. 이런 날 ○○를 밖에 두면 어떻게 될까요? 모양이 그대로 있을까요? T: 먼저 얼음을 두면 어떻게 될까요? 맞아요. 다 녹을 것 같아요. 그럼 초콜릿을 두면 어떻게 될까요? (폭염으로 변형될 수 있는 것들에 대해 더 이야기를 한다.) T: 많이 더워지면 딱딱한 물체들도 모양이 달라질 수 있어요. T: (사진 자료를 보여 주면서) 이렇게 딱딱한 물체가 어떻게 되었지요?	10′
	자연 탐구	• 지점토로 폭염 전후의 철로 만들기 활동을 한다. T: 이제 우리가 기차가 다니는 철로를 만들어 볼 것이에요. 덥지 않은 날의 철로를 만들어 보고, 그다음에는 햇볕이 쨍쨍 비춰 아주 무더운 날의 철로를 만들어 볼 거예요. T: 선생님이 나누어 준 지점토로 한번 만들어 보아요. 먼저 덥지 않은 날의 철로를 만들어 보아요. 기차가 가려면 철로가 매우 길겠지요? T: 이제는 매우 무더운 날의 철로를 만들어 보아요. (무더위로 인해 휘어진 철로를 함께 만든다.)	10′
마무리	의사 소통	• 폭염 발생 시 나타나는 현상들에 대해 정리한다. T: 오늘 우리가 무엇에 대해 이야기하였지요? T: 또 어떤 것들에 대해 이야기를 하였나요?	5′
지도 시 유의점		* 활동지를 이용하여 추가 활동을 진행할 수 있다. * 철로 만들기 활동을 소집단으로 구성하여 진행할 수 있다. * 상황에 따라 지점토로 철로를 만들어 보는 활동을 활동지 위에 철로를 그려 보는 활동으로 대체할 수 있다.	

활동 자료

무더위 건강송

재난유형	폭염이 발생하면 물체가 어떻게 변할까요?	( )반
폭염		이름:

폭염이 발생하면 다음의 물체들이 어떻게 변할까요? 변화된 모습을 그려 보세요.

2) 폭염 발생 시(대응)

활동명	바람이 필요해요	활동 대상	5세
활동 목표	폭염 발생 시 대응 방법을 알게 된다. 무더위를 식혀 주는 바람에 대해 알게 된다.	활동 영역	의사소통, 예술경험
활동 자료	동화책, 교육 동영상, 활동지, 부채 만들기 재료(도화지, 색연필 등)		

단계	영역	내용	시간
도입	의사소통	• 폭염을 경험하는 주인공이 등장하는 동화책을 읽어 주며 폭염 발생 시 어떻게 행동해야 하는지 이야기를 나눈다. T: 폭염이 발생하니 ○○(주인공)가 어떻게 하였나요? T: 왜 그렇게 하였나요?	5′
전개	의사소통	• 폭염 대응 방법에 대한 동영상을 시청하고 이야기를 나눈다. T: 폭염이 발생하면 어떤 옷차림이 좋은가요? T: 시원하게 만들어 주는 것들로 또 어떤 것들이 있지요? T: 더운 날 건강을 위해 어떻게 해야 할까요? • 활동지를 이용하여 관련 사항을 확인해 본다. T: 선생님이 그림을 한 장씩 나눠 줄 거예요. 그림에서 폭염이 발생했을 때 잘 행동하고 있는 친구들을 찾아 동그라미를 그려 주세요.	13′
	의사소통 예술경험	• 더위를 식혀 주는 바람과 바람을 만들어 주는 도구에 대해 이야기를 나눈다. T: 무더위를 식혀 주는 것으로 무엇이 있을까요? 그래요. 빙수도 있고, 얼음도 있겠네요. 또 무엇이 있을까요? 맞아요. 시원한 바람도 더위를 식혀 줄 수 있어요. T: 그러면 시원한 바람을 만들어 주는 것에는 어떤 것들이 있을까요? (선풍기, 에어컨, 부채 등에 대해 이야기를 나눈다.) • 부채를 함께 만들어 본다. T: 자, 그럼 이제 여름에 들고 다니면서 더위를 식혀 줄 수 있는 부채를 함께 만들어 보아요. 선생님이 나누어 준 도화지를 이렇게 접고, 펼친 면에는 그림도 그리고 색칠도 해 보아요.	7′
마무리	의사소통	• 자신이 만든 부채를 친구들에게 보여 주고, 부채를 부쳐 준다. T: 우리 각자가 만든 부채를 다른 친구들에게 보여 줄까요? T: 또 친구들에게 부채를 부쳐서 시원하게 해 줄까요?	5′
지도 시 유의점	* 부채 만들기 활동을 유아의 수준에 맞추어 계획하고 진행한다.		

활동 자료

재난유형	폭영이 발생하면 어떻게 대처해야 할까요?	(　　　)반
폭염		이름:

폭염이 발생했어요. 폭염에 잘 대처하고 있는 친구를 찾아보세요.

에어컨을 너무 낮은 온도로 설정하고 강한 바람을 쐬는 친구

반팔, 반바지를 입고 선풍기를 틀어 놓은 친구

아이스크림을 한번에 너무 많이 먹고 있는 친구

물을 많이 마시는 친구

모자를 쓰고 선크림을 바르며 외출 준비를 하는 친구

활동명	건강하게 생활해요!	활동 대상	5세
활동 목표	폭염 발생 시 대응 방법을 알게 된다. 건강에 좋은 여름철 음식들에 대해 알게 된다.	활동 영역	의사소통, 예술경험 신체운동 · 건강
활동 자료	폭염 동요, 사진 자료, 화채요리 재료(수박, 프루트칵테일, 사이다 등), 앞치마, 머리수건		

단계	영역	내용	시간
도입	예술경험	• 지난번에 배웠던 동요를 다시 불러 보며, 율동을 새롭게 배워 본다. T: 지난번에 우리 함께 배웠던 〈무더위 건강송〉 기억하나요? T: 다 같이 불러 볼까요? T: 이번에는 가사에 맞추어서 율동을 새롭게 배워 보아요.	5′
전개	신체운동 · 건강	• 폭염 발생 시 대응 방법 중에서 건강이나 음식과 관련한 대응 방법에 대해 이야기를 나눈다. T: 무더운 여름날 건강에 좋은 음식들은 어떤 것들이 있을까요? T: 또 몸을 시원하게 해 주는 음식들은 어떤 것들이 있을까요? T: 맞아요. 냉면을 먹으면 시원해져요. 또 무엇이 있을까요? T: 네, 아이스크림을 먹으면 시원해지지요. T: 그런데 차가운 음식을 너무 많이 먹으면 어떻게 될까요? 그래요. 차가운 음식을 너무 많이 먹으면 잠시 시원해질 수는 있지만 나중에 배가 아파서 병원에 가야 할지도 몰라요.	10′
	신체운동 · 건강	• 화채 만들기 요리 활동을 한다. T: 오늘은 우리가 몸을 시원하게 만들어 줄 수 있는 화채를 함께 만들어 볼 거예요. T: 여기에 무엇이 있지요? (수박, 프루트칵테일, 사이다 등을 보여 준다.) 오늘 재료로 사용할 것은 무엇인가요? T: 이제 이것들을 이용해서 화채를 만들어 볼 거예요.	13′
마무리	의사소통	• 오늘 배운 것들에 대해 이야기하며 마무리한다. T: 더운 날 몸을 건강하게 만들어 주는 음식에는 어떤 것들이 있나요? T: 그럼 몸을 시원하게 만들어 주는 음식에는 어떤 것들이 있지요? 이것들을 먹을 때 어떤 것을 주의해야 하나요?	2′
지도 시 유의점		* 활동지를 이용하여 추가 활동을 진행할 수 있다. * 요리 활동을 빙수 만들기 등 다른 요리 활동으로 대체할 수 있다. * 요리 활동 전, 유아가 앞치마와 머리수건을 두르고 손을 깨끗이 씻도록 한다.	

활동 자료

무더위 건강송

① 손가락으로 동그라미를 그린다.

② 양손을 펴서 고깔처럼 이마에 댄다.

③ 두 팔을 앞뒤로 흔든다.

④ 두 손바닥을 위로 겹친다.

⑤ 오른손을 머리에 댄다.

⑥ 오른손바닥으로 왼팔을 문지른다.

⑦ 오른손을
원통형으로 만든다.

⑧ 이마의 땀을 닦는
시늉을 한다.

⑨ 두 손가락으로
네모를 만든다.

⑩ 두 손으로 몸을 감싼다.

⑪ 양팔로 엑스 표시를 한다.

⑫ 엄지와 검지를 말아서
ok 모양을 한다. (두 번 반복)

⑬ 두 팔을 가슴으로 모은다.

⑭ 양팔을 직각으로
하여 위아래로 흔든다.

재난유형	무더위를 식혀 줄 음식은?	(　　)반
폭염		이름:

다음 중 무더위를 식혀 줄 음식을 찾아 오려서 아래에 붙여 주세요.

(더울 때 이 음식을 먹어요)

3) 폭염 종료 후(복구)

활동명	정전이 발생했어요!	활동 대상	5세
활동 목표	정전 발생 후 복구 방법을 알게 된다.	활동 영역	의사소통, 자연탐구
활동 자료	교육 동영상, 활동지		

단계	영역	내용	시간
도입	의사 소통	• 동영상을 보며 여름철 정전에 대해 이야기를 나눈다. T: 정전을 경험한 적이 있나요? T: 정전이 되면 어떻게 되나요?	5′
전개	자연 탐구	• 무더운 여름날 정전이 발생하는 원인에 대해 이야기를 나눈다. T: 동영상에서 ○○가 무더운 여름날 어떻게 하고 있었지요? T: 맞아요. 선풍기를 세게 틀어 놓고, 에어컨도 낮은 온도로 강하게 틀어 놓았어요. T: 이렇게 전기를 많이 사용하였더니 어떻게 되었지요? T: 또 어떤 경우에 정전이 될 수 있다고 하였지요?	15′
	의사 소통	• 정전 발생 시 대응책과 정전 발생 후 복구 방법에 대해 이야기를 나눈다. T: 정전이 일어나면 어떻게 해야 할까요? T: 또 정전이 발생하지 않게 하려면 어떻게 해야 할까요? T: 맞아요. 에어컨을 조금씩 약하게 틀어야 해요. T: 정전이 발생한 후에는 어떻게 복구해야 할까요? • 활동지에서 정전이 발생하지 않도록 잘 행동하고 있는 친구를 찾아본다. T: 선생님이 그림을 한 장씩 나눠 줄 거예요. 그림의 친구들 중에서 정전이 발생하지 않도록 잘 행동하고 있는 친구는 누구일까요? 찾아서 동그라미를 그려 주세요.	8′
마무리	의사 소통	• 정전 발생 시 대응책과 정전 발생 후 복구 방법에 대해 정리한다. T: 오늘 우리가 이야기한 것들을 정리해 볼게요. 오늘 우리가 무슨 이야기를 나누었지요?	2′
지도 시 유의점		* 유아의 수준에 맞는 교육 동영상을 선정하여 교육활동을 진행한다.	

⚽ 활동 자료

재난유형	왜 정전이 되었을까요?	(　　　　　)반
폭염		이름:

정전 발생의 원인을 제공한 친구는 누구일까요?

냉방기기를 과도하게 가동시켰어요.

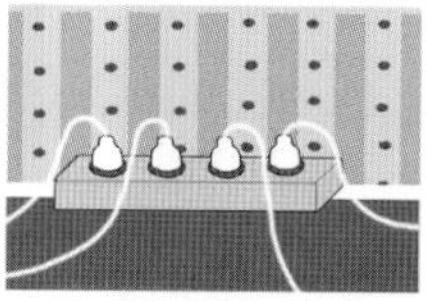

콘센트를 여러 개 꽂아서 사용했어요.

손상된 전선을 점검했어요.

쓰지 않는 콘센트는 뽑아 놓았어요.

재난유형	폭염이 발생하면 어떻게 될까요?	(　　　　)반
폭염		이름:

폭염이 발생하면 어떤 일이 생길까요? 아래 그림에서 고르세요.

재난유형	폭염이 발생하면 물체가 어떻게 변할까요?	(　　　　　　)반
폭염		이름:

폭염이 발생하면 다음의 물체들이 어떻게 변할까요? 변화된 모습을 그려 보세요.

재난유형	폭염이 발생하면 어떻게 대처해야 할까요?	(　　　　　　)반
폭염		이름:

폭염이 발생했어요. 폭염에 잘 대처하고 있는 친구를 찾아보세요.

에어컨을 너무 낮은 온도로 설정하고 강한 바람을 쐬는 친구

반팔, 반바지를 입고 선풍기를 틀어 놓은 친구

아이스크림을 한번에 너무 많이 먹고 있는 친구

물을 많이 마시는 친구

모자를 쓰고 선크림을 바르며 외출 준비를 하는 친구

재난유형	무더위를 식혀 줄 음식은?	(　　　　　　)반
폭염		이름:

다음 중 무더위를 식혀 줄 음식을 찾아 오려서 아래에 붙여 주세요.

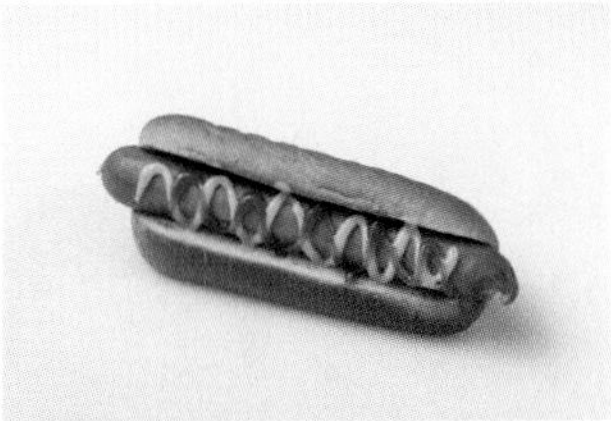

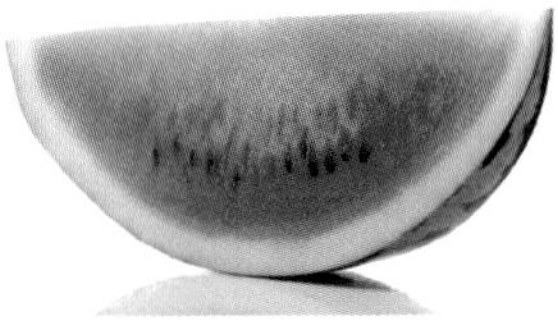

(더울 때 이 음식을 먹어요)

재난유형	왜 정전이 되었을까요?	( )반
폭염		이름:

정전 발생의 원인을 제공한 친구는 누구일까요?

냉방기기를 과도하게 가동시켰어요.

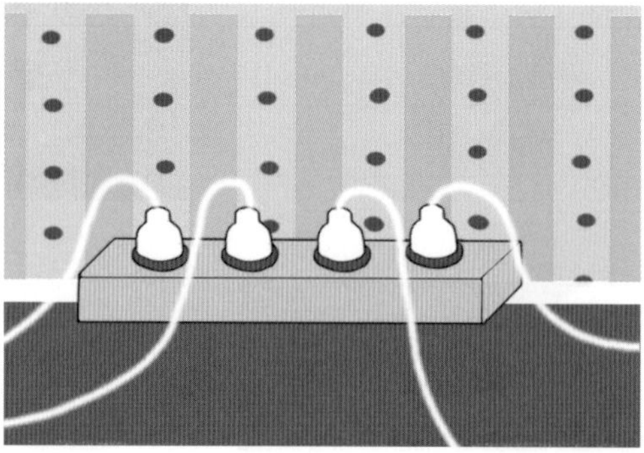

콘센트를 여러 개 꽂아서 사용했어요.

손상된 전선을 점검했어요.

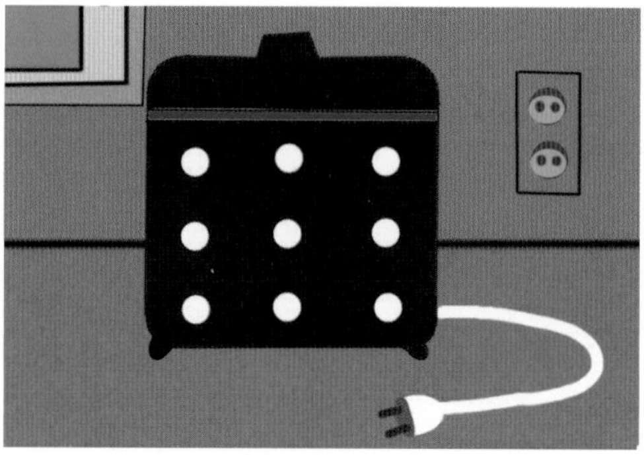

쓰지 않는 콘센트는 뽑아 놓았어요.

4. 참고자료

관련 사이트 정보

- 행정안전부(www.mois.go.kr)
- 교육부(www.moe.go.kr)
- 보건복지부(www.mohw.go.kr)
- 소방청(www.nfa.go.kr/nfa)
- 해양경찰청(www.kcg.go.kr)
- 기상청(www.kma.go.kr)
- 국민재난안전포털(www.safekorea.go.kr)
- 서울종합방재센터(http://119.seoul.go.kr)
- 세종특별자치시 소방본부 119(http://www.sejong.go.kr/fire.do)
- 산엔청 재난안전대책본부(http://www.sancheong.go.kr)

기타 정보

- 전화: 기상청 날씨예보(☎ 131), 119구조대(☎ 119)
- 앱: 안전디딤돌

참고문헌

- 2012 황사 대응 매뉴얼(충청북도교육청), 2014 학교현장 재난대응 안전관리 매뉴얼(충청남도논산계룡교육지원청), 2017 여름철 자연재난 국민행동요령(행정안전부), 학교현장 재난유형별 교육 · 훈련매뉴얼(교육부), 2008 재난대비 국민행동매뉴얼 안전 길라잡이(소방방재청), 2015 어린이집 안전관리백과–소방, 재난, 자연재해편(어린이집 안전공제회), 2016 어린이집 안전관리백과(2권)–소방, 재난, 자연재해편(어린이집 안전공제회), 재난안전 체험형 안전교육(경기도교육청), 조선닷컴 인포그래픽스(http://thestory.chosun.com/site/data/html_dir/2016/08/01/2016080101312.html)

동화책

- 게리 베일리, 펠리시아 로(2017). 덥다 더워, 기후가 변해요. (지그재그 초등과학 백과사전 5). 매직 사이언스.
- 상드린 뒤마(2011). 지구가 더워졌어요. (마음이 커지는 그램책 8). 을파소.
- 뱅상 고댕(2012). 페페는 너무 더워. 키즈엠.

동영상

- 01 가마솥 찜통 '폭염'(국민안전처). https://www.youtube.com/watch?v=hro40d1YTQs
- 02 폭염을 건강하게 이기자!(국민안전처). https://www.youtube.com/watch?v=gQlcMhe7yMo
- [적십자아카데미_재난대응] 15 폭염, Heat Waves. https://www.youtube.com/watch?v=w_Eis9BOG4U
- 햇볕이 뜨거워요 | 여름철 안전교육 | 일사병 | 안전동화 | 어린이동화 | 유아동화 | 생활동화 | 누리놀이★. https://www.youtube.com/watch?v=pSgsaupRxPo

동요

- 산토끼(이일래 작사, 이일래 작곡)를 개사하여 사용함.

제8장

태풍

1. 태풍에 대한 이해

1) 태풍의 정의

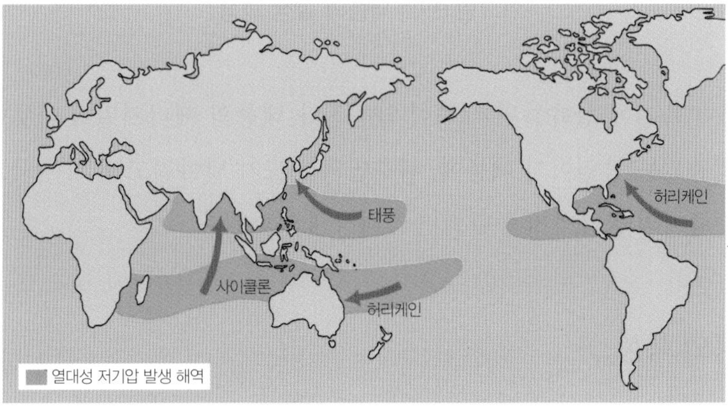

[그림 8-1] 열대성 저기압의 발생 지역

출처: 국가태풍센터(http://typ.kma.go.kr).

태풍은 강한 비바람을 동반하는 최대 풍속 17m/s 이상의 열대성 저기압을 말한다. 태풍은 북태평양에서는 태풍(Typhoon), 북중미에서는 허리케인(Hurricane), 인도양에서는 사이클론(Cyclone)이라고 불리기도 한다.

2) 태풍의 발생 과정

- 적도 부근 바다에서 수증기를 많이 포함하는 뜨거운 공기가 상승 기류를 만들어 강한 열대성 저기압을 형성한다.
- 이러한 상승 과정에서 숨은열이 방출되고 이로 인해 상승 기류가 더 빠르게 만들어지면서 거대한 태풍으로 발전한다.
- 지구 자전의 영향으로 태풍이 시계 반대 방향으로 회전하면서 서서히 움직이기 시작하며, 태풍의 크기가 점점 커지면서 최대가 된다.
- 태풍이 북동쪽으로 이동하면서 우리나라에 접근하여 강력한 영향을 미친다.

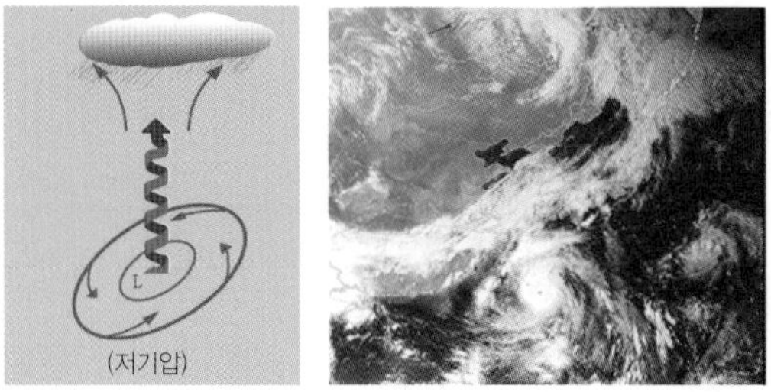

[그림 8-2] 태풍의 발생 과정

- 태풍이 육지에 상륙하면 세력이 약해진다. 태풍의 에너지원이 따뜻한 해수에서 방출되는 잠열이기 때문에, 해수면의 온도가 낮아지고 육지 상륙으로 인하여 수증기의 공급까지 중단되면 급격하게 약화된다.

3) 태풍의 특성

(1) 태풍의 특징

- 태풍은 위도 5° 이상의 열대 해상에서 발생한다(수온이 26~27℃ 이상이며 전향력이 작용).
- 태풍의 지름은 200~1,500km에 달하며, 보유하는 물의 양도 수억 톤에 달하고, 에너지는 원자탄의 만 배 정도이다. 그러나 대부분의 에너지가 태풍의 이동에 쓰여 아주 적은 양만이 지면에 영향을 미친다.
- 태풍의 수명은 발생에서 소멸까지 대략 1주일~10일 정도이다.
- 태풍의 중심 부근에 '태풍의 눈'이라는 맑게 개고 바람이 약한 구역이 있는데(반경 수 km~수십 km), 지구의 자전으로 태풍의 중심부 구름이 원심력의 영향을 받아 밖으로 밀려나기 때문에 생기는 구역이다.
- 태풍은 일반적으로 발생 초기에 서북서진하다가 점차 북상하면서 편서풍을 타고 북동진한다.
- 태풍의 이동 시 진행 방향의 오른쪽은 바람이 강해지고 왼쪽은 약해지며, 오른쪽 반원에서는 태풍의 이동방향과 바람의 방향이 일치하면서 풍속이 커지고, 왼쪽 반원에서는 그 방향이 반대가 되어 풍속이 약화되기 때문인데, 태풍의 피해는 오른쪽 반원에서 더 크게 나타난다.

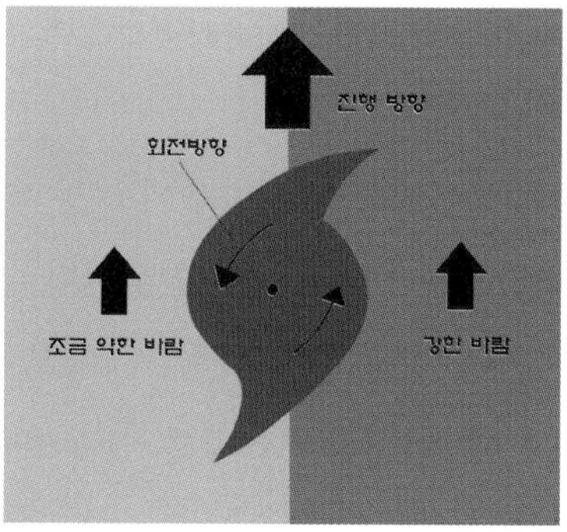

[그림 8-3] 태풍의 진행 방향과 바람의 방향

• 태풍의 이름: 1999년까지 미국 태풍합동경보센터에서 정한 이름을 붙였지만, 이후에는 태풍의 영향을 받는 아시아 14개국에서 10개씩 제출한 고유 이름(총 140개)을 번갈아 붙인다.

(2) 태풍의 영향

태풍의 이점

• 지구 에너지의 분산: 지구의 열대 지방에서는 에너지 과잉이, 극지방에서는 에너지 부족 현상이 나타나는데, 열대 지방의 막대한 에너지를 보유하는 태풍이 고위도 지방으로 이동하여 그곳에서 소멸함으로써 열대 지방의 과잉된 에너지를 분산시켜 준다.
• 가뭄 해소: 태풍은 중요한 수자원으로서 가뭄을 해소시켜 주는 역할을 한다.
• 지구 온도의 균형 유지: 저위도 지방에 축적된 에너지를 고위도 지방으로 운반하여 지구의 전체 온도를 유지시켜 준다.
• 바다 생태계 활성화: 태풍은 해수를 뒤섞어 순환시킴으로써 적조를 없애고 바다 생태계를 활성화시킨다.
• 대기질 개선 효과: 중국발 미세먼지 등의 대기오염물질을 태풍의 강력한 바람으로 국외로 내보내 주는 효과가 있다.

위험성 및 피해

• 태풍 발생 시 강한 바람과 폭우로 인해 건물이 부서지고 각종 구조물이 손상되

고 나무가 뿌리 뽑히는 등 여러 피해가 나타나는데, 이로 인하여 많은 인명 피해와 재산 피해가 발생한다.

- 호우에 의한 피해: 주택, 농경지가 침수되고 방파제가 유실되고, 축대 붕괴, 산사태, 침수, 홍수, 인명 피해 등이 발생한다.
- 강풍에 의한 피해: 가옥, 철탑 파괴, 차량 전복, 보행 및 작업 곤란, 전선 절단으로 인한 정전, 전선 합선에 의한 화재, 선박 유실 및 전복, 풍화작용, 인명피해 등이 발생한다.
- 풍랑에 의한 피해: 해안침식, 항만 시설 파괴, 해난사고, 인명피해 등이 발생한다.
- 해일에 의한 피해: 선박 충돌 및 유목, 제방도로 등의 파괴, 전답 등의 염수해, 인명 피해 등이 발생한다.

4) 태풍의 예보

태풍의 예보

종류	주의보	경보
태풍	태풍으로 인하여 강풍, 풍랑, 호우, 폭풍해일 현상이 주의보 기준에 도달할 것으로 예상될 때 • 육상에서 풍속 14m/s 이상 또는 • 순간 풍속 20m/s 이상이 예상될 때 • 12시간 강우량이 110mm 이상 예상될 때	태풍으로 인하여 육상에서 풍속 21m/s 이상 또는 강우량 200mm 이상 예상될 때

태풍의 강도

강도	중심 부근의 최대풍속
약	17m/s(34kts) 이상 ~ 25m/s(48kts) 미만
중	25m/s(48kts) 이상 ~ 33m/s(64kts) 미만
강	33m/s(64kts) 이상 ~ 44m/s(85kts) 미만
매우 강	44m/s(85kts) 이상

출처: 기상청(http://www.kma.go.kr).

5) 태풍의 발생현황

전 세계적 발생 지역과 발생 비중

북대서양 서부 및 서인도제도 부근(약 11%), 북태평양 동부 및 멕시코 앞바다(약 17%), 북태평양 서쪽에서 남중국해 사이(약 38%), 인도양 남부(약 28%), 벵골만 및 아라비아해(약 6%)

세계적인 역대 슈퍼 태풍

- 베라(1959년 9월): 일본 역사상 최악의 슈퍼 태풍 중 하나에 해당한다.
- 니나(1975년 7월): 대만 및 중국을 강타한 태풍으로 대만을 관통한 뒤 중국에 상륙하여 6시간 만에 830mm의 비를 뿌리고 62개의 댐을 붕괴시켰으며, 희생자 수는 약 229,000명에 달한다.
- 메기(2010년 10월): 필리핀을 강타한 슈퍼 태풍
- 하이옌(2013년 11월): 필리핀을 강타한 슈퍼 태풍으로 약 1만 명이 사망하거나 실종되었다.

국내에 영향을 미치는 태풍의 특징

우리나라에 영향을 주는 태풍은 북위 5~25°, 동경 120~170° 지역에서 자주 발생하며, 7~9월에 가장 많이 발생한다.

국내 태풍 발생 현황

- 사라(1959년 9월): 국내 발생 태풍 중 피해가 가장 컸던 태풍으로, 이재민이 37만 명, 사망 및 실종이 849명, 선박 피해가 9,329척, 주택 파손이 12,366채, 재산 피해액이 2,400억 원에 달하였다.
- 루사(2002년 8월): 최대 풍속이 초당 39.7m/s였고, 강원도 동부에 엄청난 피해를 남겼는데, 124명이 사망하고 60명이 실종되었으며, 재산 피해는 총 5조 4,696억 원이었다(역대 1위의 재산 피해).
- 볼라벤(2012년 8월): 강한 집중호우, 폭풍, 해일 등을 동반하였으며, 서해상으로 연속하여 진행하면서 많은 인명 피해와 재산 피해를 입혔다.

- 나크리(2014년 7월): 역대 가장 많은 일 강수량을 기록하였다(하루 1,182mm).
- 노루(2017년 8월): 역대 세 번째의 장수 태풍(한국 기상청 기준)으로, 당초 경상도 지방을 통과하여 동해로 빠져나갈 듯이 보였으나, 실제로는 규슈부터 일본의 동북 지방을 통과하며 일본 대부분의 지방에 큰 피해를 입혔다.

2. 태풍 대비 및 대응 매뉴얼

1) 행동 매뉴얼

(1) 태풍 발생 전(예방 및 대비)

유치원의 태풍 대비책으로는 유치원 시설 점검, 비상 연락망 점검, 태풍 대피 계획 마련 및 태풍 대피 훈련 실시, 태풍 대응 사전교육 실시, 비상용품 구비, 가정 및 지역사회와의 연계 등을 포함한다.

① 유치원 시설 점검

- 유치원의 하수구나 배수구를 점검하고 막힌 곳을 뚫어 준다.
- 바람에 날아가거나 떠내려갈 수 있는 구조물(유치원 간판, 우편함, 창문, 화분 등)을 고정시키고 유치원 옥상 또는 마당에 있는 이동식 놀이기구, 신발장 등은 실내로 옮긴다.
- 낡은 창문을 교체 또는 보수한다. 또한 창문 유리의 파손을 막기 위해 젖은 신문지를 창문에 붙이거나 창문 틈에 신문지를 채워 넣고, 테이프 등을 이용하여 유리를 창틀에 고정시킨다.
- 태풍이 예보되면, 모든 출입문과 창문을 잠그고, 가스 밸브를 잠근다. 사용하지 않는 전기 콘센트를 뽑아 놓는다.
- 침수가 예상되는 지역이나 지하에 유치원 차량을 주차하지 않는다.

② 비상 연락망 점검

- 태풍 발생 시를 대비하여 유아 비상 연락망(부모 등)을 점검, 확인한다.

- 유치원 교사 및 교육관계자의 비상 연락망을 점검, 확인한다.
- 지역사회 관계기관(주민자치센터, 소방서, 경찰서 등)의 연락처를 확인하고, 연락 체제를 구축한다.

③ 태풍 대피 계획 마련 및 대피 훈련 실시

- 상습 침수지역에 위치한 유치원에서는 태풍 대피 계획을 마련한다.
- 인근 고지대의 건물, 대피소 등의 위치를 확인하고 숙지한다.
- 교직원의 역할을 분담하고, 이에 따라 대피 훈련을 실시한다.
- 상황별 시나리오를 마련하여 유치원 전 구성원을 대상으로 한 대피 훈련을 정기적으로 실시한다.

④ 태풍 대응 사전교육 실시

- 유아를 대상으로 태풍 대응 사전교육을 실시한다(태풍에 대한 이해, 태풍 발생 시 행동요령, 대피 장소 등).
- 유아 태풍 대응 교육활동을 영역 통합적으로 계획하고 실시한다.
- 교사 및 교육관계자를 대상으로 태풍 대응 사전교육을 실시한다(태풍 발생 시 행동요령, 대피 장소, 응급처치 방법 등).
- 부모를 대상으로 태풍 대응 사전교육을 실시한다(태풍 발생 시 행동요령, 대피 장소, 상황별 유치원과의 연락 등).

⑤ 비상용품 구비

- 비상시를 대비해 유치원에 비상용품을 구비한다. 보관 장소와 사용법을 알아 둔다.

비상식품	물, 초코바, 가공식품, 통조림, 라면 등
구급약품	감기약, 해열제, 소화제, 연고 등이 포함된 구급함
생존용품	휴대폰, 예비배터리, 손전등, 건전지, 휴대용 라디오, 호루라기, 라이터, 다용도 칼 등
체온유지 용품	의류, 양말, 담요, 장갑, 모자, 우비 등
기타	화장지, 물티슈, 비닐봉투, 비상 연락망, 비상금 등

⑥ 가정 및 지역사회와의 연계

- 부모를 대상으로 한 태풍 대응 사전교육을 실시한다.
- 태풍 발생 시 유아가 가정에 있을 때, 유치원에 있을 때 등 부모의 상황별 행동 요령을 마련하여 가정에 전달한다.
- 태풍 정보를 얻을 수 있는 공공 기관의 연락처를 알아 둔다.
- 정부에서 제공하는 태풍 정보 알림 애플리케이션을 휴대폰에 설치해 둔다.

(안전디딤돌, 기상청 태풍 정보 알리미 등)

(2) 태풍 발생 시(대응)

태풍이 발생하면 태풍 대응 행동요령에 따라 행동한다.

[1단계] 태풍 정보 숙지	• 유치원 교직원은 TV, 라디오, 휴대폰 등으로 태풍 정보를 수시로 확인하고, 태풍의 진로와 도달 시간을 알아 둔다. • 태풍 발생 시 재난관리 기관(소방서, 경찰서)에 재난 발생을 알리고, 안내방송을 통해 유치원의 전 구성원에게 태풍 발생과 대처를 알린다.
[2단계] 안전 확보	• 유치원의 모든 문과 창문을 닫고 잠근다. • 가스 사용 후 밸브를 잠그고, 이용하지 않는 전기 콘센트를 뽑는다. • 안전을 위해 유아와 교사는 실내에 머무른다. 부득이한 경우를 제외하고 유아와 교사는 바깥출입을 하지 않는다. • 유아가 문이나 창문 가까이 접근하지 못하도록 한다.
[3단계] 긴급 대피	• 저지대 또는 상습 침수지역인 경우 유아와 교사는 가까운 대피소로 신속하게 대피한다. • 대피 시 유아가 가로등, 전신주, 신호등, 하수도 맨홀 등에 접근하지 못하도록 한다. • 대피 중 천둥 · 번개가 칠 경우에는 건물 안이나 낮은 지역으로 이동한다.
[4단계] 응급조치	• 실내에서 유리창 등이 깨지거나 대피 중 강풍으로 날아가는 물건들에 의해, 또는 전기 시설물에의 접근을 통하여 유아와 교사가 부상을 입지 않았는지 부상자를 확인한다. • 부상자를 확인하면 안전한 곳에서 응급처치를 실시하고 곧바로 의료기관 등에 연락하여 이송한다.
[5단계] 재난정보 확인, 보호자 인계	• 유치원 실내 또는 대피 장소에서 교사는 유아의 인원을 파악한다. • 교사는 라디오, 휴대폰 등으로 태풍 안내방송을 청취하고 재난 상황을 확인한다. • 대피 중 교사는 부모에게 연락하여 유아를 안전하게 인계한다. 연락이 닿지 않을 경우 유아를 대피 장소에서 안전하게 보호하고 계속하여 연락을 시도한다.

상황별 태풍 대응 행동요령은 다음과 같다.

① **유치원 내에서 태풍이 발생했을 때**

- 출입문과 창문을 모두 닫고 잠근다.
- 유아가 출입문, 창문 등에 가까이 가지 못하도록 한다.
- 유아와 교사는 가능한 한 바깥출입을 하지 않고 실내에 머무른다.
- 교사는 라디오, 휴대폰 등으로 태풍 재난 상황을 지속적으로 확인하고 이에 대응한다.
- 유리창 파손 등으로 부상자가 생기면 응급조치 후 의료기관으로 이송한다.

② **유치원 밖에서 태풍이 발생했을 때**

- 유치원 밖에서 태풍이 발생하면 교사는 교사와 유아의 위치, 유아의 안전 상태 등을 유치원에 알리고, 필요시 지원을 요청한다.
- 태풍 발생 상황을 휴대폰 등으로 확인한 후, 상황에 따라 안전하게 유치원 또는 인근 건물, 대피소 등으로 이동한다.
- 이동 시 유아가 강풍으로 날아가는 물체, 전신주, 가로등, 맨홀 주변 등을 주의할 수 있도록 한다.
- 부상자가 발생하면 즉시 안전한 장소에서 응급처치를 실시하고, 119에 신고하여 부상자를 의료기관으로 이송한다.

③ **상습 침수지역의 유치원에서 태풍이 발생했을 때**

- 태풍 발생 시 유치원의 유아와 교직원이 모두 고지대의 안전한 장소(건물 또는 대피소)로 대피할 수 있도록 한다.
- 교사는 유아의 안전과 위치를 부모에게 알리고, 대피 장소에서 유아를 보호하고 있다가 부모에게 안전하게 인계한다.
- 원장은 재난 상황에 따라 유치원 운영 여부를 결정한다.
- 교사는 유치원 운영 방침을 부모에게 유선(문자, 통화 등)으로 즉시 전달한다.

(3) 태풍 종료 후(복구)

태풍 종료 후 유치원의 교직원은 피해 상황 파악 및 교육청 보고, 2차 재난 방지를 위한 점검 및 응급조치, 피해 복구 및 비상수업 대책 마련 등과 관련한 활동을 실시한다.

① 피해 상황 파악 및 교육청 보고

- 태풍 종료 후 부상자를 확인하고, 응급처치 후 병원 등으로 이송한다.
- 유치원 건물 및 주변시설의 피해 상황을 파악한다.
- 부상자와 유치원 피해 상황을 교육청에 보고한다.
- 재난 상황에 따라 원장은 유아의 조기귀가, 휴원 등의 조치를 취하고 부모에게 알린다.

② 2차 재난(추가 태풍 및 호우, 수인성 전염병 등) 방지를 위한 점검 및 응급조치

- 라디오, 휴대폰 등으로 2차 재난 예보를 청취하고 추가 태풍과 호우 발생 시를 대비해 유치원 시설물을 점검한다.
- 태풍 및 호우로 인해 수인성 전염병이 발생할 수 있으므로 음용수 및 급식 준비 시 위생 관리를 강화한다.
- 태풍 발생 시 통신에 일시적 장애가 있을 수 있기 때문에 라디오 등을 통한 공공기관의 정보에 따라 침착하게 대처한다.

③ 피해 복구 및 비상수업 대책 마련

- 태풍으로 인하여 파손된 창문이나 주변시설을 복구, 보강한다.
- 유치원의 가스, 전기, 수도관 등의 이상을 확인하고, 관련 기관의 도움을 받아 피해를 복구한다.
- 주변의 송전철탑이 넘어진 경우 119나 시 · 군 · 구청 또는 한전에 신고한다.
- 유치원이 침수된 경우 환기를 시킨 후 들어가고(가스가 차 있을 우려), 내 · 외부 시설물을 복구한 후 방역을 실시한다.
- 원장은 유관기관(교육청 등)과 긴밀하게 협조 체제를 구축하고 유치원 피해 복구 과정 또는 이후의 비상수업에 대한 대책을 마련한다.

2) 부모 지침서

유치원에서는 평상시 부모교육을 통해 부모에게 태풍대응 행동요령, 태풍 발생 시 주의사항 등을 전달할 필요가 있다.

태풍이 발생하면 이렇게 행동해 주세요!

- 실외에 화분, 가구 등 날아갈 위험이 있는 물건은 실내로 옮기거나 단단하게 고정합니다.
- 창문 등의 유리 파손을 막기 위해 젖은 신문지를 창문에 붙이거나 테이프 등으로 유리를 창틀에 고정시켜 줍니다.
- 태풍 발생 시 출입문과 창문을 모두 잠그고 실내에 머무르며, 노약자나 어린이는 집 밖으로 나가지 않도록 합니다.
- 저지대 또는 상습 침수지역에 거주하는 경우 고지대의 건물 또는 대피소로 대피하며, 대피 시 수도, 가스, 전기를 반드시 차단합니다.
- 공사장 근처, 전신주, 가로등, 맨홀 부근에는 접근하지 않습니다.

태풍에 대비하여 이러한 점을 주의해 주세요!

- 평소 유치원에 부모와 부모 이외의 인계자 인적사항 및 연락처를 전달합니다.
- 재난 상황 시 유아의 대피 장소(대피소 등)를 알아 두고, 유치원, 교사, 유아의 친구 부모 등의 연락처를 저장해 둡니다.
- 태풍 발생 시 유아의 안부를 확인하고, 재난 상황에 따라 유아 인계 방법과 인계 장소 등을 교사와 상의합니다.
- 비상시(통신 장애, 전화 불통 등) 부부 사이의 행동지침을 정해 둡니다.
- 아이가 혼자가 될 경우를 대비해 유아의 이름, 연락처 등을 기록한 이름표를 신체에 소지하도록 합니다.
- 재난 상황에서 침착하게 대처하여 유아의 충격을 완화하고 유아를 안정시킵니다.

3) 국민행동요령

(1) 태풍 발생 시 상황별 행동요령

[태풍 예보 시]

- 가정의 하수구나 집주변의 배수구를 점검하고 뚫어 주며, 담장이나 지붕 등을 점검하고 보수한다.
- 침수, 산사태가 일어날 위험 지역의 주민은 대피 장소 및 비상 연락 장소를 미리 알아 둔다.
- 하천 근처에 주차한 자동차는 안전한 곳으로 이동시킨다.
- 생필품(응급약품, 손전등, 식수, 비상식량 등)을 미리 준비한다.
- 날아갈 위험이 있는 지붕, 간판 등을 단단히 고정한다.

[태풍의 영향권 내에 있을 때]

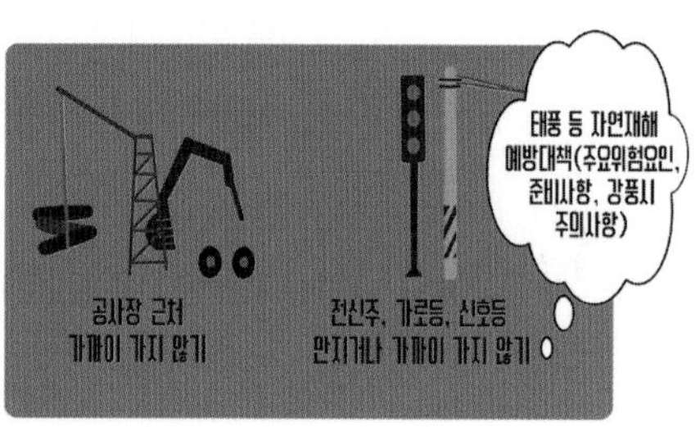

- 저지대, 상습 침수지역의 주민은 대피를 준비한다.
- 감전 위험이 있으므로 집 안팎의 전기수리를 하지 않는다.
- 공사장 근처에 가까이 가지 않고, 전신주, 가로등, 신호등을 만지거나 가까이 가지 않는다.
- 천둥, 번개가 칠 경우 건물 안이나 낮은 곳으로 대피한다.
- 집 안의 창문이나 출입문을 잠가 둔다.
- 노약자나 어린이는 집 밖으로 나가지 않는다.
- 물에 잠긴 도로로 걸어가거나 차량을 운행하지 않는다.
- 라디오, TV, 인터넷 등을 통해 기상예보와 호우 상황에 주의를 기울인다.

[태풍이 지나간 후]

- 파손된 상하수도 및 도로를 시 · 군 · 구청이나 읍 · 면 · 동사무소에 알린다.
- 가스 환기 후 침수된 집 안에 들어가고, 전기, 가스, 수도 시설은 전문 업체에 연락하여 사용한다.
- 제방이 무너질 수 있기에 제방 근처에 가지 말고, 감전 위험이 있으므로 바닥에 떨어진 전선 근처에 가지 않는다.

출처: 국민재난안전포털(https://www.safekorea.go.kr).

(2) 태풍 발생 시 장소별 행동요령

[가정에서]

- 라디오, TV 등을 통해 기상 정보를 계속 확인한다.
- 축대, 담장 등을 점검하고 바람에 날아갈 물건이 없는지 확인한다.
- 이웃, 행정기관과의 비상 연락망을 확인한다.
- 노약자, 어린이의 외출을 금한다.

[도로에서]

- 천둥이나 번개가 칠 때 전신주나 큰 나무 아래를 피하고 큰 건물 내로 대피한다.
- 물에 잠긴 도로는 가급적 피하고 작은 개울이라도 건너지 않는다.
- 평소 아는 길을 따라 저단 기어로 운행한다.
- 하천변에 주차한 차량은 안전한 곳으로 이동시킨다.

[산, 강이나 계곡에서]

- 공공기관의 권고에 따라 안전한 장소로 대피한다.
- 빨리 하산하거나 계곡 물이 불어날 때 고지대로 피신한다.
- 계곡은 물살이 세기 때문에 절대 건너지 않는다.
- 물건에 미련을 두거나 무리하게 건져 올리려 하지 않고 신속하게 대피한다.
- 하천변이나 섬 주변에서 낚시를 하고 있는 경우 안전한 지대로 대피한다.

[공사장에서]

- 작업을 중지하고 떠내려가거나 파손 우려가 있는 기자재를 안전한 곳으로 옮긴다.
- 굴착한 웅덩이에 물이 들어가는지 무너질 우려가 없는지 확인하고, 보강 시설 등의 안전 대책을 강구한다.
- 하천 횡단 공사장에서는 상류지역의 강우량을 지속적으로 파악하고, 차량통제 등의 필요한 조치를 취한다.

[농촌 지역에서]

- 비닐하우스 등의 농업시설물을 점검한다.
- 축사 등 가축 시설물을 점검한다.

[해안 지역에서]

- 바닷가 근처나 저지대의 주민은 대피를 준비한다.
- 어업활동을 중단하고 선박을 단단히 묶어 둔다.
- 어로시설을 철거하거나 고정한다.
- 해수욕장을 이용하지 않는다.

출처: 국민재난안전포털(http://www.safekorea.go.kr).

3. 태풍 대비 및 대응 교육활동

1) 태풍 발생 전(예방 및 대비)

활동명	강풍이 불어요!	활동 대상	5세
활동 목표	태풍의 원인에 대해 알게 된다. 태풍의 피해, 심각성에 대해 알게 된다.	활동 영역	의사소통, 예술경험 신체운동 · 건강
활동 자료	동화책, 교육 동영상, 활동지		

단계	영역	내용	시간
도입	의사 소통	• 동화책을 읽어 주며 태풍에 대해 이야기를 나눈다. T: 태풍에 대해 알고 있나요? T: 태풍이 발생하니 어떤 일이 일어났나요?	5′
전개	의사 소통 예술 경험	• 태풍이 발생하는 원인 및 피해와 관련한 동영상을 시청하며 이야기를 나눈다. T: 태풍은 왜 발생할까요? T: 뜨거운 공기는 어디로 이동하나요? T: 뜨거운 공기가 하늘에서 모이면 어떻게 되죠? • 활동지를 제시한 뒤, 태풍 그리기를 함께한다. T: 선생님이 종이를 한 장씩 나눠 줄 거예요. 여기에 태풍을 한번 그려 보세요. (바람, 소용돌이를 다양한 색으로 표현)	12′
	신체 운동 · 건강	• 태풍 부는 날의 나무를 신체로 표현한다. T: 동영상에서 태풍이 발생했을 때 나무들이 어떻게 움직였나요? T: 이제 우리가 나무가 되어 보기로 해요. 태풍이 발생했을 때 바람이 심하게 불면 나무가 어떻게 움직이는지 몸으로 표현해 보아요. • (사계 중 〈여름〉 등을 배경 음악으로) T: 비바람이 몰아치면 나무들은 어떻게 움직일까요? T: 그래요. 좌우로, 앞뒤로 많이 많이 흔들려요. 잘하고 있어요.	10′
마무리	의사 소통	• 퀴즈를 함께 풀면서 태풍에 대한 내용을 정리한다. T: 여러분, 오늘 태풍에 대해 더 잘 알게 되었나요? T: 여러분이 잘 기억하고 있는지 마지막으로 퀴즈를 내 볼게요. 맞으면 ○, 틀리면 × 라고 말해 주세요.	3′
지도 시 유의점		* 유아의 수준에 맞는 동화책과 교육 동영상을 선정하여 교육 활동을 진행한다.	

활동 자료

재난유형	태풍은 어떤 모습일까요?	(　　　　)반
태풍		이름:

태풍은 어떤 모습일까요? 아래에 태풍의 모습을 그려 보아요.
(바람, 소용돌이를 다양한 색으로 표현해 보세요.)

활동명	튼튼한 집, 약한 집	활동 대상	5세
활동 목표	태풍의 영향력을 알게 된다. 태풍에 안전한 집을 알게 된다.	활동 영역	의사소통 자연탐구
활동 자료	교육 동영상, 동화책, 활동지, 집 만들기 재료(미니 블록, 지점토, 노끈 등)		

단계	영역	내용	시간
도입	의사소통	• 동영상을 보며 태풍에 대해 더 이야기를 나눈다 T: 태풍이 발생하면 어떤 일들이 생길까요? T: 태풍으로 바람이 세차게 불면 어떤 일들이 생기지요?	5‘
전개	자연탐구 의사소통	• 태풍이 발생해도 안전한 튼튼한 집을 찾는다. T: (〈아기돼지 삼 형제〉 동화책을 읽어 주며) 여러분 바람이 불어도 무너지지 않는 튼튼한 집은 어떤 집이였나요? T: 첫 번째 집은 늑대가 ‘후~’ 하고 불었을 때 어떻게 되었지요? T: 그다음 집은 어땠지요? T: 가장 튼튼한 집은 무엇으로 만들어졌나요? • 활동지에서 태풍이 불 때 가장 안전한 집을 찾아본다. T: 이제 선생님이 그림을 하나씩 나누어 줄 거예요. 태풍으로 바람이 심하게 불어도 안전할 것 같은 집을 찾아 동그라미를 그려 주세요.	10′
	자연탐구	• 튼튼한 집 만들기 활동을 한다. T: (미니 블록들과 지점토를 나눠 준 뒤) 우리 이제, 막내 돼지처럼 튼튼한 집을 한번 만들어 볼까요? 그런 집은 태풍으로 비바람이 몰아쳐도 안전할 거예요. T: 벽돌(미니 블록)을 쌓고 시멘트(지점토)로 연결하면 튼튼한 집을 만들 수 있겠지요? T: 지붕은 어떻게 만들어 줄까요? (지붕, 담장, 문 등을 만들어 볼 수 있도록 한다.)	10′
마무리	의사소통	• 태풍 발생 시 안전한 집에 대한 내용을 정리해 본다. T: 태풍이 발생했을 때 안전한 집은 어떤 집일까요? T: 낡고 약한 집이 있다면 태풍에 대비하여 어떻게 해야 할까요?	5′
지도 시 유의점		* 집 만들기 활동에서 유아의 아이디어를 많이 반영하여 유아 주도적으로 만들 수 있도록 한다.	

활동 자료

재난유형	태풍이 불 때 가장 안전한 집은?	(　　　　)반
태풍		이름:

태풍이 불 때 가장 안전한 집은 어떤 것일까요?
아래의 집들 중에서 골라 보고, 왜 안전한지에 대해 이야기 나눠 보세요.

2) 태풍 발생 시(대응)

활동명	덜컹덜컹 유리창!	활동 대상	5세
활동 목표	태풍 발생 시 대응 방법을 알게 된다. 안전을 위한 주의사항을 알게 된다.	활동 영역	의사소통, 자연탐구
활동 자료	동화책, 교육 동영상, 활동지, 창문고정 활동 재료(신문지, 테이프, 분무기 등)		

단계	영역	내용	시간
도입	의사 소통	• 태풍을 경험하는 주인공이 등장하는 동화책을 읽어 주며 태풍 발생 시 어떻게 행동해야 하는지 이야기를 나눈다. T: 태풍이 발생하니 ○○(주인공)가 어떻게 하였나요? T: 왜 그렇게 하였나요?	5′
전개	의사 소통	• 태풍 대응 방법에 대한 동영상을 시청하고 이야기를 나눈다. T: 태풍이 발생하면 어떤 것들을 해야 하나요? T: 왜 그렇게 해야 하나요? T: 맞아요. 또 어떻게 해야 하죠? (깨지기 쉬운 물건 옮기기, 창문 고정시키기, 플러그 뽑기 등 이야기) • 활동지를 제시한 뒤, 관련 내용을 확인하는 활동을 한다. T: 선생님이 그림을 한 장씩 나눠 줄 거예요. 그림에서 태풍 발생 시 대응을 잘하고 있는 친구를 찾아 주세요.	13′
	의사 소통 자연 탐구	• 태풍 발생 시 창문이 깨지지 않도록 고정하는 활동을 한다. (아크릴 판으로 만든 미니 창문을 여러 개 준비) T: 이제 태풍이 발생했을 때 유리창이 깨지지 않도록 하는 방법에 대해 생각해 보아요. 바람이 세게 불어도 유리창이 깨지지 않으려면 어떻게 해야 할까요? 맞아요. 유리와 창틀 부분이 꼭 붙어 있어야 하겠지요? 우리 테이프로 꼭 고정해 볼까요? T: 잘했어요. 그다음으로 분무기로 물을 뿌린 신문지를 유리에 붙이면 유리가 깨지는 것을 더 방지할 수 있어요. 왜 그럴까요?	7′
마무리	의사 소통	• 태풍 발생 시 대응 행동에 대한 내용을 정리해 본다. T: 태풍이 발생하면 어떻게 해야 하나요? T: 또 어떤 것들을 해야 하나요?	5′
지도 시 유의점		* 개인 활동 진행을 위해 너무 크지 않은 미니 창문을 준비한다. * 유아들이 각자의 자리에서 동시에 활동을 하거나, 한 명씩 순서대로 활동에 참여할 수 있다.	

활동 자료

재난유형	태풍이 다가오고 있어요! 어떻게 대응할까요?	(　　　　　)반
태풍		이름:

태풍이 다가오고 있어요! 잘 대응하고 있는 친구들을 찾아보아요.

[집 내부]

창문을 열고 있는 친구

깨지기 쉬운 물건들을 실내로 옮기고 있는 친구

전기 플러그를 뽑고 있는 친구

실내에 짐(책 등)을 쌓고 있는 친구

장화와 우비, 우산을 준비해 놓는 친구

활동명	물건이 날아다녀요!	활동 대상	5세
활동 목표	태풍 발생 시 대응 방법을 알게 된다. 안전을 위한 주의사항을 알게 된다.	활동 영역	의사소통 신체운동・건강
활동 자료	교육 동영상, 물건 옮기기 게임 준비물(미니 쿠션, 소품 등)		

단계	영역	내용	시간
도입	의사소통	• 지난번에 배웠던 태풍 대응 방법에 대해 이야기를 나눈다. T: 지난번에 이야기 나누었던 태풍 발생 시 대응하는 방법에 대해 기억하나요? T: 태풍이 발생하거나 예보되면 어떻게 해야 하나요?	5′
전개	의사소통	• 태풍 발생 시 날아다니는 물건의 위험성에 대해 이야기를 나눈다. T: 태풍이 발생하여 바람이 세차게 불 때 어떤 일들이 일어날까요? T: 어떤 물건들이 날아다닐 수 있을까요? T: 그 물건에 사람들이 맞으면 어떻게 될까요? (무거운 물건뿐 아니라 가벼운 물건도 위험할 수 있음을 강조) T: 그러면 그 물건들을 어떻게 해야 할까요?	10′
	신체운동・건강	• 실외 물건 옮기기 게임을 한다. (동작실 등에서 한쪽 영역을 집으로 지정하고, 미니 쿠션 등으로 집 밖에 여러 물건을 놓여 있는 상태를 만듦.) T: 지금 집 밖에 여러 물건이 있어요. 이건 화분이고, 이건 자전거, 또 이건……(물건에 이름을 붙이며 활동을 진행), 물건이 많이 있네요. T: 그런데 지금 태풍으로 인해 세찬 비바람이 몰아치기 시작했어요. T: 친구들이 물건들을 가능한 한 빨리 집 안으로 옮겨 주어야 할 것 같아요. 할 수 있나요? (소집단을 구성하여 활동 진행) T: 선생님이 삐~ 하고 호루라기를 불면 시작해 주세요. 삐~~	13′
마무리	의사소통	• 오늘 활동에 대해 이야기하며 마무리한다. T: 오늘 우리가 어떤 활동을 하였지요? T: 태풍이 발생했을 때 밖에 있는 물건들은 어떻게 해야 하지요?	2′
지도 시 유의점		* 활동지를 이용한 추가 활동을 진행할 수 있다. * 실외 물건 옮기기 게임은 상황에 따라 작은 소품들을 이용하여 교실에서 진행할 수도 있다.	

활동 자료

재난유형	태풍이 올 때 밖에 두면 위험한 물건은?	(　　　　)반
태풍		이름:

태풍이 올 때 밖에 두면 위험한 물건은 무엇인가요?
아래에서 골라 동그라미로 표시해 주세요.

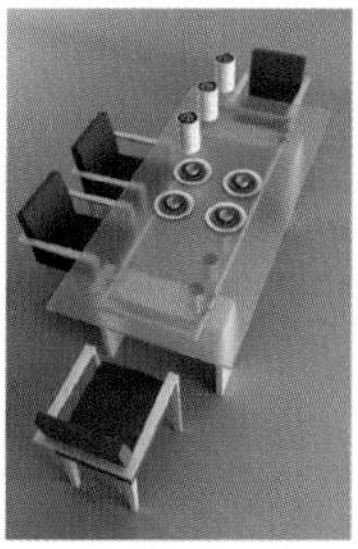

3) 태풍 종료 후(복구)

활동명	도움을 주는 사람들	활동 대상	5세
활동 목표	태풍 피해 복구에 도움을 주는 사람들에 대해 알게 된다.	활동 영역	의사소통, 사회관계
활동 자료	동화책, 사진 자료, 카드 만들기 재료(종이, 색연필, 사인펜, 색종이 등)		

단계	영역	내용	시간
도입	의사소통	• 동화책을 읽어 주며 태풍 피해 복구에 대해 이야기를 나눈다. T: 이제 태풍이 다 끝났어요. 건물과 마을이 어떻게 변하였죠? T: 이제 이것들을 어떻게 복구해야 할까요?	5′
전개	사회관계	• 사진 자료를 보여 주며 태풍을 복구하는 사람들에 대해 이야기를 나눈다. T: 이제 태풍이 모두 지나갔어요. 그런데 집도 무너지고 도로도 망가졌네요. 이런 것들을 누가 다시 원래대로 복구할까요? T: 그래요, 집에 살던 사람들도 있고요. 또 누가 있지요? T: 맞아요. 경찰 아저씨, 군인 아저씨들도 도와주시죠. T: 그리고 또 누가 있나요? 우리도 가서 도울 수 있나요? 네, 누구든지 가서 도울 수 있어요. 그리고 이분들을 자원봉사자라고 불러요.	15′
	의사소통	• 경찰, 군인, 자원봉사자 분들께 감사의 카드를 써 본다. T: 그럼 우리가 할 수 있는 일은 어떤 것이 있을까요? T: 맞아요. 실제로 그곳에 가서 청소를 도와드릴 수 있겠지요. 그런데 그것이 우리가 할 수 없는 일이라면 그것 말고 무엇을 할 수 있을까요? 그분들께 힘을 드릴 수 있는 방법은 없을까요? T: 아, 좋은 생각이에요. 그분들께 '감사합니다! 고맙습니다! 힘내세요!' 라는 말들을 전하면 그분들이 더 힘을 내서 일하실 수 있을 거예요. T: 그럼 이 말들을 전하기 위해 우리 카드를 만들어 볼까요? T: ○○는 어떤 카드를 만들고 싶나요?	8′
마무리	의사소통	• 완성된 카드를 어떻게 전달할지 이야기를 나눈다. T: 우리가 오늘 만든 카드는 어떻게 전달할 수 있을까요? T: 또 어떤 방법이 있을까요?	2′
지도 시 유의점		* 감사의 카드 만들기에 활동지를 이용할 수 있다. * 완성된 감사의 카드를 실제로 전달해 보는 후속 활동을 진행할 수 있다.	

활동 자료

재난유형	태풍 피해 복구 자원봉사자들에게감사의 카드를!	(　　　　)반
태풍		이름:

태풍 피해 복구 자원봉사자들에게 감사의 카드를 써 보세요.

재난유형	태풍은 어떤 모습일까요?	(　　　　　　)반
태풍		이름:

태풍은 어떤 모습일까요? 아래에 태풍의 모습을 그려 보아요.

(바람, 소용돌이를 다양한 색으로 표현해 보세요.)

재난유형	태풍이 불 때 가장 안전한 집은?	(　　　　)반
태풍		이름:

태풍이 불 때 가장 안전한 집은 어떤 것일까요?
아래의 집들 중에서 골라 보고, 왜 안전한지에 대해 이야기 나눠 보세요.

재난유형	태풍이 다가오고 있어요! 어떻게 대응할까요?	( )반
태풍		이름:

태풍이 다가오고 있어요! 잘 대응하고 있는 친구들을 찾아보아요.

[집 내부]

깨지기 쉬운 물건들을 실내로 옮기고 있는 친구

실내에 짐(책 등)을 쌓고 있는 친구

창문을 열고 있는 친구

전기 플러그를 뽑고 있는 친구

장화와 우비, 우산을 준비해 놓는 친구

재난유형	태풍이 올 때 밖에 두면 위험한 물건은?	(　　　　　　)반
태풍		이름:

태풍이 올 때 밖에 두면 위험한 물건은 무엇인가요?
아래에서 골라 동그라미로 표시해 주세요.

재난유형	태풍 피해 복구 자원봉사자들에게 감사의 카드를!	(　　　　　)반
태풍		이름:

태풍 피해 복구 자원봉사자들에게 감사의 카드를 써 보세요.

4. 참고자료

관련 사이트 정보

- 행정안전부(www.mois.go.kr)
- 교육부(www.moe.go.kr)
- 보건복지부(www.mohw.go.kr)
- 소방청(www.nfa.go.kr/nfa)
- 해양경찰청(www.kcg.go.kr)
- 기상청(www.kma.go.kr)
- 국민재난안전포털(www.safekorea.go.kr)
- 국가태풍센터(http://typ.kma.go.kr/)
- 한국에너지공단(http://www.kemco.or.kr)
- 재난안전대책본부(http://disaster.gwangju.go.kr)
- 서울종합방재센터(http://119.seoul.go.kr)
- 세종특별자치시 소방본부 119(http://www.sejong.go.kr/fire.do)
- 광주광역시 재난안전대책본부(http://disaster.gwangju.go.kr)

기타 정보

- 전화: 기상청 날씨예보(☎ 131), 119구조대(☎ 119)
- 앱: 안전디딤돌

참고문헌

- 풍수해 대비 안전보건 매뉴얼(고용노동부, 안전보건공단), 2014 학교현장 재난대응 안전관리 매뉴얼(충청남도논산계룡교육지원청), 2017 여름철 자연재난 국민행동요령(행정안전부), 학교현장 재난유형별 교육 · 훈련매뉴얼(교육부), 2008 재난대비 국민행동매뉴얼 안전 길라잡이(소방방재청), 2015 어린이집 안전관리 백과–소방, 재난, 자연재해편(어린이집 안전공제회), 재난안전 체험형 안전교육(경기도교육청)

동화책

- 이지유(2015). 내 이름은 태풍(이지유의 네버엔딩 과학이야기). 웅진주니어.
- 정연철(2015). 태풍에 대처하는 방법(푸른숲 어린이 문학 37). 푸른숲주니어.
- 꿈바라기(2016). 아기 돼지 삼 형제(차일드 명작 동화). 한국 가우스.
- 푸른숲글방(2017). 태풍이 올 거야(꿈을 이루는 직업탐방 창작동화). 그린키즈.

동영상

- 깨비안전교육 #09-태풍 부는 날[깨비키즈 KEBIKIDS]. https://www.youtube.com/watch?v=InE0Zi84zeI
- 토토의 생활안전 #9-태풍과 홍수에 대비해요 | 어린이 안전교육 | [깨비키즈 kebikids]. https://www.youtube.com/watch?v=VJYjZB3JIGU
- 주룩주룩 장마와 사나운 태풍이 궁금해! 어림이 과학 동화 모음 | 누리과정 ★ 지니키즈. https://www.youtube.com/watch?v=YHQw8xsYokI
- 「재난 안전」 태풍은 어떻게 생겨나는지 알아보고, 대처 방법을 알아볼까요? https://www.youtube.com/watch?v=KPokzBXGP1A

제9장

집중호우

1. 집중호우에 대한 이해

1) 집중호우의 정의

집중호우란 짧은 시간 동안 특정 지역에 집중적으로 많은 양의 비가 내리는 것을 말한다. 시간당 30mm 이상 또는 하루에 80mm 이상, 하루에 연 강수량의 10%의 비가 내리는 경우를 집중호우라고 한다.

2) 집중호우의 특징

(1) 집중호우의 발생

- 집중호우는 수증기를 많이 포함하는 더운 공기가 있을 때 발생한다.
- 우리나라에는 주로 여름철, 5~9월에 주로 발생한다.
- 집중호우는 여름철에 북태평양 고기압이 자리 잡으면서 그 영향으로 고온다습한 공기가 유입되면서 시작된다.
- 이때 여름철의 일사에 의해 강한 상승기류가 발생하여 대기의 상층부에 적운(적란운, 뇌운)이 형성되기 시작한다.

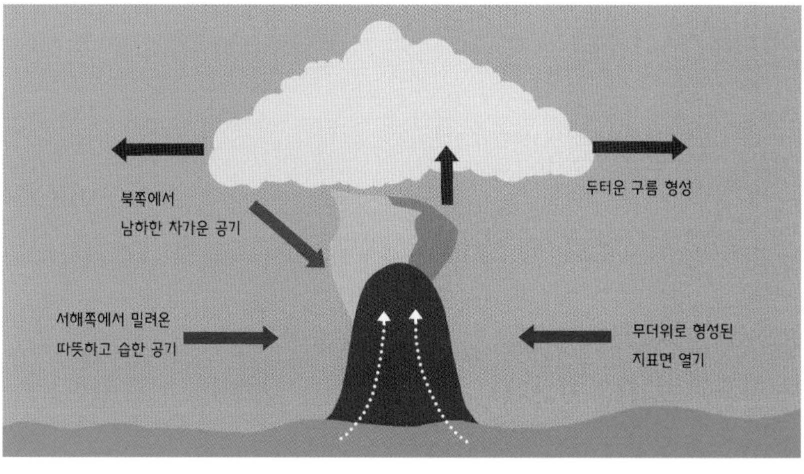

[그림 9-1] 집중호우의 발생

- 지속적으로 유입되는 수증기로 인하여 적운들이 성장, 발달하여 엄청난 비구름이 형성된다(발달한 적란운은 약 1,000~1,500만 톤의 물을 포함).
- 이 구름이 한 곳에 정체하여 계속 비가 내릴 때 집중호우가 된다(보통 이러한 구름의 수명은 1~2시간 정도로 짧지만, 주변의 기상 조건이 맞으면 생성과 소멸이 반복되면서 며칠 동안 계속 지속되기도 함).
- 적란운의 형성: 적란운이 크게 발달하기 위해서는 풍부한 수증기의 공급과 수증기를 포함한 공기가 상승할 수 있는 기상조건이 형성되어야 한다. 따뜻하고 습한 공기를 접하는 해안 부근, 공기의 상승이 용이한 산악지형에서 발생할 가능성이 높다. 또한 성질이 다른 큰 공기의 접촉 부분인 전선, 공기가 강하게 상승하는 수렴대 등에서는 지리적 여건과 상관없이 형성된다.

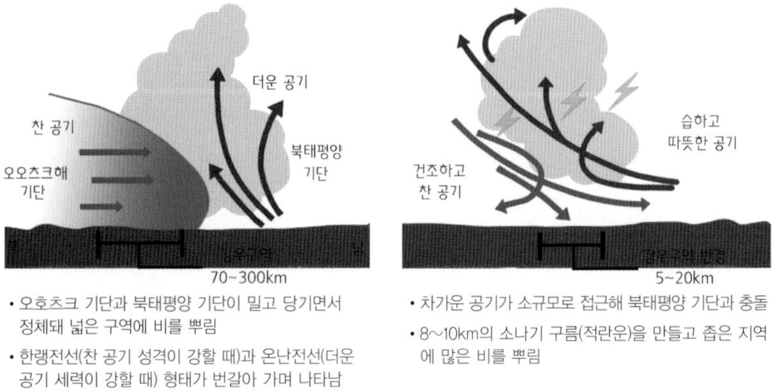

[그림 9-2] 적란운과 집중호우

- 적란운의 크기: 수평 방향으로 수~수십 km, 연직 방향으로는 권계면(고도 10~15km)에 이른다.

(2) 집중호우의 특징

- 비교적 좁은 지역에서(반경 10~20km 정도) 집중적으로 내리고, 때로 천둥과 번개(낙뢰)를 동반하기도 한다.
- 집중호우는 수십 분에서 수 시간 정도 지속된다.
- 태풍이나 장마전선, 강력한 저기압, 수렴대 등에 수반되어 나타나는 경우는

2~3일간 지속되기도 한다.

- 게릴라성 집중호우가 나타나기도 하는데, 여러 지점이나 한 지점의 호우가 끝나고 다른 지점에 연이어 집중호우가 내리기도 한다.

(3) 집중호우의 피해

- 집중호우는 홍수, 산사태 등 자연재해를 수반하는 경우가 많다.

  - 도시화로 인해 투수성 토양의 면적이 크게 감소하여 집중호우 발생 시 도시 지역의 하천 범람으로 큰 피해가 발생한다.
  - 산악지대에서 계곡 물의 범람으로 등산객의 인명사고가 발생 가능하며(계곡 고립, 저체온증, 급류에 의한 익사 등), 산사태, 지반붕괴 등이 집중호우 발생 시 수반되어 자주 일어난다.

시간당 강우량에 따른 집중호우의 영향

강우량 (mm/h)	사람에게 미치는 영향	집중호우 현상과 실외상황	재해발생 상황
10~20	보행 시 바지가 젖는다.	세게 내리는 비: 물웅덩이가 생긴다.	
20~30	우산을 써도 옷이 젖는다.	장대비: 물웅덩이가 생긴다.	하수도, 작은 하천 등에 물이 넘친다.
30~50		물통으로 퍼붓는 듯한 비: 도로가 강과 같이 된다.	산사태가 일어나기 쉬우며, 도시의 하수관이 역류된다.
50~80	우산이 제 역할을 못하고, 가슴에 압박감과 공포를 느낀다.	폭포수 같이 내리는 비: 물보라로 도로면이 뿌옇고 시야가 흐려진다.	지하실, 지하상가가 침수된다.
80 이상			대규모 재난 발생 가능성이 높아진다.

호우 피해 위험지역

- 물이 갑자기 불어나 한꺼번에 쏟아지는 상류의 급경사 계곡 지역

- 하천의 규모가 작지만 범람이 쉬운 지역
- 산사태, 사면(비탈면) 붕괴가 우려되는 지역
- 하천변 제방의 높이보다 낮은 지역
- 배수가 원활하게 이루어지지 않는 저지대
- 건물의 지하층 등

3) 집중호우의 예보

집중호우는 좁은 지역에 국지적으로 발생하여 기상대나 측우소에서 정확한 관측이 어렵고 예보 또한 어렵다.

종류	주의보	경보
집중호우	6시간 강우량이 70mm 이상 예상되거나 12시간 강우량이 110mm 이상 예상될 때	6시간 강우량이 110mm 이상 예상되거나 12시간 강우량이 180mm 이상 예상될 때

4) 집중호우의 발생현황

국내 집중호우 발생 현황

- 1988년 전남 순천 집중호우(7월 31일): 1시간 동안 역대 최다강수량 기록(145mm)
- 1998년 지리산 집중호우(7월 31일~8월 1일): 한반도가 북태평양 고기압의 가장자리에 놓여 대기가 불안정해지고, 중국으로부터 다습한 남서기류가 지속적으로 유입되어 지리산 지형의 효과로 기류의 상승이 나타나 더욱 강한 호우가 발생하였고, 인명 피해 91명(사망 64명, 실종 27명), 재산 피해 1,442억 원이 발생하였다.
- 1998년 경기북부지방 집중호우(7월 31일~8월 2일): 한반도 남쪽에서 따뜻한 공기가 유입되고 북쪽에서 찬 공기가 남하하여 중부지방에 강한 상승기류가 형성되었고 태풍 올가가 세력을 유지하며 지속적인 남서기류의 유입도 있었으며, 인명 피해 67명(사망 57명, 실종 10명), 재산 피해 1조 490억 원이 발생하였다.

- 2001년 서울, 경기지방 집중호우(7월 14일~8월 2일): 북태평양 고기압의 가장자리를 따라 고온다습한 강한 남서기류가 중부지방으로 유입되고 서해상에서는 장마전선을 따라 좁고 강한 수렴대가 중부지방에 형성되었고, 한반도 북서쪽 상층의 찬 공기 이류로 인하여 대기의 불안정도 심화되었으며, 인명 피해 66명(사망 59명, 실종 7명), 재산 피해 1,816억 원이 발생하였다.
- 2010년 경기, 영서지방 집중호우(9월 21일): 시간당 100mm가 넘는 비가 내려 주택이 침수되고 지하철 운행이 중단되는 등 많은 피해가 발생하였다(서울지역 하루 강수량이 259.2mm에 달해 9월 하순 강수량으로는 역대 최고를 기록).
- 2011년 중부지방 집중호우(7월 25일~7월 28일): 주로 수도권, 영서지역, 경상남도와 북한의 황해남도, 황해북도 등을 중심으로 발생하는데, 강물 범람과 주택 침수 등의 많은 피해가 전국적으로 발생했고, 서울 서초구 우면동과 강원도 춘천시 신북읍 등지에 산사태가 발생하여 많은 사상자가 발생하였다.
- 2014년 남부지방 집중호우(8월 하순): 호남과 영남 지방에서 발생한 집중호우로 시간당 50mm에 달하는 강수량을 보였고, 많은 주택과 건물에서 침수 피해가 발생하였다.

2. 집중호우 대비 및 대응 매뉴얼

1) 행동 매뉴얼

(1) 집중호우 발생 전(예방 및 대비)

유치원의 집중호우 대비책으로는 유치원 시설 점검, 비상 연락망 점검, 집중호우 대피 계획 마련, 집중호우 대피 계획 마련 및 대피 훈련 실시, 집중호우 대응 사전교육 실시, 비상용품 구비, 가정 및 지역사회와의 연계 등을 포함한다.

① 유치원 시설 점검

- 유치원의 하수구나 배수구를 점검하고 막힌 곳을 뚫어 준다.
- 떠내려갈 수 있는 물건(신발장, 화분 등)을 안전한 장소로 옮긴다.

- 집중호우가 예보되면, 유치원의 출입문과 창문을 닫고, 가스 밸브를 잠근다. 사용하지 않는 전기 콘센트를 뽑아 놓는다.
- 침수가 예상되는 지역이나 지하에 유치원 차량이 주차되었을 시 차량을 안전한 장소로 이동시켜 주차한다.

② 비상 연락망 점검

- 유아 비상 연락망(부모 등)을 점검, 확인한다.
- 유치원 교사 및 교육관계자의 비상 연락망을 점검, 확인한다.
- 지역사회 관계기관(주민자치센터, 소방서, 경찰서 등)의 연락처를 확인하고, 연락 체제를 구축한다.

③ 집중호우 대피 계획 마련 및 대피 훈련 실시

- 상습 침수지역에 위치한 유치원에서는 집중호우 대피 계획을 마련한다.
- 인근 고지대의 건물, 대피소 등의 위치를 확인하고 숙지한다.
- 교직원의 역할을 분담하고, 이에 따라 대피 훈련을 실시한다.
- 상황별 시나리오를 마련하여 유치원 전 구성원을 대상으로 한 대피 훈련을 정기적으로 실시한다.

④ 집중호우 대응 사전교육 실시

- 유아를 대상으로 집중호우 대응 사전교육을 실시한다(집중호우에 대한 이해, 집중호우 발생 시 행동요령, 대피 장소 등).
- 유아 집중호우 대응 교육활동을 영역 통합적으로 계획하고 실시한다.
- 교사 및 교육관계자를 대상으로 집중호우 대응 사전교육을 실시한다(집중호우 발생 시 행동요령, 대피 장소, 응급처치 방법 등).
- 부모를 대상으로 집중호우 대응 사전교육을 실시한다(집중호우 발생 시 행동요령, 대피 장소, 상황별 유치원과의 연락 등).

⑤ 비상용품 구비

- 비상시를 대비해 유치원에 비상용품을 구비하고, 보관 장소와 사용법을 알아 둔다.

비상식품	물, 초코바, 가공식품, 통조림, 라면 등
구급약품	감기약, 해열제, 소화제, 연고 등이 포함된 구급함
생존용품	휴대폰, 예비배터리, 손전등, 건전지, 휴대용 라디오, 호루라기, 라이터, 다용도 칼 등
체온유지 용품	의류, 양말, 담요, 장갑, 모자, 우비 등
기타	화장지, 물티슈, 비닐봉투, 비상 연락망, 비상금 등

⑥ 가정 및 지역사회와의 연계

- 부모를 대상으로 한 집중호우 대응 사전교육을 실시한다.
- 집중호우 발생 시 유아가 가정에 있을 때, 유치원에 있을 때 등 부모의 상황별 행동요령을 마련하여 가정에 전달한다.
- 집중호우 재해 정보를 얻을 수 있는 공공 기관의 연락처를 알아 둔다.
- 정부에서 제공하는 재난정보 알림 애플리케이션을 휴대폰에 설치해 둔다. (안전디딤돌, 기상청 집중호우 정보 알리미 등).

(2) 집중호우 발생 시(대응)

집중호우가 발생하면 집중호우 대응 행동요령에 따라 행동한다.

[1단계] 집중호우 감지 및 알림	• 유치원 교직원은 TV, 라디오, 휴대폰 등으로 집중호우 기상 정보를 수시로 확인한다. • 집중호우 발생 시 재난관리 기관(소방서, 경찰서)에 재난 발생을 알리고, 안내방송을 통해 유치원의 전 구성원에게 집중호우의 발생과 대처를 알린다.
[2단계] 안전 확보	• 유치원의 모든 문과 창문을 닫는다. • 가스 사용 후 밸브를 잠그고, 이용하지 않는 전기 콘센트를 뽑는다. • 안전을 위해 유아와 교사는 실내에 머무른다. 부득이한 경우를 제외하고 유아와 교사의 바깥출입을 하지 않는다.

[3단계] 긴급 대피	• 저지대 또는 상습 침수지역 유치원에서는 유아와 교사가 가까운 대피소로 신속하게 대피한다. • 대피 시 유아가 가로등, 전신주, 신호등, 하수도 맨홀 등에 접근하지 못하도록 한다. • 대피 중 천둥 · 번개가 칠 경우에는 건물 안이나 낮은 지역으로 이동한다.
[4단계] 응급조치	• 실내 또는 대피 중 부상당한 유아와 교사가 있는지 확인한다. • 부상자를 확인하면 안전한 곳에서 응급처치를 실시하고 곧바로 의료기관 등에 연락하여 이송한다.
[5단계] 재난정보 확인, 보호자 인계	• 유치원 실내 또는 대피 장소에서 교사는 유아의 인원을 파악한다. • 교사는 라디오, 휴대폰 등으로 집중호우 안내방송을 청취하고 재난상황을 확인한다. • 대피 중 교사는 부모에게 연락하여 유아를 안전하게 인계한다. 연락이 닿지 않을 경우 유아를 대피 장소에서 안전하게 보호하고 계속하여 연락을 시도한다.

상황별 집중호우 대응 행동요령은 다음과 같다.

① 유치원 내에서 집중호우가 발생했을 때

• 출입문과 창문을 모두 닫는다.
• 유아와 교사는 가능한 한 바깥출입을 하지 않고 실내에 머무른다.
• 교사는 라디오, 휴대폰 등으로 집중호우 상황을 지속적으로 확인하고 이에 대응한다.
• 부상자가 생기면 응급조치 후 의료기관으로 이송한다.

② 유치원 밖에서 집중호우가 발생했을 때

• 유치원 밖에서 집중호우가 발생하면 교사는 유치원에 교사와 유아의 위치, 유아의 안전 상태 등을 알리고, 필요시 지원을 요청한다.
• 집중호우 발생 상황을 휴대폰 등으로 확인한 후, 상황에 따라 안전하게 유치원 또는 인근 건물, 대피소 등으로 이동한다.
• 이동 시 유아가 전신주, 가로등, 맨홀 주변 등에 가까이 가지 않도록 주의를 준다.
• 부상자가 발생하면 즉시 안전한 장소에서 응급처치를 실시하고, 119에 신고하

여 부상자를 의료기관으로 이송한다.

③ **상습 침수지역의 유치원에서 집중호우가 발생했을 때**

- 집중호우 발생 시 유치원의 유아와 교직원이 모두 고지대의 안전한 장소(건물 또는 대피소)로 대피할 수 있도록 한다.
- 교사는 유아의 안전과 위치를 부모에게 알리고, 대피 장소에서 유아를 보호하고 있다가 부모에게 안전하게 인계한다.
- 원장은 재난 상황에 따라 유치원 운영 여부를 결정한다.
- 교사는 유치원 운영 방침을 부모에게 유선(문자, 통화 등)으로 즉시 전달한다.

(3) 집중호우 종료 후(복구)

집중호우 종료 후 유치원의 교직원은 피해 상황 파악 및 교육청 보고, 2차 재난 방지를 위한 점검 및 응급조치, 피해 복구 및 비상수업 대책 마련 등과 관련한 활동을 실시한다.

① **피해 상황 파악 및 교육청 보고**

- 집중호우 종료 후 부상자를 확인하고, 응급처치 후 병원 등으로 이송한다.
- 유치원 건물 및 주변시설의 피해 상황을 파악한다.
- 부상자와 유치원 피해 상황을 교육청에 보고한다.
- 재난 상황에 따라 원장은 유아의 조기귀가, 휴원 등의 조치를 취하고 부모에게 알린다.

② **2차 재난(추가 집중호우, 수인성 전염병 등) 방지를 위한 점검 및 응급조치**

- 라디오, 휴대폰 등으로 2차 재난 예보를 청취하고 추가 집중호우 발생 시를 대비해 유치원 시설물을 점검한다.
- 집중호우로 인해 수인성 전염병이 발생할 수 있으므로 음용수 및 급식 준비 시 위생 관리를 강화한다.
- 집중호우 발생 시 통신에 일시적 장애가 있을 수 있기 때문에, 라디오 등을 통한 공공기관의 정보에 따라 침착하게 대처한다.

③ 피해 복구 및 비상수업 대책 마련

- 집중호우로 인하여 파손된 건물과 주변시설을 복구, 보강하고 침수 시 손상된 집기와 시설물을 건물 밖으로 꺼내 피해 공간을 정리한다.
- 유치원의 가스, 전기, 수도관 등의 이상을 확인하고, 관련 기관의 도움을 받아 피해를 복구한다.
- 주변의 송전철탑이 넘어진 경우 119나 시 · 군 · 구청 또는 한전에 신고한다.
- 유치원이 침수된 경우 환기를 시킨 후 들어가고(가스가 차 있을 우려), 내 · 외부 시설물을 복구한 후 방역을 실시한다.
- 원장은 유관기관(교육청 등)과 긴밀하게 협조 체제를 구축하고 유치원 피해 복구 과정 또는 이후의 비상수업에 대한 대책을 마련한다.

2) 부모 지침서

유치원에서는 평상시 부모교육을 통해 부모에게 집중호우대응 행동요령, 집중호우 발생 시 주의사항 등을 전달할 필요가 있다.

집중호우가 발생하면 이렇게 행동해 주세요!

- 실외에 화분, 가구 등 떠내려갈 위험이 있는 물건은 실내로 옮기거나 단단하게 고정합니다.
- 집중호우가 발생 시 출입문과 창문을 모두 닫고 실내에 머무르고, 노약자나 어린이는 집 밖으로 나가지 않도록 합니다.
- 저지대 또는 상습 침수지역에 거주하는 경우 고지대의 건물 또는 대피소로 대피합니다. 대피 시 수도, 가스, 전기를 반드시 차단합니다.
- 공사장 근처, 전신주, 가로등, 맨홀 부근은 접근하지 않습니다.
- 지하주차장 또는 하천 근처에 주차된 차량은 다른 안전한 곳으로 이동시켜 주차해 주세요.

집중호우에 대비하여 이러한 점을 주의해 주세요!

- 평소 유치원에 부모와 부모 이외 인계자의 인적사항 및 연락처를 전달합니다.
- 재난 상황 시 유아의 대피 장소(대피소 등)를 알아두고, 유치원, 교사, 유아의 친구 부모 등의 연락처를 저장해 둡니다.
- 집중호우 발생 시 유아의 안부를 확인하고, 재난 상황에 따라 유아 인계 방법과 인계 장소 등을 교사와 상의합니다.
- 비상시(통신 장애, 전화 불통 등) 부부 사이의 행동지침을 정해 둡니다.
- 아이가 혼자가 될 경우를 대비해 유아의 이름, 연락처 등을 기록한 이름표를 신체에 소지하도록 합니다.
- 재난 상황에서 침착한 대처로 유아의 충격을 완화하고 유아를 안정시킵니다.

3) 국민행동요령

(1) 집중호우 발생 시 상황별 행동요령

[집중호우 예상 시]

- 주택의 하수구와 집 주변의 배수구를 미리 점검한다.
- 물에 떠내려갈 수 있는 물건은 안전한 장소로 옮긴다.
- 집 안팎의 전기 수리는 하지 않는다.
- 하천 주변, 지하에 주차된 자동차는 안전한 곳으로 옮긴다.
- 대형 공사장, 비탈면 등의 관리인은 안전 상태를 확인하고 공사장 인근을 통제한다.
- 대피 장소와 비상 연락 방법을 미리 알아 둔다.
- 응급약품, 손전등, 식수, 비상식량 등을 준비해 놓는다.

[집중호우 발생 시]

- 건물의 출입문이나 창문을 닫는다.
- 저지대, 상습 침수지역에 거주하는 주민은 신속하게 대피한다.
- 상류 급경사 계곡, 하천 범람 위험지역, 산사태 위험지역 등에 있을 시 신속하게 대피한다.
- 대피 시 수도와 가스 밸브를 잠그고 전기 차단기를 내린다.
- 보행 중 천둥, 번개가 칠 경우 건물 안이나 낮은 지역으로 대피한다.

[집중호우가 지나간 후]

- 대피 후에 집에 돌아오면 바로 들어가지 말고, 붕괴 가능성을 반드시 점검한다.
- 침수된 집 안은 가스가 차 있을 수 있으므로 환기한 후 들어감. 전기, 가스, 수도관 시설은 손대지 말고 전문 업체에 의뢰한다.
- 파손된 상하수도, 축대, 도로 등이 있으면 시 · 군 · 구청이나 읍 · 면 · 동사무소에 연락한다.
- 식수의 오염 여부를 반드시 조사한 후 마심. 침수된 음식이나 식재료는 식중독의 위험이 있으니 요리 재료로 사용하지 않는다.

출처: 국민재난안전포털(www.safekorea.go.kr).

(2) 집중호우 발생 시 장소별 행동요령

[도시 지역]

- 저지대, 상습 침수지역에 사는 주민은 대피를 준비한다.
- 가로등, 신호등, 고압전선 근처에 접근하지 않는다.
- 도로의 차량은 천천히 서행한다.
- 물에 떠내려갈 위험이 있는 물건을 안전한 장소로 옮긴다.
- 라디오, TV, 인터넷 등으로 기상예보와 호우 상황을 숙지한다.

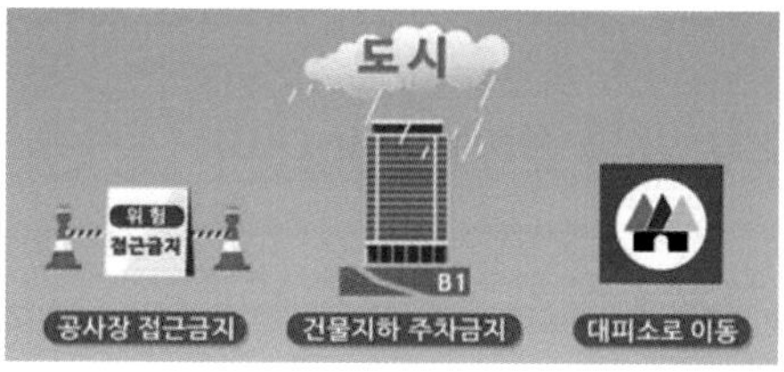

[농촌 지역]

- 모래주머니 등을 이용하여 하천의 물이 넘치지 않도록 하여 농경지 침수에 대비한다.
- 논둑을 미리 점검하고 물꼬를 조정한다.
- 농작물 보호 조치를 취한다.
- 집 주변, 농경지의 용·배수로를 미리 점검한다.
- 농기계나 가축 등을 안전한 장소로 옮겨 둔다.

[해안 지역]

- 해안의 위험한 비탈면에 접근하지 않는다.
- 해안도로에서 운전을 하지 않는다.
- 바닷가의 저지대 주민은 안전한 곳으로 대피한다.
- 물에 떠내려갈 수 있는 어망, 어구 등을 안전한 장소로 옮긴다.
- 해수욕장을 이용하지 않는다.

출처: 국민재난안전포털(www.safekorea.go.kr).

3. 집중호우 대비 및 대응 교육활동

1) 집중호우 발생 전(예방 및 대비)

활동명	비가 주룩주룩!	활동 대상	5세
활동 목표	집중호우에 대해 알게 된다. 집중호우의 피해, 심각성에 대해 알게 된다.	활동 영역	의사소통, 예술경험 자연탐구
활동 자료	동화책, 교육 동영상, 게임 준비물(사진 자료, 스피커, 다양한 빗소리 음향 등)		

단계	영역	내용	시간
도입	의사 소통	• 동화책을 읽어 주며 비에 대해 이야기를 나눈다. T: 비가 왜 내리는지 알고 있나요? T: 비가 많이 내리면 어떻게 되나요?	5′
전개	자연 탐구 의사 소통	• 집중호우가 발생하는 원인 및 피해와 관련한 동영상을 시청하며 이야기를 나눈다. T: 집중호우는 왜 발생할까요? T: 집중호우가 발생하면 어떻게 될까요?	12′
	예술 경험	• 빗소리 듣고 장면 알아맞히기 게임을 진행한다. T: 비가 조금씩 내리면 어떤 소리가 날까요? 또 매우 많이 내리면 어떤 소리가 날까요? T: 우리 함께 소리를 들어 볼까요? T: 이 소리는 어떤 빗소리일까요? T: 잘했어요. 그럼 이 소리는 어떤 빗소리일까요? (가랑비, 소나기, 집중호우 등 여러 종류의 빗소리를 들려주고 장면에 해당 비가 내리는 사진을 찾도록 한다. 또는 양철에 떨어지는 빗소리, 잔디밭에 내리는 빗소리 등을 들려주고 해당 사진을 찾도록 한다.) • 활동지를 제시한 뒤, 집중호우 그리기 활동을 한다. T: 선생님이 종이를 한 장씩 나눠 줄 거예요. 여기에서 가랑비와 집중호우를 각각 그려 보아요.	10′
마무리	의사 소통	• 집중호우에 대한 내용을 정리한다. T: 여러분, 오늘 집중호우에 대해 더 잘 알게 되었나요? T: 오늘 우리가 집중호우에 대해 어떤 이야기를 나누었지요?	3′
지도 시 유의점		* 상황에 따라 ‘빗소리 듣고 장면 맞히기’를 ‘물체 두드려 빗소리 표현하기’ 등으로 대체하여 활동을 진행할 수 있다. * 유아가 듣고 확실하게 구분할 수 있는 빗소리 음향을 준비한다.	

활동 자료

재난유형	집중호우를 그려 보아요	(　　　　)반
집중호우		이름:

아래에 가랑비와 집중호우를 그려 보아요.

가랑비　　　　집중호우

활동명	산사태가 일어나요!	활동 대상	5세
활동 목표	집중호우 발생 시 산사태의 위험성을 안다.	활동 영역	의사소통, 예술경험 자연탐구
활동 자료	집중호우 동요, 사진 자료, 실험 준비물(미니 수조, 흙, 물, 물뿌리개 등)		

단계	영역	내용	시간
도입	의사소통 예술경험	• 지난 활동에 대해 이야기를 나눈다. T: 지난 시간에 우리가 집중호우에 대해 알아본 것들이 기억나나요? T: 우리가 무엇에 대해 이야기하였지요? • 집중호우 동요를 함께 배운다. T: 〈폭우가 쏟아져요〉라는 집중호우 동요를 함께 배워 보아요.	5′
전개	자연탐구 의사소통	• 집중호우 발생 시 산사태가 일어난 사진들을 보며 이야기를 나눈다. T: 이 사진을 함께 볼까요? T: 산이 무너져서 와르르 아래로 내려왔네요. 왜 이렇게 되었을까요? T: 그 아래 사람이 살거나 지나가고 있었으면 어떻게 되었을까요? T: 그러면 비가 많이 내리는 날에 산 아래 또는 산 주변에 있다면 어떻게 해야 할까요?	10′
	자연탐구	• 산사태 실험을 함께해 본다. T: 이제 집중호우가 발생했을 때 왜 산사태가 일어나는지 실험을 해 볼까요? 그럼 먼저 작은 산을 함께 만들어 보아요. (미니 수조 안에 흙을 산처럼 경사지도록 쌓고 다진다.) T: 산 아래에는 찻길도 있고 집도 있고 사람도 있겠지요? 이것도 함께 만들어 보아요. (모형 등으로 산 주변을 꾸민다.) T: 다 되었네요. 그럼 이제 비가 많이 오면 어떻게 될지 실험해 보아요. (물뿌리개로 처음에는 물을 조금씩 뿌리다가, 점점 더 많이 뿌린다.) T: 산과 주변이 어떻게 되었나요?	10′
마무리	의사소통	• 집중호우 발생 시 나타나는 산사태에 대해 정리한다. T: 비가 많이 오면 산에서 어떤 일이 발생할 수 있나요? T: 그럼 집중호우가 발생할 때 산 주변에 있다면 어떻게 해야 하죠?	5′
지도 시 유의점		* 활동지를 이용한 추가 활동을 진행할 수 있다. * 유아가 실험에 주도적으로 참여할 수 있도록 한다.	

활동 자료

폭우가 쏟아져요

재난유형	산사태가 나면 어떻게 될까요?	(　　　　)반
집중호우		이름:

집중호우로 인해 산사태가 발생하면 어떻게 될까요?

2) 집중호우 발생 시(대응)

활동명	우산을 쓰고 장화를 신어요!	활동 대상	5세
활동 목표	집중호우 발생 시 대응 방법을 알게 된다. 안전을 위한 주의사항을 알게 된다.	활동 영역	의사소통, 예술경험
활동 자료	동화책, 교육 동영상, 퀴즈 준비물(사진 자료), 우산 만들기 재료(투명우산, 사인펜 등)		

단계	영역	내용	시간
도입	의사소통	• 집중호우를 경험하는 주인공이 등장하는 동화책을 읽어 주며 집중호우 발생 시 어떻게 행동해야 하는지 이야기를 나눈다. T: 집중호우가 발생하니 ○○(주인공)가 어떻게 하였나요? T: 왜 그렇게 하였나요?	5′
전개	의사소통	• 동영상을 함께 보며 집중호우 대응 방법에 대해 이야기를 나눈다. 이어서 집중호우 대응 방법에 대한 퀴즈 게임을 한다. T: (집중호우 발생 시 전선을 만지고 있는 친구의 그림을 보여 주며) 자 이 친구가 지금 무엇을 하고 있지요? 이렇게 해도 될까요? T: 해도 된다고 생각하는 친구는 ○라고 쓰인 곳으로, 안 된다고 생각하는 친구는 ×라고 쓰인 곳으로 모여 주세요.	13′
	의사소통 예술경험	• 집중호우 발생 시 필요한 준비물과 복장 등에 대해 더 이야기를 나눈다. T: 비가 많이 내리는 날 ○○가 밖에 나가게 되었어요. T: ○○는 무엇을 준비해야 할까요? T: 그렇지요. 우산을 준비해야 해요. 우산이 없을 때는 어떻게 해야 할까요? T: 맞아요. 우산을 드는 대신 우비를 입을 수 있겠지요. 신발은 어떤 신발을 신어야 할까요? • 우산 만들기 활동을 한다. T: 이제 우리 비가 많이 내릴 때 꼭 필요한 우산을 만들어 보아요. T: (투명 우산을 나누어 주고) 비가 많이 오는 날에는 이렇게 앞이 보이는 우산을 써야 앞을 더 잘 볼 수 있어요. T: 이제 선생님이 나눠 준 투명 우산을 각자 사인펜으로 꾸며서 나만의 우산을 만들어 보아요.	7′
마무리	의사소통	• 집중호우 발생 시 필요한 준비물과 외출 복장에 대해 정리한다. T: 비가 많이 내리면 밖에 나가기 전에 무엇을 준비해야 하나요? T: 또 어떤 것을 입거나 신어야 하지요?	5′
지도 시 유의점	* 필요시 활동지를 이용하여 추가 활동을 진행한다.		

활동 자료

재난유형	집중호우 발생 시 바람직한 복장은?	(　　　　)반
집중호우		이름:

밖에 폭우(집중호우)가 쏟아지고 있어요. 아래 친구들의 외출 준비를 도와주세요!
(옷, 우비 또는 우산, 장화 등을 그려 주세요.)

활동명	구명보트를 이용해요!	활동 대상	5세
활동 목표	집중호우 발생 시 대응 방법을 안다. 부력의 개념을 이해한다.	활동 영역	의사소통, 예술경험 자연탐구
활동 자료	집중호우 동요, 사진 자료, 부력실험 준비물(수조, 물, 스티로폼, 쇠구슬 등)		

단계	영역	내용	시간
도입	예술 경험	• 지난번에 배웠던 동요를 다시 불러 보며, 율동을 새롭게 배워 본다. T: 지난번에 우리 함께 배웠던 동요 기억하나요? T: 〈폭우가 쏟아져요〉를 다 같이 불러 볼까요? T: 이번에는 가사에 맞추어서 율동을 새롭게 배워 보아요.	5′
전개	의사 소통	• 집중호우로 인해 물이 많이 차올랐을 때 대응 방법(구명보트 이용 등)에 대해 이야기한다. T: 집중호우로 인해 물이 많이 차올랐어요. 어떻게 해야 할까요? T: 어떤 것을 이용할 수 있을까요? 그래요. 튜브를 이용할 수 있겠지요. T: 물에 빠지지 않기 위해 또 어떤 것들을 이용할 수 있을까요? (관련 사진 자료를 보여 주며 더 이야기를 나눈다.)	10′
	자연 탐구	• 부력에 대해 알아보고 물에 뜨는 것과 가라앉는 것을 실험으로 확인해 본다. T: 아까 말한 물건들의 공통점은 무엇일까요? 왜 그것들은 물에 뜰 수 있는 것일까요? (유아의 생각을 듣고 교사가 부연 설명을 한다.) T: 그럼 이제 물에 뜰 수 있는 것과 가라앉는 것을 맞혀 보는 게임을 해 볼까요? T: 이것은 물에 뜰까요, 가라앉을까요? 직접 물에 넣어 볼까요? (스티로폼, 쇠구슬, 나무젓가락, 지우개 등으로 실험을 해 본다.)	13′
마무리	의사 소통	• 오늘 활동에 대해 이야기하며 마무리한다. T: 오늘 우리가 어떤 활동을 하였지요? T: 그럼 비가 많이 와서 물이 차오를 때 어떤 것을 이용해야 할까요?	2′
지도 시 유의점		* 부력의 개념을 설명할 때 유아가 충분히 잘 이해할 수 있도록 쉽게 설명한다. * 필요시 활동지를 이용하여 추가 활동을 진행한다.	

활동 자료

폭우가 쏟아져요

① 두 손으로 공 모양을 만들어 오른쪽에서 왼쪽으로 이동한다. (두 번 반복)

② 손가락으로 작은 네모를 만든다.

③ 손가락으로 더 큰 네모를 만든다.

④ 오른손을 주먹 쥐고 앞뒤로 한 뒤, 팔을 접으며 앞으로 한다.

⑤ 종아리를 손바닥으로 가리킨다.

⑥ 양손을 앞뒤로 흔든다. (두 번 반복)

⑦ 손으로 가방을 드는 동작을 한다.

⑧ 손가락으로 먼 곳 위쪽을 가리킨다.

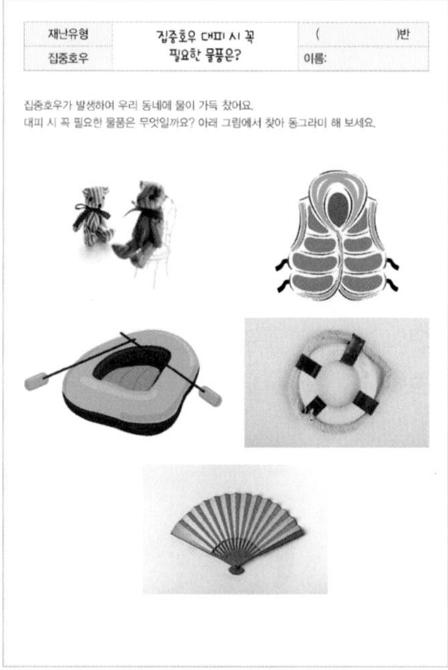

재난유형	집중호우 대피 시 꼭 필요한 물품은?	(　　　　)반
집중호우		이름:

집중호우가 발생하여 우리 동네에 물이 가득 찼어요.
대피 시 꼭 필요한 물품은 무엇일까요? 아래 그림에서 찾아 동그라미 해 보세요.

3) 집중호우 종료 후(복구)

활동명	깨끗하게 청소해요!	활동 대상	5세
활동 목표	집중호우 피해 복구 방법에 대해 알게 된다.	활동 영역	의사소통, 사회관계
활동 자료	교육 동영상, 사진 자료, 활동지, 역할극 소품(청소도구, 색종이 등)		

단계	영역	내용	시간
도입	의사 소통	• 동영상이나 사진 자료를 보여 주며 집중호우 피해 복구 방법에 대해 이야기를 나눈다. T: 이제 집중호우가 다 끝났어요. 건물과 마을이 어떻게 변하였나요? T: 이제 이것들을 어떻게 복구해야 할까요?	5′
전개	사회 관계	• 물이 빠진 후의 모습과 피해 복구에 대해 이야기를 나눈다. T: 집중호우가 다 지나가고 물이 빠졌어요. T: 집 내부가 어떻게 되었나요? T: 네. 맞아요. 진흙 같은 것들이 깔려 있지요? 왜 진흙이 생겼을까요? T: 그러면 이제 이것들을 어떻게 치우고 깨끗하게 만들 수 있을까요? T: 맞아요. 물을 뿌릴 수 있겠지요. 또 어떤 방법이 있을까요? T: 그렇지요. 빗자루로 흙을 쓸어 낼 수도 있어요. • 활동지에서 집중호우 피해 복구 전과 후를 연결해 본다. T: 선생님이 그림을 한 장씩 나눠 줄 거예요. 그림에서 집중호우로 인한 피해와 그 피해를 복구한 장면을 선으로 이어 주세요.	15′
	의사 소통	• 집중호우 뒤 청소하기 역할극을 한다. T: 아까 집중호우가 지나간 뒤에 깨끗하게 청소하는 것이 필요하다고 하였지요? 자, 그럼 우리 그것을 역할극으로 해 볼까요? T: 누가 호스로 물 뿌리기를 해 볼까요? 그래요. ○○가 그것을 맡아 주세요. T: 그럼 누가 빗자루로 흙을 쓸어 낼까요? T: 모두 역할을 맡았지요? 그럼 이제 시작해 보아요. (색종이, 종이 등을 찢어서 바닥에 뿌리고 집중호우 뒤의 상황을 만든다. 그 후에 맡은 역할에 따라 청소를 시작한다.)	8′
마무리	의사 소통	• 집중호우 복구 방법에 대해 정리한다. T: 오늘 우리가 무엇에 대해 이야기를 하였지요? T: 집중호우가 지나가면 어떻게 해야 하나요?	2′
지도 시 유의점	* 청소하기 역할극을 교육 환경과 상황에 맞추어 구성하고 진행한다.		

활동 자료

(역할놀이 소품)

재난유형	집중호우가 복구되면 어떤 모습일까요?	(　　　　)반
집중호우		이름:

집중호우가 복구되기 전 모습과 복구된 후의 모습을 연결해 주세요.

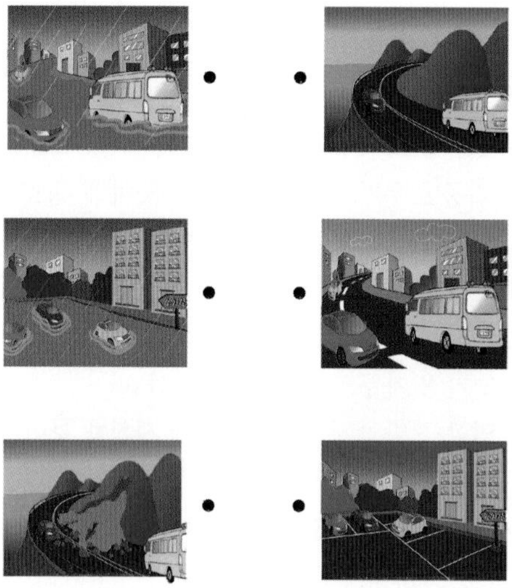

재난유형	집중호우를 그려 보아요	(　　　　　　　)반
집중호우		이름:

아래에 가랑비와 집중호우를 그려 보아요.

가랑비

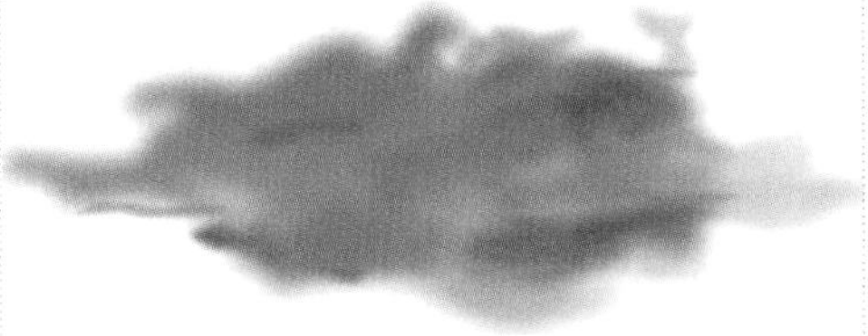

집중호우

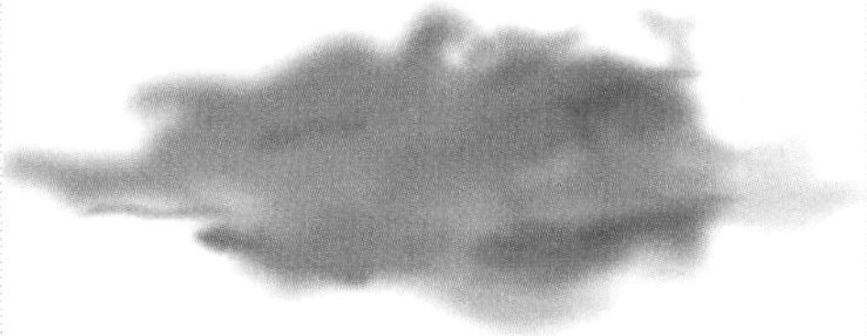

재난유형	산사태가 나면 어떻게 될까요?	(　　　　　　　　)반
집중호우		이름:

집중호우로 인해 산사태가 발생하면 어떻게 될까요?

재난유형	집중호우 발생 시 바람직한 복장은?	(　　　　)반
집중호우		이름:

밖에 폭우(집중호우)가 쏟아지고 있어요. 아래 친구들의 외출 준비를 도와주세요!

(옷, 우비 또는 우산, 장화 등을 그려 주세요.)

재난유형	집중호우 대피 시 꼭 필요한 물품은?	(　　　　　　)반
집중호우		이름:

집중호우가 발생하여 우리 동네에 물이 가득 찼어요.
대피 시 꼭 필요한 물품은 무엇일까요? 아래 그림에서 찾아 동그라미 해 보세요.

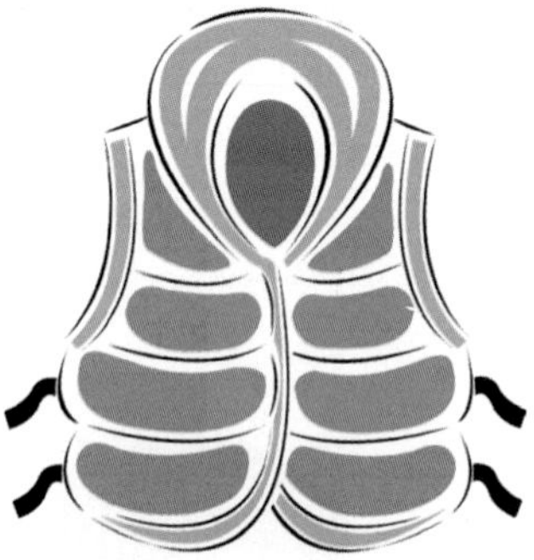

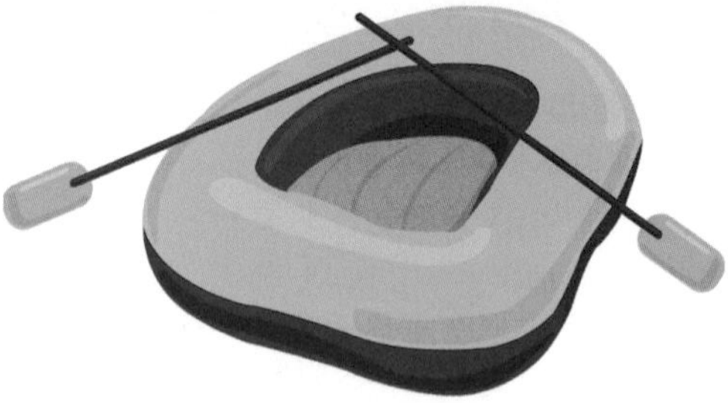

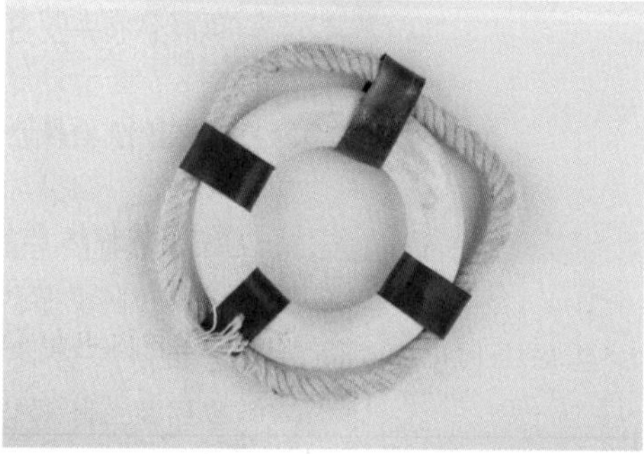

재난유형	집중호우가 복구되면 어떤 모습일까요?	(　　　　　　)반
집중호우		이름:

집중호우가 복구되기 전 모습과 복구된 후의 모습을 연결해 주세요.

4. 참고자료

관련 사이트 정보

- 행정안전부(www.mois.go.kr)
- 교육부(www.moe.go.kr)
- 보건복지부(www.mohw.go.kr)
- 소방청(www.nfa.go.kr/nfa)
- 해양경찰청(www.kcg.go.kr)
- 기상청(www.kma.go.kr)
- 국민재난안전포털(www.safekorea.go.kr)
- 국가태풍센터(http://typ.kma.go.kr)
- 세종특별자치시 소방본부 119(http://www.sejong.go.kr/fire.do)

기타 정보

- 전화: 기상청 날씨예보(☎ 131), 119구조대(☎ 119)
- 앱: 안전디딤돌

참고문헌

- 풍수해 대비 안전보건 매뉴얼(고용노동부, 안전보건공단), 2017 여름철 자연재난 국민행동요령(행정안전부), 학교현장 재난유형별 교육 · 훈련매뉴얼(교육부), 2008 재난대비 국민행동매뉴얼 안전 길라잡이(소방방재청), 2015 어린이집 안전관리백과-소방, 재난, 자연재해편(어린이집 안전공제회), 재난안전 체험형 안전교육(경기도교육청)

동화책

- 케이티 데이니스(2016). 비는 왜 내려요? 우리 아이 첫 과학책 | 날씨. 어스본코리아.
- 김영이(2014). 주룩주룩, 비는 왜 올까?(리틀 스펀지 과학동화 18). 한국가우스.

동영상

- 03 신속한 행동요령으로 태풍, 호우를 이기자(국민안전처). https://www.youtube.com/watch?v=K6roq2P02f4
- 태풍/ 집중호우-국민행동요령(애니메이션). https://www.youtube.com/watch?v=amRl5JiatYU
- 여름철 집중호우 및 산사태 대비 안전 수칙. https://www.youtube.com/watch?v=hVxlJzKgkFQ

동요

- 학교종(김메리 작사, 김메리 작곡)을 개사하여 사용함.

제10장

홍수

1. 홍수에 대한 이해

1) 홍수의 정의

홍수란 많은 비로 인해 하천이 범람하여 주변에 피해를 주는 자연재해를 말한다.

2) 홍수의 특징

(1) 주요 발생 지역

- 홍수는 아시아의 계절풍 기후 지역, 큰 하천의 하류 및 저지대, 열대 저기압이 자주 통과하는 지역에서 주로 발생한다.

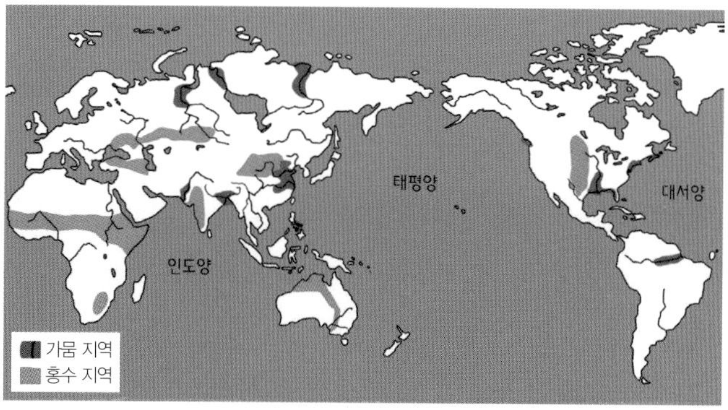

[그림 10-1] 전 세계 가뭄 지역과 홍수 지역

(2) 홍수의 발생 원인

- 일반적인 홍수의 원인으로는 눈이 쌓인 지역의 봄철 융설, 계절풍 지대의 고온 다습한 기류에 의한 국지성 집중호우, 태풍 및 저기압 통과, 장마전선, 하천을 막는 산사태 등이 있다.

- 한반도 홍수 발생 원인

  ① 장마전선과 이 전선을 지나가는 저기압

② 7~9월 초에 한반도에 영향을 미치는 태풍
③ 중국(화베이 지방, 양쯔강 등) 및 동중국해발 저기압
④ 여름철 남동계절풍, 일사에 의한 뇌우성 집중호우 등

(3) 우리나라 홍수의 특징

- 장마전선, 태풍 등의 영향으로 강수량이 많은 여름에 주로 발생하는데, 우리나라의 여름철 강수량은 연강수량의 약 60%를 차지한다.
- 홍수는 우리나라에서 한 번에 많은 인명 피해 및 재산 피해, 이재민을 발생시키는 재해로 최근 집중호우, 게릴라성 호우의 증가로 홍수 피해가 급증하는 추세이다(1970년대: 가뭄, 기근 등으로 인한 이재민이 다수, 1980년대 후반부터: 전체 이재민의 60% 이상이 홍수로 인한 이재민, 1990년대 중반부터: 홍수로 인한 이재민이 전체의 75%까지 증가).
- 홍수 빈발 지역으로는 낙동강 하류, 남해안(섬진강 중심), 지리산 부근, 경기북부지방(강화도 중심), 서해안 중부지방(한강 하류, 안성천 중심), 대관령 부근 산간지방, 제주도 등이다.
- 기상학적, 지형학적, 사회경제적 측면에서의 우리나라 홍수의 특징

  - 기상학적 측면: 우리나라의 홍수는 여름철 북태평양 고기압의 영향을 받아 발생하는 장마와 2~3개의 태풍으로 인한 집중호우에 의해 발생한다.
  - 지형학적 측면: 우리나라는 전 국토의 2/3 이상이 산지이고 동고서저형으로, 하천의 급류가 많고 호우가 하천 유역에 집중되는 경향이 있으며, 산지가 대부분 풍화된 화강암, 편마암으로 구성되어 있어 수분 함유 능력이 적고, 토사나 암석의 이동, 산사태 등으로 홍수 피해를 가중시키는 경향을 보인다.
  - 사회경제적 측면: 산업화와 도시화가 지속적으로 이루어져 토지 이용이 고도화되어 홍수로 인한 재해가 해마다 증가하는 추세이다.

(4) 홍수의 영향

부정적 영향

- 저지대의 농경지, 가옥, 산업단지, 도로 등이 침수되어 많은 재산 및 인명의 피해를 발생시킨다.

- 하천 유역의 개발, 댐 건설, 도시화 등으로 인해 홍수의 피해가 변모하였다.
- 홍수가 종료된 후 오염된 물에 의해 여러 질병이 발생한다.
  - 수인성 전염병: 음용수, 음식물 등이 화장실의 분변, 생활하수, 죽은 가축으로 인한 병균에 의해 오염되어 전염병을 발생시킨다.
  - 피부병: 오염된 물, 물건 등에 의해 피부병이 발생할 수 있으며, 수해 복구 중 상처가 났을 때 물 속의 세균에 의해 감염될 가능성이 있다.
  - 설사병: 식중독 등으로 구토, 고열 증상과 함께 설사 증상이 나타날 수 있으며, 노약자의 경우 설사가 탈수로 이어질 수 있어 꼭 의사의 진찰이 필요하다.

긍정적 영향

- 가뭄을 해소시켜 준다.
- 하천 범람 시 비옥한 토양이 퇴적되어 농업 활동에 도움을 준다.
- 많은 물이 댐에 저장되어 전력용수, 관개용수, 상수도용수, 공업용수 등 다양한 용수로 이용될 수 있어 홍수는 중요한 수자원 확보에 도움을 준다.

3) 홍수의 예보

예보 절차

강수량 및 수위 관측소에서 10분 단위로 수문 자료를 수집 → 강우량과 유출량 계산하고 댐 저수량을 고려하여 주요 지점의 수위와 홍수 규모 판단 → 댐 방류 등으로 홍수량을 조절 → 수위가 주의보나 경보 기준 이상으로 상승할 것으로 예상되면 홍수 예보를 발령

홍수	주의보	경보
발령	수위가 계속 상승하여 주의보 경계홍수위(계획홍수량의 50%가 흐를 때의 수위)를 초과할 것이 예상되는 경우	수위가 계속 상승하여 경보위험 홍수위(계획홍수량의 70%가 흐를 때의 수위)를 초과할 것이 예상되는 경우
해제	홍수주의보가 발령되어 있는 지점에서 수위가 계속 하강하여 주의보 수위 이하로 내려갈 것이 예상되는 경우	홍수경보가 발령되어 있는 지점에서 수위가 계속 하강하여 경보 수위 또는 주의보 수위 이하로 내려갈 것이 예상되는 경우

4) 홍수의 발생현황

홍수의 발생 추이

- 지난 수십 년간 대규모 홍수는 점점 더 자주 발생하는 추세에 있으며, 호우성 강우는 피해를 더 키운다.
- 전 세계적으로 이러한 현상이 증가하였고, 20세기 들어 세계적으로 총 강수량은 20% 증가하였으나, 일부 지역에 집중되어 다른 지역에서는 가뭄 현상이 발생하였다.

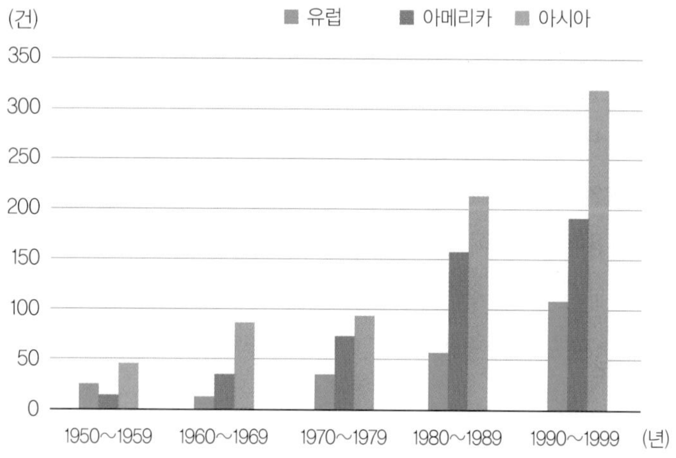

[그림 10-2] 유럽, 아메리카, 아시아 지역의 홍수 발생 건수

해외 대홍수 현황

- 1999년 12월 베네수엘라 대홍수: 베네수엘라에서 대홍수로 인해 2만 5천 명 사망
- 2000년 2월 아프리카의 모잠비크, 오스트레일리아 대홍수: 아프리카 모잠비크의 대홍수로 100만여 명의 수재민이 발생하였고, 오스트레일리아 동부에서는 1주일 동안 호우가 지속되어 퀸즐랜드주의 1/3이 수몰되었다.
- 2004년 5월 카리브해 연안 대홍수: 2004년 폭풍우가 카리브 해를 강타하여 아이티, 도미니카 공화국 등에서 일주일 동안 약 2천 명이 사망하였고, 이 중 도미니카 공화국의 짐마니에서는 3백 명이 집이나 진흙 더미에 묻혀 사망하였다.
- 2005년 7월 인도 대홍수: 인도에서 하루에 24cm에 달하는 많은 비가 내려 서부에서만 사망자가 천 명이 넘었다.

• 2007년 7월 중국 대홍수: 중국 안후이성, 장쑤성 등지에서 폭우로 인해 홍수와 산사태가 발생하였고, 수백 명의 사망자와 실종자가 발생하여 중국 중남부 지역에서 이재민이 약 8천만 명에 달하였다.
• 2011년 7~10월 태국 대홍수: 7월부터 4개월 동안 열대성 폭우로 인해 태국 북부와 북동부에 엄청난 양의 비가 내려 태국의 수도인 방콕이 물바다가 되었다.

국내 홍수 현황

• 1984년 대홍수: 전선형 강우대로 인하여 시간당 50mm 내외의 폭우가 내려 서울의 1일 최대 강우량이 298.4mm에 달하였다(1904년 기상대 관측 이래 최고). 한강 인도교의 수위가 위험수위인 10.5m를 훨씬 넘어 최고 11.03m를 기록하였고, 속초의 경우 3일간 약 650mm의 비가 내려 이 지역의 월 최고 강수량을 넘었으며, 1984년의 호우로 인해 전국에 걸쳐 약 232억 원의 재산 피해가 발생하였다.
• 1996년 7월 홍수: 경기 북부지역(파주, 문산, 연천)에 게릴라성 호우가 내려 재산, 인명 피해가 발생하였다.
• 1998년 8월 홍수: 서울 · 경기 지역의 게릴라성 호우로 재산 피해, 인명 피해가 발생하였으며, 강화에서는 1일 481mm의 비가 내려 많은 재산, 인명 피해가 발생하였다.

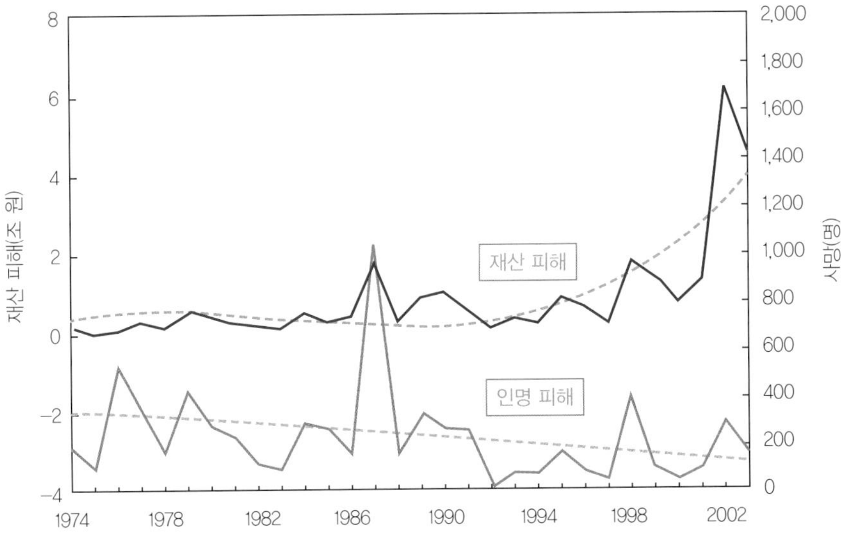

[그림 10-3] 홍수로 인한 재산 피해 및 인명 피해 추이(1974~2002년)

• 2002년 9월 홍수: 태풍 루사로 인하여 집중적인 폭우가 내려 기상 관측 이후 최대의 홍수로 기록되었으며, 사망과 실종이 246명, 건물 피해가 27,562동, 농경지 피해가 143,261ha, 경제적 손실이 5조 1479억에 달하였고, 폭우로 인한 직접 피해뿐 아니라 홍수로 인한 2차적 피해가 더 컸다.

2. 홍수 대비 및 대응 매뉴얼

1) 행동 매뉴얼

(1) 홍수 발생 전(예방 및 대비)

유치원의 홍수 대비책으로는 유치원 시설 점검, 비상 연락망 점검, 홍수 대피 계획 마련 및 대피 훈련 실시, 홍수 대응 사전교육 실시, 비상용품 구비, 가정 및 지역사회와의 연계 등을 포함한다.

① 유치원 시설 점검

- 유치원의 하수구나 배수구를 점검하고 막힌 곳을 뚫어 준다.
- 피해가 예상되는 지역에서는 물이 유치원 안으로 흘러가는 것을 막기 위해 모래주머니나 튜브 등을 준비한다.
- 떠내려갈 수 있는 물건(신발장, 화분 등)을 안전한 장소로 옮긴다.
- 홍수가 예보되면, 유치원의 출입문과 창문을 닫고, 가스 밸브를 잠근다. 사용하지 않는 전기 콘센트를 뽑아 놓는다.
- 침수가 예상되는 지역이나 지하에 유치원 차량이 주차되었을 시 차량을 안전한 장소로 이동시켜 주차한다.

② 비상 연락망 점검

- 유아 비상 연락망(부모 등)을 점검, 확인한다.
- 유치원 교사 및 교육관계자의 비상 연락망을 점검, 확인한다.
- 지역사회 관계기관(주민자치센터, 소방서, 경찰서 등)의 연락처를 확인하고, 연락

체제를 구축한다.

③ 홍수 대피 계획 마련 및 대피 훈련 실시

- 상습 침수지역에 위치한 유치원에서는 홍수 대피 계획을 마련한다.
- 인근 고지대의 건물, 대피소 등의 위치를 확인하고 숙지한다.
- 교직원의 역할을 분담하고, 이에 따라 대피 훈련을 실시한다.
- 상황별 시나리오를 마련하여 유치원 전 구성원을 대상으로 한 대피 훈련을 정기적으로 실시한다.

④ 홍수 대응 사전교육 실시

- 유아를 대상으로 홍수 대응 사전교육을 실시한다(홍수에 대한 이해, 홍수 발생 시 행동요령, 대피 장소 등).
- 유아 홍수 대응 교육활동을 영역 통합적으로 계획하고 실시한다.
- 교사 및 교육관계자를 대상으로 홍수 대응 사전교육을 실시한다(홍수 발생 시 행동요령, 대피 장소, 응급처치 방법 등).
- 부모를 대상으로 홍수 대응 사전교육을 실시한다(홍수 발생 시 행동요령, 대피 장소, 상황별 유치원과의 연락 등).

⑤ 비상용품 구비

- 비상시를 대비해 유치원에 비상용품을 구비하고, 보관 장소와 사용법을 알아둔다.

비상식품	물, 초코바, 가공식품, 통조림, 라면 등
구급약품	감기약, 해열제, 소화제, 연고 등이 포함된 구급함
생존용품	휴대폰, 예비배터리, 손전등, 건전지, 휴대용 라디오, 호루라기, 라이터, 다용도 칼 등
체온유지 용품	의류, 양말, 담요, 장갑, 모자, 우비 등
기타	화장지, 물티슈, 비닐봉투, 비상 연락망, 비상금 등

⑥ **가정 및 지역사회와의 연계**

- 부모를 대상으로 한 홍수 대응 사전교육을 실시한다.
- 홍수 발생 시 유아가 가정에 있을 때, 유치원에 있을 때 등 부모의 상황별 행동요령을 마련하여 가정에 전달한다.
- 홍수 재해 정보를 얻을 수 있는 공공 기관의 연락처를 알아 둔다.
- 정부에서 제공하는 홍수 정보 알림 애플리케이션을 휴대폰에 설치해 둔다.
  (안전디딤돌, 기상청 홍수 정보 알리미 등)

(2) 홍수 발생 시(대응)

홍수가 발생하면 홍수 대응 행동요령에 따라 행동한다.

[1단계] 홍수 감지 및 알림	• 홍수를 처음으로 감지한 사람은 큰 소리로 홍수 발생을 알리고, 원장에게 즉시 알린다. • 원장은 재난관리 기관(소방서, 경찰서)에 재난 발생을 알리고, 안내방송을 통해 유치원의 전 구성원에게 홍수 발생을 알린다.
[2단계] 안전 확보	• 홍수가 발생하여 하수도로 물이 나오면 교사는 전기와 가스를 차단한다. • 교사는 대피할 수 있는 출입구(출입문, 창문 등)를 열어 대피로를 확보한다.
[3단계] 긴급 대피	• 교사와 원장은 비상 연락망을 소지한다. • 구급담당 교사는 비상용품을 신속하게 챙긴다. • 각 반 교사는 유아를 통솔하여 침착하게 안전한 장소(고지대 건물, 대피소 등)로 대피한다. • 보조교사는 환우 또는 장애우의 대피를 우선적으로 지원한다. • 대피 시 유아가 가로등, 전신주, 신호등, 하수도 맨홀 등에 접근하지 못하도록 한다. • 대피 중 천둥 · 번개가 칠 경우에는 건물 안이나 낮은 지역으로 이동한다.
[4단계] 응급조치	• 교사는 유아의 부상을 확인한다. • 원장은 유아와 교직원의 부상을 확인한다. • 부상자를 확인하면 안전한 곳에서 응급처치를 실시하고 곧바로 의료기관 등에 연락하여 이송한다.

[5단계] 재난정보 확인, 보호자 인계	• 대피 장소에 도착하여 교사는 유아의 인원을 파악한다. • 교사는 라디오, 휴대폰 등으로 홍수 안내방송을 청취하고 재난 상황을 확인한다. • 교사는 부모에게 연락하여 유아를 안전하게 인계한다. 연락이 닿지 않을 경우 유아를 대피 장소에서 안전하게 보호하고 계속하여 연락을 시도한다.

상황별 홍수 대응 행동요령은 다음과 같다.

① 유치원 내에서 홍수가 발생했을 때

- 교사는 전기, 가스를 차단하고 대피로를 확보한다.
- 유치원의 교직원은 각자 맡은 역할에 따라 침착하게 유아들을 통솔하고 고지대의 안전한 장소 또는 대피소로 대피한다.
- 대피 시 비탈면이나 산사태가 일어날 수 있는 지역은 피하여 이동한다.
- 침수 지역에서는 차량을 이용하지 않는다.
- 물이 차오르기 시작하여 걸어 다니기 힘든 경우 유치원의 옥상 또는 인근 건물의 고층으로 대피한다.
- 부상자가 생기면 응급조치 후 의료기관으로 이송한다.

② 유치원 밖에서 홍수가 발생했을 때

- 홍수가 발생하면(하수도로 물이 나와 물이 차오르면) 교사는 상황을 휴대폰 등으로 확인한다.
- 교사는 유치원에 교사와 유아의 위치, 유아의 안전 상태 등을 알리고, 필요시 지원을 요청한다.
- 교사는 유아를 모으고 인근 건물의 고층 또는 대피소로 대피한다.
- 비탈면이나 산사태가 일어날 수 있는 지역은 피하여 이동한다.
- 도로의 구덩이 등을 잘 살피며 이동하고, 이동 시 유아가 전신주, 가로등, 맨홀 주변 등에 가까이 가지 않도록 주의를 준다.
- 부상자가 발생하면 즉시 안전한 장소에서 응급처치를 실시하고, 119에 신고하여 부상자를 의료기관으로 이송한다.

③ 등 · 하원 시 홍수가 발생했을 때

- 홍수 발생 시 학부모의 협조를 얻어 유아의 안전을 확보하고, 유아가 학부모와 함께 안전한 장소로 대피할 수 있도록 한다.
- 원장은 재난 상황에 따라 유치원 운영 여부를 결정하고 정문에 안내문을 게시한다.
- 유치원 운영 방침을 부모에게 유선(문자, 통화 등)으로 즉시 전달한다.

(3) 홍수 종료 후(복구)

홍수 종료 후 유치원의 교직원은 피해 상황 파악 및 교육청 보고, 2차 재난 방지를 위한 점검 및 응급조치, 피해 복구 및 비상수업 대책 마련 등과 관련한 활동을 실시한다.

① 피해 상황 파악 및 교육청 보고

- 홍수 종료 후 부상자를 확인하고, 응급처치 후 병원 등으로 이송한다.
- 유치원 건물 및 주변시설의 피해 상황을 파악한다.
- 부상자와 유치원 피해 상황을 교육청에 보고한다.
- 재난 상황에 따라 원장은 유아의 조기귀가, 휴원 등의 조치를 취하고 부모에게 알린다.

② 2차 재난(추가 호우, 수인성 전염병 등) 방지를 위한 점검 및 응급조치

- 라디오, 휴대폰 등으로 2차 재난 예보를 청취하고 추가 호우 발생 시를 대비해 유치원 시설물을 점검한다.
- 집중호우로 인해 수인성 전염병이 발생할 수 있으므로 음용수 및 급식 준비 시 위생 관리를 강화한다.
- 집중호우 발생 시 통신에 일시적 장애가 있을 수 있기 때문에, 라디오 등을 통한 공공기관의 정보에 따라 침착하게 대처한다.

③ 피해 복구 및 비상수업 대책 마련

- 홍수로 인하여 파손된 건물과 주변시설을 복구, 보강하고 침수 시 손상된 집기와 시설물을 건물 밖으로 꺼내 피해 공간을 정리한다.
- 유치원의 가스, 전기, 수도관 등의 이상을 확인하고, 관련 기관의 도움을 받아 피해를 복구한다.
- 침수된 유치원 내부는 환기를 시킨 후 들어가고(가스가 차 있을 우려), 내 · 외부 시설물을 복구한 후 방역을 실시한다.
- 원장은 유관기관(교육청 등)과 긴밀하게 협조 체제를 구축하고 유치원 피해 복구 과정 또는 이후의 비상수업에 대한 대책을 마련한다.

2) 부모 지침서

유치원에서는 평상시 부모교육을 통해 부모에게 홍수대응 행동요령, 홍수 발생 시 주의사항 등을 전달할 필요가 있다.

홍수가 발생하면 이렇게 행동해 주세요!

- 홍수가 발생하면, 라디오, TV, 휴대폰 등으로 기상정보를 확인하고 안전한 장소(고지대, 대피소 등)로 신속하게 대피합니다.
- 하수도로 물이 나올 때 시간적 여유가 있다면, 마당의 물건들을 집 안으로 옮기고 집주변을 정비하며, 전기와 가스를 차단합니다.
- 홍수로 밀려온 물 가까이 가지 않도록 주의합니다.
- 흐르는 물에 들어가지 말고, 침수 지역에서는 자동차를 운전하지 않습니다.
- 지정된 대피소에 도착하면 도착 사실을 알리고, 대피소의 통제를 따릅니다.

홍수에 대비하여 이러한 점을 주의해 주세요!

- 평소 유치원에 부모와 부모 이외 인계자의 인적사항 및 연락처를 전달합니다.
- 재난 상황 시 유아의 대피 장소(고지대, 대피소 등)를 알아 두고, 유치원, 교사, 유아의 친구 부모 등의 연락처를 저장해 둡니다.
- 홍수 발생 시 유아와 부모의 안부를 상호 확인하고, 재난 상황에 따라 유아 인계 방법(누가 언제 유아를 인계할 것인지)을 교사와 상의합니다.
- 비상시(통신 장애, 전화 불통 등) 부부 사이의 행동지침을 정해 둡니다.
- 유아가 혼자가 될 경우를 대비해 이름, 연락처 등을 기록한 이름표를 신체에 소지시킵니다.
- 재난 상황에서 침착한 대처로 유아의 충격을 완화하고 유아를 안정시킵니다.

3) 국민행동요령

(1) 홍수 발생 시 상황별 행동요령

[홍수가 우려될 때]

- 피해 예상 지역에서는 대피를 준비하고 물이 집 안으로 들어가는 것을 막기 위해 모래주머니나 튜브를 준비해 둔다.
- 라디오, TV, 인터넷을 통해 기상 변화에 주의를 기울인다.
- 어린이나 노약자는 집 밖으로 나가지 않는다.
- 이웃이나 가족 간의 연락 방법과 비상시 대피방법(대피 가능 장소, 길 등)을 확인한다.
- 비탈면이나 산사태 발생 가능 지역의 통행을 삼가고, 만약 도로를 지날 때에는 주위를 잘 살핀 후 이동한다.
- 잘 모르는 지역, 무릎 위로 물이 흐르는 지역에서 걸어다니지 말고, 자동차를 운전하지 않는다.
- 우물은 오염될 수 있기에 마실 물을 미리 준비해 둔다.

[물이 밀려들 때]

- 갑작스러운 홍수 발생 시 고지대로 빨리 대피한다.
- TV와 라디오를 통해 기상변화를 주의 깊게 듣는다.
- 하천의 물이 갑자기 많아지는지 주의 깊게 관찰한다.
- 둑의 물이 넘치고 하수도로 물이 나오는 경우, 만약 시간적 여유가 있다면 마당의 여러 물건을 집 안으로 옮기고 집 주변을 정비하여 전기와 가스를 차단하고, 상수도의 오염에 대비해 욕조에 물을 받아 둔다.
- 홍수에 의해 밀려온 물에 가까이 가지 않는다.
- 연못, 구덩이 등의 안전표지판을 잘 살핀다.
- 흐르는 물에 들어가지 않고, 침수 지역에서 자동차를 운전하지 않는다.
- 지정된 대피소에 도착하면 도착 사실을 알리고 통제에 따른다.

[물이 빠진 후에]

- 물이 빠져나가고 있을 때 물에서 멀리 떨어진다(기름, 더러운 물로 오염).
- 홍수가 지나간 지역은 도로가 약해져 무너질 수 있기에 주의를 기울인다.
- 집에 도착 후 들어가지 말고, 붕괴 가능성을 반드시 점검한다.
- 집 안에 진입하면 창문을 열어 환기하고, 가스와 전기에 대한 안전조사가 끝난 후 사용한다.
- 홍수로 밀려온 물에 몸이 젖었을 때에는 비누로 깨끗이 씻는다.
- 식수의 오염 여부를 반드시 조사한 후 마시고, 침수된 음식이나 재료를 먹지 않는다.

출처: 국민재난안전포털(www.safekorea.go.kr).

(2) 홍수 발생 시 장소별 행동요령

[도시 지역]

- 저지대 및 상습 침수지역 주민은 대피 준비를 한다.
- 건물의 출입문이나 창문을 닫아 둔다.
- 라디오, TV, 인터넷을 통해 기상예보와 호우 상황을 파악한다.
- 가로등, 신호등, 고압전선에 가까이 가지 않는다.
- 도로의 차량은 속도를 줄여 운전한다.
- 천둥, 번개가 칠 경우 건물 안이나 낮은 지역으로 대피한다.

[농촌 지역]

- 집 주변에 산사태 위험이 있는지 살피고 대피 준비를 한다.
- 모래주머니 등으로 하천의 물이 넘치지 않도록 하여 농경지의 침수를 예방한다.
- 논둑을 미리 점검하고 물꼬를 조정한다.
- 농작물 보호 조치를 취한다.
- 농기계, 가축 등을 안전한 장소로 옮긴다.
- 다리는 안전한지 확인 후 건넌다.

[해안 지역]

- 해안도로에서는 운전을 삼간다.
- 육지의 물이 바다로 빠져나가는 곳 근처에 가까이 가지 않는다.
- 출입문, 창문 등을 잠근다.
- 저지대 주민은 안전한 곳으로 대피한다.
- 물에 떠내려갈 수 있는 어망, 어구 등을 안전한 곳으로 옮긴다.
- 해수욕장 이용을 금지한다.

[산악 지역]

- 산사태 발생지역 주민은 대피를 준비한다.
- 재배시설 등의 피해를 줄이기 위한 조치를 취한다.
- 기상정보 및 강우 상황을 주의 깊게 파악한다.

출처: 국민재난안전포털(www.safekorea.go.kr).

3. 홍수 대비 및 대응 교육활동

1) 홍수 발생 전(예방 및 대비)

활동명	홍수는 왜 일어날까요?	활동 대상	5세
활동 목표	홍수에 대해 알게 된다. 홍수의 피해, 심각성에 대해 알게 된다.	활동 영역	의사소통, 자연탐구 예술경험
활동 자료	동화책, 교육 동영상, 활동지		

단계	영역	내용	시간
도입	의사소통	• 동화책을 읽어 주며 홍수에 대한 유아의 흥미를 이끌어 낸다. T: 홍수에 대해 알고 있나요? T: ○○가 비가 많이 온 후 어떻게 변하였나요?	5′
전개	자연탐구 의사소통	• 홍수가 발생하는 원인 및 피해와 관련한 동영상을 시청하며 이야기를 나눈다. T: 홍수는 왜 발생할까요? T: 홍수가 발생하면 어떤 피해가 나타날까요? T: 맞아요. 집이 물에 잠기지요. 또 어떤 피해가 나타나나요?	12′
	자연탐구 예술경험	• 활동지를 제시한 뒤, 홍수 발생 장면 그리기를 한다. T: 선생님이 종이를 한 장씩 나눠 줄 거예요. 홍수가 발생하지 않았던 곳이 홍수가 발생하면 어떻게 변하게 될지 생각해서 그 장면을 그려 주세요. T: 건물, 나무들, 사람들이 어떤 모습으로 변할까요? 장면을 그리고 색칠도 해 보아요.	10′
마무리	의사소통	• 퀴즈를 함께 풀면서 홍수에 대한 내용을 정리한다. T: 여러분, 오늘 홍수에 대해 더 잘 알게 되었나요? T: 여러분이 내용을 잘 기억하고 있는지 마지막으로 퀴즈를 내 볼게요. 맞으면 ○, 틀리면 ×라고 말해 주세요.	3′
지도 시 유의점	* 유아의 수준에 맞는 동화책과 교육 동영상을 선정하여 활동을 진행한다.		

활동 자료

재난유형	홍수가 발생하면 어떻게 될까요?	(　　　　　　)반
홍수		이름:

도시에 홍수가 발생하면 어떻게 될까요?
아래에 그림으로 그려 보세요.

활동명	함께 둑을 쌓아요!	활동 대상	5세
활동 목표	홍수 대비 방법에 대해 안다.	활동 영역	의사소통 자연탐구
활동 자료	교육 동영상, 사진 자료, 둑 쌓기 활동 재료(하드보드지, 우유팩, 점토 등)		

단계	영역	내용	시간
도입	의사소통	• 지난 활동에 대해 이야기를 나눈다. T: 지난 시간에 우리가 홍수에 대해 알아본 것들을 기억하나요? T: 우리가 무엇에 대해 이야기하였지요?	5′
전개	자연탐구 의사소통	• 홍수를 대비하기 위한 방법(둑 쌓기 등)에 대해 이야기를 나눈다. T: 홍수가 발생하면 물이 가득 차게 되죠? T: 물이 집 안으로 들어오지 못하게 하는 방법에는 어떤 것들이 있을까요? T: 좋은 생각이에요. 집 주변에 돌이나 모래주머니를 쌓아 놓으면 많은 물이 집 안으로 들어오는 것을 막을 수 있을 거예요. T: (사진 자료를 제시하며) 이렇게 둑이라는 것을 미리 만들어 놓으면 홍수가 났을 때 우리 집이 피해를 입는 것을 막을 수 있겠지요.	10′
	자연탐구	• 집 주변 둑 쌓기 활동을 해 본다. T: 여러분, 홍수가 났을 때 둑이 얼마나 중요한지 잘 알게 되었지요? 그럼 이제 홍수를 대비하여 집 주변에 둑을 쌓는 활동을 해 보아요. T: (우유팩, 점토 등을 나누어 준 뒤) 자, 선생님이 나누어 준 재료로 활동을 시작해 볼까요? T: 먼저, 하드보드지(땅) 위에 우유팩으로 집을 만들어 보아요. 친구들이 생각하는 집을 마음껏 만들어요. 그 뒤에는 집 주변에 둑을 쌓아 볼 거예요. 점토를 이용하여 집을 둘러싸는 둑을 만들어 보아요.	10′
마무리	의사소통	• 홍수 대비 방법에 대한 내용을 정리한다. T: 오늘 우리가 무엇에 대해 이야기를 나누었지요? T: 홍수를 대비하기 위해 미리 준비해야 할 것은 무엇이었나요?	5′
지도 시 유의점		* 상황에 따라 집 주변 둑 쌓기 활동을 활동지 위에 둑을 그려 보는 활동으로 대체할 수 있다.	

활동 자료

재난유형	홍수를 대비하려면?	(　　　　　　)반
홍수		이름:

홍수에 대비하기 위해 집 주변을 어떻게 하면 좋을까요?
(둑 쌓기, 튜브, 구명보트 등을 준비해 보세요.)

2) 홍수 발생 시(대응)

활동명	어디로 대피하죠?	활동 대상	5세
활동 목표	홍수 발생 시 대피 장소를 알게 된다. 안전을 위한 주의사항을 알게 된다.	활동 영역	의사소통, 자연탐구
활동 자료	동화책, 우리 동네 지도(간략한 그림 지도)		

단계	영역	내용	시간
도입	의사 소통	• 홍수를 경험하는 주인공이 등장하는 동화책을 읽어 주며 홍수 발생 시 어떻게 행동해야 하는지 이야기를 나눈다. T: 홍수가 발생하니 ○○(주인공)가 어떻게 하였나요? T: 왜 그렇게 하였나요?	5′
전개	의사 소통	• 홍수 발생 시 어디로 대피해야 할지 이야기를 나눈다. T: 홍수가 발생하면 어디로 대피해야 할까요? T: 물은 어디로 모이지요? T: 맞아요. 물은 위에서 아래로 흐르고, 아래로 모이지요. T: 그럼 어디로 대피해야 할까요? T: 그래요. 가능한 한 높은 곳으로 대피해야 해요.	13′
	의사 소통 자연 탐구	• 우리 동네의 높은 곳, 대피소 등에 대해 이야기를 나눈다. T: 우리 동네에서 높은 곳은 어디일까요? (간단한 그림 지도를 보여 주며 이야기를 나눈다) T: 우리 동네에 홍수가 났을 때 대피할 수 있는 대피소가 있을까요? T: 그럼, 선생님과 함께 그 대피소를 찾아볼까요? T: 지도를 보며 대피소의 위치를 알아보아요. • 우리 동네 대피소의 위치와 대피로를 확인한다. T: 선생님이 우리 동네 지도를 한 장씩 나눠 줄 거예요. 지도에서 우리 유치원이 어디에 있는지, 그리고 대피소가 어디에 있는지 찾아보세요. 만약 홍수가 나면 어떤 길로 대피소를 갈 수 있을까요? 길을 연결해 보세요.	7′
마무리	의사 소통	• 홍수 발생 시 대피 방법에 대한 내용을 정리해 본다. T: 홍수가 발생하면 어떻게 해야 하나요? T: 우리 동네 대피소는 어디에 있지요?	5′
지도 시 유의점		* 유아의 수준에 맞는 우리 동네 지도를 준비하여 활동을 진행한다. * 필요시 활동지를 이용하여 관련 활동을 진행한다.	

⚽ 활동 자료

재난유형	홍수가 발생했어요! 어디로 대피해야 할까요?	( )반
홍수		이름:

유치원 인근의 대피소는 어디에 있나요?
(선생님, 친구들과 함께 찾아보고 아래에 지도를 그려 주세요.)

활동명	비상용품을 챙겨요!	활동 대상	5세
활동 목표	홍수 발생 시 필요한 비상용품에 대해 안다.	활동 영역	의사소통, 예술경험
활동 자료	교육 동영상, 비상용품 챙기기 활동 준비물(활동지, 가위, 풀, 색연필 등)		

단계	영역	내용	시간
도입	의사소통	• 홍수 발생 시 대응 방법에 대한 동영상을 보고 이야기를 나눈다. T: 홍수가 발생하면 어떻게 해야 하나요? T: 왜 그렇게 해야 하나요? T: 대피할 때에는 무엇이 필요한가요?	5′
전개	의사소통	• 홍수 발생 시 필요한 비상용품에 대해 이야기를 나눈다. T: 오늘은 여러분과 홍수가 발생했을 때 필요한 비상용품에 대해 이야기를 나누어 보려고 해요. T: 홍수가 나서 대피할 때 어떤 물품들을 챙겨야 할까요? T: 그래요. 배가 고플 수 있으니까 초코바와 같은 간단한 음식이 필요할 거예요. T: 또 어떤 것들이 필요할까요? T: 맞아요. 약도 필요하겠지요? 또 어떤 것들이 필요할까요? (비상시를 대비하여 이러한 비상용품을 미리 챙겨 놓을 것을 이야기한다.)	10′
	예술경험	• 활동지를 나누어 준 뒤 비상용품 챙기기 활동을 진행한다. T: 이제 선생님이 종이 한 장씩을 나누어 줄 거예요. 종이에 비상용품 가방이 그려져 있지요? T: 그럼 이제 종이에 있는 물건 중 홍수가 났을 때 꼭 챙겨서 가져가야 할 것들을 가위로 오려서 비상용품 가방에 풀로 붙여 주세요. T: 네. 잘하고 있네요.	13′
마무리	의사소통	• 오늘 활동에 대해 이야기하며 마무리한다. T: 오늘 우리가 무엇에 대해 이야기를 나누었나요? T: 이제 홍수가 발생하면 모두 비상용품을 잘 챙길 수 있겠지요?	2′
지도 시 유의점		* 상황에 따라 실제 물품으로 비상용품 챙기기 활동을 진행할 수 있다.	

활동 자료

재난유형	홍수 대피 시 어떤 물건들을 챙겨야 할까요?	(　　　　)반
홍수		이름:

다음 그림에서 홍수 발생 시 대피할 때 꼭 챙겨야 할 것들을 가위로 오려서 비상용품 가방에 풀로 붙여 주세요.

3) 홍수 종료 후(복구)

활동명	오염된 물, 깨끗한 물!	활동 대상	5세
활동 목표	홍수 종료 후 물이 오염되었을 수 있음을 알게 된다. 오염된 물을 정화하는 방법을 알게 된다.	활동 영역	의사소통, 자연탐구 신체운동·건강
활동 자료	교육 동영상, 사진 자료, 인형극 재료		

단계	영역	내용	시간
도입	의사소통	• 동영상이나 사진 자료를 보여 주며 홍수 발생 후의 변화에 대해 이야기를 나눈다. T: 이제 홍수가 다 끝났어요. 건물과 마을이 어떻게 변하였나요?	5′
전개	신체운동·건강	• 홍수 발생 후 물이 오염될 수 있음을 인형극을 통해 알려 주고, 이에 대해 이야기를 나눈다. T: ○○의 마을에 홍수가 나서 물이 가득 찼다가 이제 물이 다 빠졌어요. T: 그런데 ○○가 물을 마시고 배가 아프게 되었지요. (아야 아야~) T: 그래서 ○○는 병원을 찾아갔어요. T: 의사 선생님은 ○○가 오염된 물을 마셔서 배가 아프게 되었다고 말씀하셨지요. (인형극을 통해 홍수가 난 지역에서는 물을 정수하거나 끓여 먹어야 한다는 것을 알려 준다.)	15′
	자연탐구	• 간이 정수기 만들기 활동을 한다. T: 오염된 물은 어떻게 해야 깨끗해질까요? 맞아요. 물에서 나쁜 물질들을 제거해야 해요. 이런 불순물을 제거해 주는 것이 정수기지요. T: 그럼 우리 함께 간이 정수기를 만들어 볼까요? (플라스틱 컵, 숯, 모래, 자갈, 거름종이, 포비돈 요오드액 등을 준비한다.) T: 먼저, 쌓아 올릴 세 개의 플라스틱 컵 바닥에 물이 빠져나갈 수 있는 구멍을 송곳으로 3~4군데 뚫어 보아요. T: 다음으로 구멍을 뚫은 플라스틱 컵 바닥에 각각 거름종이를 깔고, 숯, 모래, 자갈을 넣어요. 그다음 가장 아래에 걸러질 물을 담을 컵을 놓고, 그 위에 숯, 모래, 자갈을 넣은 컵을 하나씩 쌓아 올려요. T: 이제 맨 위에서 오염된 물을 부어 볼 차례에요. 자, 아래에 어떤 색의 물이 모이나요? 투명한 물이 떨어지는 것이 보이나요? T: 마지막으로 이 물은 그냥 마시면 안 되고 살균을 해야 해요. 그래서 물 속 미생물과 세균을 없애 주는 포비돈 요오드액을 뿌려야 하지요.	8′
마무리	의사소통	• 오늘 한 활동을 함께 정리한다. T: 오늘 우리가 어떤 활동을 하였지요? T: 홍수가 지나간 후에 물은 어떻게 해서 마셔야 하나요?	2′
지도 시 유의점		* 간이 정수기 만들기 활동에서 위험할 수 있는 과정(송곳으로 구멍 뚫기 등)은 교사가 진행한다.	

활동 자료

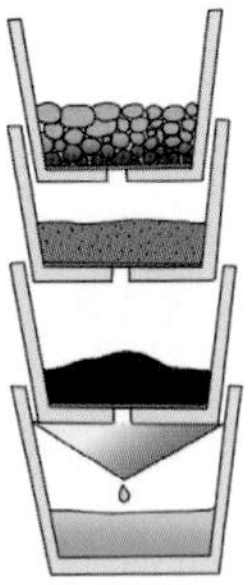

재난유형	오염된 물을 먹으면 어떻게 될까요?	(　　　)반
홍수		이름:

홍수 발생 후 마을의 물이 오염되었어요.
오염된 물을 마시면 어떻게 될까요? 또 어떻게 해야 할까요?
(그림으로 그려 주세요.)

영수가 모르고 오염된 물을 마셔 버렸어요.

재난유형	홍수가 발생하면	(　　　　　　)반
홍수	어떻게 될까요?	이름:

도시에 홍수가 발생하면 어떻게 될까요?
아래에 그림으로 그려 보세요.

재난유형	홍수를 대비하려면?	(　　　　　　)반
홍수		이름:

홍수에 대비하기 위해 집 주변을 어떻게 하면 좋을까요?
(둑 쌓기, 튜브, 구명보트 등을 준비해 보세요.)

재난유형	홍수가 발생했어요! 어디로 대피해야 할까요?	( )반
홍수		이름:

유치원 인근의 대피소는 어디에 있나요?

(선생님, 친구들과 함께 찾아보고 아래에 지도를 그려 주세요.)

재난유형	홍수 대피 시 어떤 물건들을 챙겨야 할까요?	(　　　　)반
홍수		이름:

다음 그림에서 홍수 발생 시 대피할 때 꼭 챙겨야 할 것들을 가위로 오려서 비상용품 가방에 풀로 붙여 주세요.

비상식량

속옷

귀중품

구급용품

카메라

음료수

휴대용 라디오

자전거

재난유형	오염된 물을 먹으면 어떻게 될까요?	(　　　　　　　　)반
홍수		이름:

홍수 발생 후 마을의 물이 오염되었어요.
오염된 물을 마시면 어떻게 될까요? 또 어떻게 해야 할까요?
(그림으로 그려 주세요.)

영수가 모르고 오염된 물을
마셔 버렸어요.

4. 참고자료

관련 사이트 정보

- 행정안전부(www.mois.go.kr)
- 교육부(www.moe.go.kr)
- 보건복지부(www.mohw.go.kr)
- 소방청(www.nfa.go.kr/nfa)
- 해양경찰청(www.kcg.go.kr)
- 기상청(www.kma.go.kr)
- 국민재난안전포털(www.safekorea.go.kr)
- 국가태풍센터(http://typ.kma.go.kr)
- 국토교통부 한강홍수통제소(http://www.hrfco.go.kr)
- 세종특별자치시 소방본부 119(http://www.sejong.go.kr/fire.do)
- 서울종합방재센터(http://119.seoul.go.kr)

기타 정보

- 전화: 기상청 날씨예보(☎ 131), 119구조대(☎ 119)
- 앱: 안전디딤돌

참고문헌

- 풍수해 대비 안전보건 매뉴얼(고용노동부, 안전보건공단), 2017 여름철 자연재난 국민행동요령(행정안전부), 학교현장 재난유형별 교육 · 훈련매뉴얼(교육부), 2008 재난대비 국민행동매뉴얼 안전 길라잡이(소방방재청), 2015 어린이집 안전관리백과–소방, 재난, 자연재해편(어린이집 안전공제회), 재난안전 체험형 안전교육(경기도교육청)

동화책

- 리사 파파데메트리오(2006). 네버랜드에 홍수가 났어요. 대원키즈.

- 김강현(2017). 쿠키런 서바이벌 대작전. 12: 홍수 편. (안전상식 학습만화) 서울문화사.
- 신혜순(2017). 하늘에서 비가 주룩주룩, 눈이 펑펑 (비와 눈). 한국셰익스피어.

동영상

- 유아 안전교육 홍수가 났어요-TOMO 토모키즈. https://www.youtube.com/watch?v=fb67VV1PsGU
- 서바이벌스토리 #10 - 비 오는 날 | 어린이 안전교육 | [깨비키즈 KEBIKIDS]. https://www.youtube.com/watch?v=s_U4ZF40L-0
- [EBS 디딤돌] 안전교육-비오는 날 안전수칙. https://www.youtube.com/watch?v=imTdgCj_5gc
- [누리노트] 7월 안전교육_홍수가 났어요 https://www.youtube.com/watch?v=wVrGZMBlaso

제11장

화재

1. 화재에 대한 이해
   1) 화재의 정의
   2) 화재의 구분
   3) 화재의 특성
   4) 화재의 발생현황

2. 화재 대비 및 대응 매뉴얼
   1) 행동 매뉴얼
      (1) 화재 발생 전(예방 및 대비)
      (2) 화재 발생 시(대응)
      (3) 화재 종료 후(복구)
   2) 부모 지침서
   3) 국민행동요령

3. 화재 대비 및 대응 교육활동
   1) 화재 발생 전(예방 및 대비)
      • 불이야~!
      • 소화기가 어디에 있나요?
   2) 화재 발생 시(대응)
      • 멈추고, 가리고, 구르세요!
      • 대피 연습을 해 보아요!
   3) 화재 종료 후(복구)
      • 삐용삐용 119

4. 참고자료

1. 화재에 대한 이해

1) 화재의 정의

화재란 특정 원인 또는 취급 부주의로 인해 물체가 연소하여 인적, 물적, 재산상의 피해를 발생시키는 것을 말한다.

2) 화재의 구분

- 발생 대상에 따라 건물화재, 임야화재, 차량화재, 선박화재, 항공기화재, 기타 화재 등으로 구분된다.
- 원인에 따라서는 방화, 실화, 자연발화, 천재지변에 의한 발화, 기타로 구분된다.
- 소실 정도에 따라 전소, 반소, 부분연소 등으로 구분된다.

3) 화재의 특성

(1) 불의 3요소

- 연료(가연물), 열(점화원), 산소: 불의 3요소가 모두 갖추어져야 연소가 이루어진다.
- 연료: 불에 탈 수 있는 물건
  - 고체연료: 석탄, 나무, 종이, 옷 등
  - 액체연료: 석유, 휘발유, 알코올, 식용류 등
  - 기체연료: 프로판가스, 부탄가스, 메탄가스 등
- 열: 불이 붙기 위해서는 반드시 열이 필요하며, 높은 온도를 가지는 열의 양이 충분해야 한다.
- 산소: 공기 중 21% 정도가 산소인데, 연소에 필요한 산소의 양은 가연물질에 따라 다르며, 대부분 액체는 공기 중 산소가 15% 이하, 고체는 6% 이하로 떨어지면 불이 붙기 어렵다.

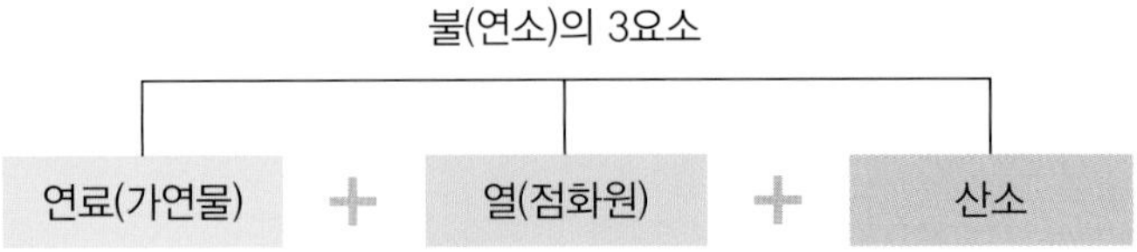

[그림 11-1] 불의 3요소

(2) 화재의 특징

- 화재의 주된 원인: 사람들의 부주의나 방심, 그 밖에 담뱃불, 방화, 교통사고, 전기적 요인 등에 의해 다양한 원인으로 발생한다(1993년도의 총 화재 1만 8747건 중에서 실화 1만 5366건, 방화 1,670건, 기타 1,711건 등으로 나타남).
- 자주 발생하는 계절: 1년 중 겨울철(12~2월경)에 화재 발생 빈도가 높은데, 이는 낮은 기온과 많은 불의 사용과 관련이 있으며, 습도, 계절풍과도 다소 관계가 있다.
- 화재 취약 시간: 하루 중에서는 한밤중에 많이 발생하는데, 특히 오후 11시~오전 5시까지의 화재에 사망자가 많고, 취침 중 연기나 유독가스를 흡입하는 경우가 많다.
- 최근 도시의 고층 건물, 지하상가의 건축과 대규모 산업시설의 발달, 전기, 유류, 가스, 화공약품 등 위험물질의 취급 증가, 항만취급 화물 및 유류화물의 증가 등으로 화재의 양상이 복잡해지고, 다양화·대형화되는 추세이다.
- 화재가 일단 발생하면 5분 이내에 진화가 이루어져야 하는데, 그 이후에는 불길이 커져 빠른 속도로 번지기 때문이며, 화재 피해는 바람, 기압, 가연물의 종류 등 여러 요인에 따라 좌우된다.

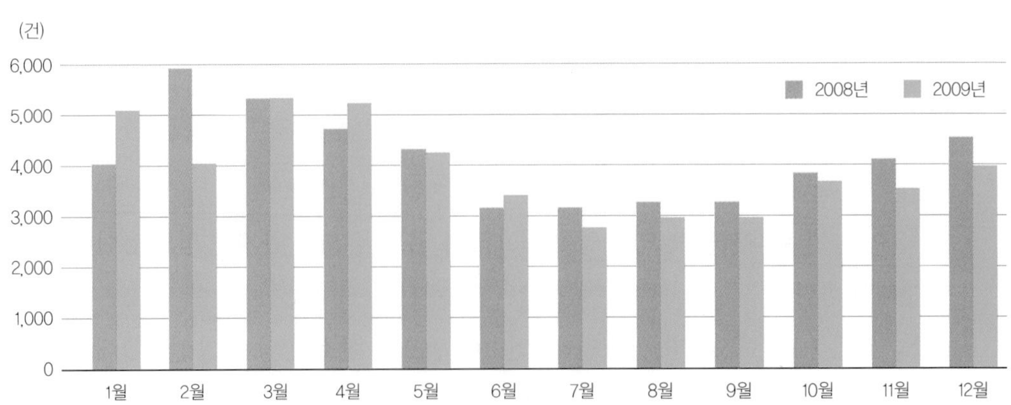

[그림 11-2] 2008년과 2009년 월별 화재 발생 건수

- 화재는 가연물의 종류에 따라 크게 일반화재, 유류화재, 전기화재, 금속화재 등으로 나뉘며, 이에 따라 특징과 소화 방법 등이 달라진다.

분류	특징
일반화재 (A급)	일반 가연성 물질에 의한 화재로 다 타고 난 후 재가 남고, 물로 소화가 가능하다.
유류, 가스화재 (B급)	유류 및 가스에 의한 화재로 가스가 누설되어 연소 또는 폭발하여 발생하는 화재이며, 액체 냉각소화, 공기 차단을 통한 소화가 가능하고, 물은 효과가 없고 토사 또는 소화기로만 소화가 가능하다.
전기화재 (C급)	전기연결 기기 및 전기기구 등에서 발생하는 화재로 전기 스파크, 과부하, 합선 등으로 인해 전기에너지가 불로 전이되어 일어나는 화재이며, 질식소화나 특수소화기 이용이 가능하고, 물을 사용할 경우 감전의 위험이 있다.
금속화재 (D급)	가연성 금속 등에서 발생하는 화재로 금속가루의 경우 폭발을 동반하기도 하고, 마른모래나 특수소화기 이용이 가능하며, 물을 사용할 경우 폭발의 위험이 있다.

(3) 화재와 기상요소

화재의 발생에 영향을 미치는 기상요소는 다음과 같다.

- 기온: 연소는 저온보다 고온보다 활발하지만, 화재 발생은 기온이 낮을수록 많아지는데, 이는 추울 때 불의 사용이 많아지고, 또한 저온에서 습도가 낮아져 건조해지기 때문이다.
- 습도: 화재 발생과 습도와의 관계는 매우 밀접한데, 습도가 30~40%가 되면 화재 발생이 증가하고, 90~100%가 될 때에는 발생 비율이 감소하며, 습도가 낮아 건조할 때 화재가 발생하기 쉽다.
- 풍속: 연소와 풍속도 밀접한 관계를 보이고, 바람이 강한 날에 화재 발생 건수가 오히려 적은데, 이는 바람이 강한 때 화재에 더 주의를 기울이기 때문이다. 그러나 일단 화재가 발생하면 불똥, 불 번짐 등으로 인해 큰 화재로 발전한다.
- 기압배치: 기압의 배치에 따라 계절풍이나 푄현상(높새바람을 야기)이 발생하게 되고, 이로 인해 화재가 더 확대될 수 있다.

(4) 화재 피해 영향 요인

- 건축물 내의 단일 대피로는 인명 피해 발생에 가장 큰 요인이 되며, 취침시간에 화재가 발생하여 화재 사실 인지가 지연되었을 때, 초기 대응이 미흡하였을 때, 신고가 지연되었을 때 등도 화재로 인한 피해를 증가시키고, 소화설비의 부재나 불량도 모든 화재 사고의 피해를 키우는 요인이 된다.
- 건물이 무너질 우려가 있을 때에는 소방관의 적극적인 활동이 위축되고 소방활동이 곤란을 겪게 된다.
- 과다한 가연물이 있을 때에는 연소 확대가 급격하게 이루어진다.
- 숙박시설, 창고시설 및 주택 등에서 대형화재가 자주 발생하고, 인명 및 재산 피해가 큰 것으로 나타났다.

4) 화재의 발생현황

해외 대형 화재

- 2012년 9월 11일 파키스탄 카라치 지역의 의류 공장에서 불이 나서 공장 내부의 작업자 등 289명 이상이 사망하였는데, 외부와 통하는 문이 하나였고, 비상구나 환기구, 화재경보, 스프링클러 등의 화재 대비 시설을 갖추지 않아 사상자가 매우 늘어났다.
- 2013년 1월 27일 새벽 2시경 브라질 남부 산타마리아의 나이트클럽에서 불이 나 245명이 숨지고 200명 이상이 부상당했는데, 밴드의 불꽃놀이 공연 도중 화재가 발생하였고, 유독가스가 퍼지자 하나밖에 없는 출구 쪽으로 사람들이 몰려 피해가 커졌다.
- 2017년 6월 14일 새벽 1시경 영국 웨스트런던 켄싱턴 북부의 그렌펠타워(24층 임대아파트)에서 화재가 발생했는데, 화재 진압 초기에 적어도 200명의 소방관과 40대의 소방차가 투입되어 화재를 진압하였지만 불길을 잡지 못하여 79명 이상의 사망자와 74명의 부상자가 발생하였다.

국내 대형 화재

- 1971년 12월 25일 대연각호텔에 대형 화재가 발생하여 사망자 163명, 부상자

63명의 인명 피해가 발생하였다.

- 1974년 1월 23일 경상북도 구미시 구미공업단지 내 윤성방직에서 화재가 발생하여 피해액이 매우 높아 재산 피해가 150억 원에 이르렀다.
- 2003년 2월 18일 대구지하철에서 화재가 발생하였는데, 지적장애인이 휘발유가 든 페트병에 불을 붙여 지하철에 불이 났으며, 인명 피해가 엄청나 192명이 사망하고 148명이 부상을 당했다.
- 2000년에서 2016년 사이에 국내에서 총 87건의 대형화재가 발생하였는데, 이는 매해 5.4건의 대형화재가 발생한 것으로 총 546명이 사망하였고, 1,264명이 부상었으며, 3,775억여 원에 이르는 재산 피해가 발생하였다.

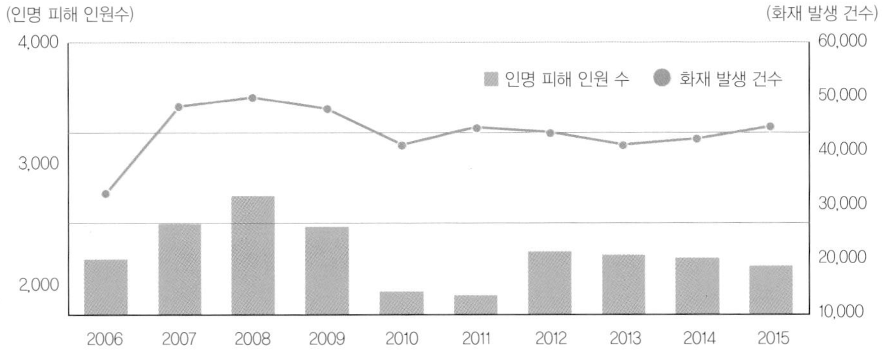

[그림 11-3] 2006~2015년 우리나라 화재 발생 건수 및 인명 피해 현황

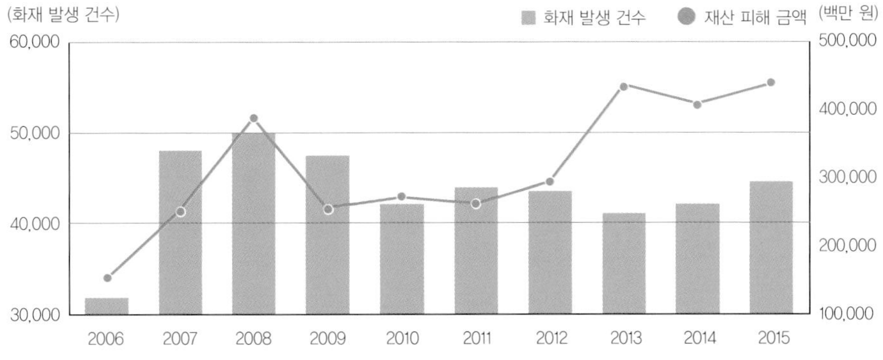

[그림 11-4] 2006~2015년 우리나라 화재 발생 건수 및 재산 피해 현황

출처: e-나라지표(http://www.index.go.kr).

2. 화재 대비 및 대응 매뉴얼

1) 행동 매뉴얼

(1) 화재 발생 전(예방 및 대비)

유치원의 화재 대비책으로는 유치원 시설 점검, 비상 연락망 점검, 화재 대피 계획 마련 및 대피 훈련 실시, 화재 대응 사건교육 실시, 비상물품 구비, 가정 및 지역 사회와의 연계 등을 포함한다.

① 유치원 시설 점검

- 유치원의 소방시설을 점검한다. 다음 설비들이 잘 갖추어져 잘 작동하는지 점검하고, 관련 설비의 올바른 사용법을 숙지한다.

  - 소화설비(소화기, 스프링클러, 옥내 소화전 등)
  - 경보설비(경보형감지기, 비상경보설비, 비상방송설비 등)
  - 피난설비(비상출구, 비상계단, 하강식 경사구조대, 유도등, 비상조명등 등)

- 유치원의 전기 이용이 안전한지 확인하고 관리한다.

  - 누전차단기의 정상 작동을 확인, 분전반 내부의 불필요한 물건들을 확인하고 치우며, 전선, 콘센트, 안전덮개 등의 이상을 확인하고 보수 또는 교체, 장기 사용 중인 조명기구, 배선용기구 등을 새로 교체한다.

- 유치원의 가스 이용이 안전한지 확인하고 관리한다.

  - 배관(호스)의 가스 누출 점검을 실시하고, 중간밸브의 상태를 확인하고 가스누출경보기의 설치 및 정상작동을 확인하며, 가스보일러와 배기통 상태를 확인하고 가스용기의 보관 및 설치 적절성을 확인한다.

- 유치원 전기 및 가스 기기(가스레인지, 오븐, 가스보일러, 히터 및 온풍기 등), 기타 설비(커튼, 카페트, 벽지 등의 방염처리)를 점검하고 관리한다.
- 화재 시 비상대피도를 출입구, 각 보육실 등 확인하기 쉬운 곳에 비치하고 관리한다.

② 비상 연락망 점검

- 유아 비상 연락망(부모 등)을 점검, 확인한다.
- 유치원 교사 및 교육관계자의 비상 연락망을 점검, 확인한다.
- 지역사회 관계기관(주민자치센터, 소방서, 경찰서 등)의 연락처를 확인하고, 연락 체제를 구축한다.

③ 화재 대피 계획 마련 및 대피 훈련 실시

- 유치원별 화재 대피 계획을 마련한다.
- 건물 내 대피 통로를 확보하고 대피 경로(하나 이상의 피난로를 설정)를 계획한다.
- 인근의 넓은 공터, 대피소 등의 위치를 확인하고 숙지한다.
- 교직원의 역할을 분담하고, 이에 따라 대피 훈련을 실시한다.
- 상황별 시나리오를 마련하여 유치원 전 구성원을 대상으로 한 대피 훈련을 정기적으로 실시한다.

④ 화재 대응 사전교육 실시

- 유아를 대상으로 화재 대응 사전교육을 실시한다(화재에 대한 이해, 화재 발생 시 행동요령, 대피 장소 등).
- 유아 화재 대응 교육활동을 영역 통합적으로 계획하고 실시한다.
- 교사 및 교육관계자를 대상으로 화재 대응 사전교육을 실시한다(화재 발생 시 행동요령, 대피 경로, 대피 장소, 응급처치 방법 등).
- 부모를 대상으로 화재 대응 사전교육을 실시한다(화재 발생 시 행동요령, 대피 장소, 상황별 유치원과의 연락 등).

⑤ 비상물품 구비

- 유치원에 손수건, 손전등, 건전지, 호루라기 등의 생존용품과 화상 치료제 등이 포함된 구급함을 구비한다. 보관 장소와 사용법을 알아 둔다.

⑥ 가정 및 지역사회와의 연계

- 부모를 대상으로 한 화재 대응 사전교육을 실시한다.

- 화재 발생 시 유아가 가정에 있을 때, 유치원에 있을 때 등 부모의 상황별 행동 요령을 마련하여 가정에 전달한다.
- 화재 예방 및 대처 정보를 얻을 수 있는 공공 기관의 연락처를 알아 둔다.

(2) 화재 발생 시(대응)

화재가 발생하면 화재 대응 행동요령에 따라 행동한다.

[1단계] 화재 감지 및 알림	• 화재를 처음으로 감지한 사람은 큰 소리로 '불이야' 하고 외쳐 화재 발생을 알리고, 원장에게 즉시 알린다. • 원장은 사이렌이나 경보벨을 울려 유치원의 전 구성원에게 화재 발생을 알리고 119에 신고한다.
[2단계] 초기 소화 및 대처	• 담당 교사는 소화기를 들고 발화지점으로 가서 초기 진화를 시도한다(석유 난로 등에 의한 화재일 경우 담요 등에 물을 적셔 뒤집어씌우며, 전기화재, 기름 종류의 화재에는 물을 사용하지 않음). • 조리사는 가스밸브를 잠그고 가스차단기를 수동으로 차단한다. • 교사는 비상대피로를 파악하고 유아들을 안내한다.
[3단계] 긴급 대피	• 구급담당 교사는 비상용품을 신속하게 챙긴다. • 각 반 보육교사는 유아 비상 연락망을 지참하고, 원장은 교직원의 비상 연락망을 지참한다. • 유아는 교사의 인솔하에 입과 코를 막고 최대한 낮은 자세로 가까운 비상대피로로 대피한다. • 교사는 남아 있는 유아가 있는지 살핀다. • 보조교사는 환우 또는 장애우의 대피를 우선적으로 지원한다.
[4단계] 응급조치	• 밖으로 대피한 후 교사는 유아의 인원과 부상을 확인한다. • 원장은 유아와 교직원의 부상을 확인한다. • 부상자가 있을 경우 안전한 곳에서 응급처치를 실시하고 곧바로 의료기관 등에 연락한다.
[5단계] 후속 조치	• 교사와 원장은 모든 유아와 교직원의 안전을 확인하고 대피 장소에서 유아가 안정을 취할 수 있도록 한다. • 교사는 부모에게 연락하여 유아를 안전하게 인계한다. • 추후 유치원의 운영 계획에 대해 결정되면, 문자, 전화 등을 통해 부모에게 알린다.

상황별 화재 대응 행동요령은 다음과 같다.

① 불이 났을 때

- 불을 발견하면 '불이야' 하고 큰 소리로 외쳐 다른 교직원들에게 알리고, 화재 경보 비상벨을 누른 후 119에 신고한다.
- 유치원에 엘리베이터가 있어도 이를 절대 이용해서는 안되며 계단을 이용한다.
- 아래층으로 대피가 불가능한 경우 옥상으로 대피한다.
- 교사는 유아들이 코와 입을 막고 낮은 자세로 대피할 수 있도록 안내한다.
- 문을 열기 전에 손등으로 문의 온도를 확인하고 뜨겁지 않은 경우에만 문을 조심스럽게 열고 대피하며, 손잡이가 뜨거우면 다른 길을 찾는다.
- 탈출하면서 열린 문이 있으면 모두 닫는다.
- 불길 속을 통과할 때는 물에 적신 담요 또는 수건으로 몸과 얼굴을 감싼다.
- 바람이 불어오는 쪽에서 구조를 기다리고, 밖으로 나온 뒤에는 절대 안으로 들어가지 않는다.

② 불길이나 연기 때문에 건물 속에 갇혔을 때

- 문 손잡이가 뜨거우면 문을 열고 나가지 않는다.
- 연기가 문틈으로 들어오지 못하도록 적신 수건, 옷 등으로 문틈을 막고 창문에서 수건을 흔들어 구조를 요청한다.
- 함부로 창밖으로 뛰어내리지 않고 구조를 기다린다.

③ 연기가 많을 때

- 교사는 비상조명등을 활용하여 피난을 유도한다.
- 연기가 많은 곳에서는 팔과 무릎으로 기어 이동하되 배를 바닥에 대고 가지는 않는다.
- 한 손으로 코와 입을 젖은 수건으로 막아 연기의 흡입을 막는다.

④ 옷에 불이 붙었을 때

- 그 자리에 멈춰 선다(몸을 흔들거나 뛸 경우 더 크게 번짐).

- 바닥에 엎드려 두 손으로 눈과 입을 가린다(화상, 연기 흡입 등을 막음).
- 불이 꺼질 때까지 계속 뒹군다. 엎드릴 수 없을 때에는 수건, 담요 등을 덮어서 불을 꺼 준다.

⑤ 초기 진화를 시도할 때

- 소화기를 불이 난 곳으로 옮긴다.
- 손잡이 부분의 안전핀을 뽑고 호스를 불쪽으로 향하게 한다.
- 손잡이를 힘껏 움켜쥐고 빗자루로 쓸 듯이 소화액을 뿌린다.

(3) 화재 종료 후(복구)

화재 종료 후 유치원의 교직원은 피해 상황 파악 및 교육청 보고, 2차 재난 방지를 위한 점검 및 응급조치, 피해 복구 및 비상수업 대책 마련 등과 관련한 활동을 실시한다.

① 피해 상황 파악 및 교육청 보고

- 화재 종료 후 부상자를 확인하고, 응급처치 후 병원 등으로 이송한다.
- 유치원 건물 및 주변시설의 피해 상황을 파악한다.
- 부상자와 유치원 피해 상황을 교육청에 보고한다.
- 재난 상황에 따라 원장은 유아의 조기귀가, 휴원 등의 조치를 취하고 부모에게 알린다.

② 2차 재난(건물 붕괴 등) 방지를 위한 점검 및 응급조치

- 화재 발생 후 유치원 건축물 내 임의 출입을 금한다.
- 유치원 내에 불씨가 남아 있는지, 건축물의 붕괴위험이 있는지 등을 전문가를 통해 파악하고 건물로 진입한다.

③ 피해 복구 및 비상수업 대책 마련

- 붕괴된 건물과 주변시설을 복구, 보강하고 화재로 인하여 손상된 집기와 시설물을 건물 밖으로 꺼내 피해 공간을 정리한다.
- 가스, 전기, 수도관 등의 이상을 확인하고, 관련 기관의 도움을 받아 피해를 복구한다.

- 원장은 유관기관(교육청 등)과 긴밀하게 협조 체제를 구축하고 유치원 피해 복구 과정과 이후의 비상수업에 대한 대책을 마련한다.

2) 부모 지침서

유치원에서는 평상시 부모교육을 통해 부모에게 화재대응 행동요령, 화재 발생 시 주의사항 등을 전달할 필요가 있다.

화재가 발생하면 이렇게 행동해 주세요!

- 화재가 발생하면 육성, 경보기 등을 통해 주위 사람에게 긴급하게 알리고, 119에 신고합니다.
- 화재가 났을 때 규모가 작다면 빠르고 침착하게 소화기를 이용하여 불을 진화합니다(전기화재, 유류화재에는 물을 사용하지 않습니다).
- 대피 시 공포감을 극복하고 주변 상황을 정확하게 판단합니다.
- 문의 손잡이 등이 뜨거울 때 문을 열면 위험하고, 대피 시 엘리베이터를 이용하지 않습니다.
- 대피 중에는 자세를 낮추고 젖은 수건으로 코와 입을 보호합니다.
- 대피 시 화재와 연기의 확산을 지연시키기 위해 문을 닫고 대피합니다.
- 상황 판단 없이 높은 곳에서 뛰어내리지 않고, 고립되면 각종 수단을 동원하여 자신의 위치를 알립니다.

화재에 대비하여 이러한 점을 주의해 주세요!

- 평소 유치원에 부모와 부모 이외 인계자 인적사항 및 연락처를 전달합니다.
- 화재 상황 시 유아의 대피 장소(인근 공터 등)를 알아 두고, 유치원, 교사, 유아의 친구 부모 등의 연락처를 저장해 둡니다.
- 화재 발생 시 유아의 안부를 확인하고, 유아를 언제, 어디에서 인계할 것인지 교사와 상의합니다.
- 비상시 부부 사이의 행동지침을 정해 둡니다.
- 아이가 혼자가 될 경우를 대비해 유아의 이름, 연락처 등을 기록한 이름표를 신체에 소지하도록 합니다.
- 화재 상황에서 침착하게 대처하여 유아의 충격을 완화하고 유아를 안정시킵니다.

3) 국민행동요령

(1) 화재 발생 시 행동요령

[즉시 신고하기]

• "불이야" 하고 큰 소리로 주위 사람들에게 알린다.

• 소화전의 발신기(경보기)를 누른다

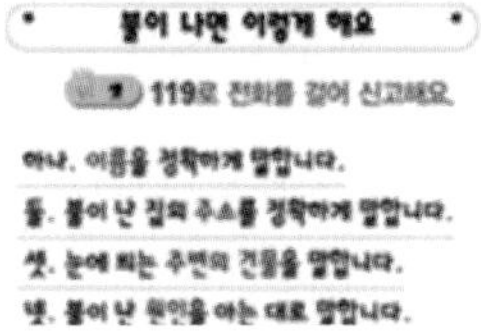

• 침착하게 119로 화재 발생을 신고한다.

[대피하기]

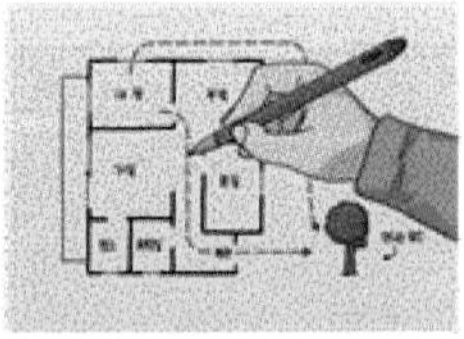

• 만약의 경우를 생각하여 화재 시 피난 계획을 세워 둔다.

• 고층건물 출입 시 사전에 피난 계단, 피난기구 등을 확인한다.

• 신속하고 침착하게 비상구, 피난 시설을 이용하여 대피한다.

• 낮은 자세로 손수건 등에 물을 적셔 입과 코를 감싸고 숨을 짧게 쉰다.

• 화재 발생 시 엘리베이터는 사용하지 않는다.

• 비상구를 통하여 대피할 경우 반드시 문을 닫고 대피한다.

• 바람을 등지고 구조를 기다리며, 당황하여 뛰어내리지 않는다.

출처: 찾기쉬운 생활법령정보(http://www.easylaw.go.kr).

(2) 화재 발생 시 장소별 행동요령

[고층건물 및 아파트]

- 화재경보기를 누르고 소방서에 바로 신고한다.
- 젖은 수건 등으로 코, 입을 막고 낮은 자세로 대피한다.
- 탈출 시 반드시 문을 닫는다.
- 탈출 후에는 절대로 다시 화재 건물로 들어가지 않는다.
- 건물 밖으로 대피하지 못하면 창문이 있는 방으로 가서 구조를 기다린다(문틈을 커튼 등으로 막음).
- 아파트 계단으로 대피가 곤란한 경우 베란다의 비상탈출구(경량칸막이)를 파괴한 후 옆집으로 대피한다.
- 엘리베이터를 이용하지 않는다.

[지하상가]

- 방향감각을 상실할 수 있어 침착하게 대처한다.
- 대부분 양방향과 측면에 비상구가 있기 때문에 한 방향을 선택해 대피한다.
- 정전 시 대피유도등을 따라 이동하고, 유도등이 없을 경우 벽 또는 안내용 보도블록을 따라 이동한다.
- 화재가 발생한 반대쪽 및 공기가 유입되는 방향으로 대피한다.
- 연기와 열기가 급속하게 확산될 수 있어 긴급하게 대피한다.

[지하철]

- 역사 내 화재용 비상벨을 눌러 모든 사람에게 화재 사실을 알린다.
- 승강장의 긴급연락 전화를 사용하여 역무원에게 알리고 119에 신고한다.
- 초기화재 시 역사 내의 소화기와 소화전을 이용하여 불을 끈다.
- 역무원이나 소방관의 안내에 따라 신속히 대피한다.
- 유독가스가 많이 발생한 경우 소방용품 보관함의 방독면을 착용하고 낮은 자세로 침착하게 대피한다.
- 통로에 연기가 많아 대피가 불가능할 경우 선로쪽으로 대피한다(열차가 진입할 수 있으므로 각별히 주의함).

[도로 및 터널]

- 운전자는 차량과 함께 터널 밖으로 신속히 이동한다.
- 터널 밖으로 이동이 불가능한 경우 최대한 갓길쪽으로 정차한다.
- 엔진을 끈 후 키를 꽂아 둔 채 신속하게 하차한다.
- 비상벨을 누르거나 비상전화로 화재 발생을 알린다.
- 사고 차량의 부상자에게 도움을 준다.
- 터널에 비치된 소화기, 소화전 등으로 조기 진화를 시도한다.
- 조기 진화가 불가능한 경우 유도등을 따라 신속히 터널 외부로 대피한다.

[공연장]

- 육성 또는 화재경보 비상벨로 화재 발생을 다른 사람에게 알린다.
- 앞사람을 따라 낮은 자세로 천천히, 질서 있게 대피한다.
- 한꺼번에 출입구에 몰려들지 않도록 차례대로 대피한다.

[산]

- 산불 발견 시 119, 112, 시 · 군 · 구청으로 신고한다.
- 초기의 작은 산불은 나뭇가지로 두드리거나 덮어서 진화한다.
- 풍향을 고려하여 산불의 진행경로에서 벗어나 대피한다.
- 불길에 휩싸이면 침착하게 타 버린 지역, 저지대, 수풀이 적은 지역, 도로, 바위 뒤 등으로 대피한다.
- 산불구역보다 높은 곳으로 가지 말고, 수목이 강하게 타는 곳에서 멀리 떨어진다.

출처: 국가화재정보센터(www.nfds.go.kr).

3. 화재 대비 및 대응 교육활동

1) 화재 발생 전(예방 및 대비)

활동명	불이야~!	활동 대상	5세
활동 목표	불의 위험성에 대해 알게 된다. 화재의 피해, 심각성에 대해 알게 된다.	활동 영역	의사소통, 자연탐구 예술경험
활동 자료	동화책, 교육 동영상, 활동지		

단계	영역	내용	시간
도입	의사 소통	• 동화책을 읽어 주며 불에 대해 이야기를 나눈다. T: 불은 어떤 성질을 가지고 있나요? T: 불이 나면 어떻게 되지요?	5′
전개	예술 경험 의사 소통	• 화재가 발생하는 원인 및 피해와 관련한 동영상을 시청하며 이야기를 나눈다. T: 화재는 어떤 경우에 발생할까요? T: 화재가 나면 어떤 일이 일어날까요? • 활동지를 이용하여 화재 발생 후의 그림을 그려 본다. T: 선생님이 종이를 한 장씩 나눠 줄 거예요. 이 종이에 한 친구가 불장난을 하고 있는 장면이 있지요? 만약 이러한 행동을 하다가 불이 주변에 붙으면 어떻게 될까요? 아래의 칸에 그림으로 그려 보세요.	12′
	자연 탐구	• 불이 날 수 있는 위험한 상황에 대해 이야기를 나눈다. T: 아까 그림 속 장면과 같이 불이 날 수 있는 위험한 상황들에 대해 좀 더 이야기를 나누어볼까요? T: 어떤 상황에서 불이 날 수 있지요? T: 또 어떤 상황들이 위험한가요? (온열기구 과다 이용, 가스레인지를 켜 놓은 채 방치, 불장난 등)	10′
마무리	의사 소통	• 오늘의 활동에 대해 함께 정리한다. T: 여러분, 오늘 화재에 대해 더 잘 알게 되었나요? T: 오늘 어떤 것들에 대해서 이야기를 나누었지요?	3′
지도 시 유의점		* 유아의 수준에 맞는 동화책과 교육 동영상을 선정하여 활동을 진행한다.	

활동 자료

재난유형	불장난을 하면 어떻게 될까요?	( )반
화재		이름:

친구가 불장난을 하고 있어요. 이후에 어떻게 될까요?

활동명	소화기가 어디에 있나요?	활동 대상	5세
활동 목표	소화기가 있는 위치를 알게 된다. 소화기 사용 방법을 알게 된다.	활동 영역	의사소통, 자연탐구, 예술경험
활동 자료	화재 동요, 사진 자료		

단계	영역	내용	시간
도입	의사 소통 예술 경험	• 지난 활동에 대해 이야기를 나눈다. T: 지난 시간에 우리가 화재에 대해 알아본 것들을 기억하나요? T: 우리가 무엇에 대해 이야기하였지요? • 화재 동요를 함께 배운다. T: 〈불이야 불이야〉라는 동요를 함께 배워 보아요.	5′
전개	자연 탐구 의사 소통	• 불이 났을 때 불을 끌 수 있는 것들에 대해 이야기를 나눈다. T: 불이 나면 우리가 무엇으로 불을 끌 수 있을까요? T: 맞아요. 물로 끌 수 있어요. 또 무엇이 있을까요? T: 그래요. 소화기가 있지요. 소화기 안에 불을 끌 수 있는 가루가 들어 있어서 소화기를 이용하면 불을 끌 수 있어요. 또 어떤 것을 이용할 수 있을까요? T: 두꺼운 담요를 덮어서 끌 수도 있어요.	10′
	자연 탐구	• 유치원에 비치된 소화기의 위치를 알아본다. T: 불이 났을 때 가장 많이 이용하는 것이 소화기인데, 우리 유치원에서 이것을 본 친구가 있나요? T: 우리 유치원에는 어디에 소화기가 놓여 있을까요? 우리 함께 찾아볼까요? (유치원을 돌면서 소화기의 위치를 확인한다.) • 소화기의 사용 방법을 알아본다. (사진 자료 제시) T: 그러면 소화기는 어떻게 사용하는 것일까요? T: 우리 소화기의 사용법에 대해 알아보아요.	10′
마무리	의사 소통	• 유치원 소화기의 위치와 사용 방법에 대해 정리한다. T: 우리 유치원에서 소화기는 어디에 있나요? T: 우리가 그 소화기를 사용하려면 어떻게 하면 되지요?	5′
지도 시 유의점		* 활동지를 이용하여 추가 활동을 진행할 수 있다. * 가정에 비치된 소화기에 대해 이야기하는 연계활동을 할 수 있다.	

활동 자료

불이야 불이야

재난유형	소화기는 어떻게 사용해야 할까요?	( )반
화재		이름:

소화기는 어떤 순서로 사용해야 할까요?
(아래의 그림을 오려서 순서대로 상자 안에 붙여 주세요.)

불을 향해 던진다.

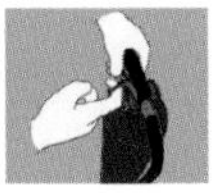
안전핀을 뽑는다.

커버를 벗긴다.

노즐을 빼고 불 쪽을 향한다.

바람을 등지고
골고루 분사한다.

약재를 꺼낸다.

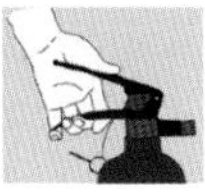
소화기의 손잡이를
움켜쥔다.

〈일반소화기 사용 순서〉

⇨ ⇨ ⇨

〈투척용 소화기 사용순서〉

⇨ ⇨

2) 화재 발생 시(대응)

활동명	멈추고, 가리고, 구르세요!	활동 대상	5세
활동 목표	화재 발생 시 대응 방법을 알게 된다. 안전을 위한 주의사항을 알게 된다.	활동 영역	의사소통, 신체운동 · 건강
활동 자료	동화책, 교육 동영상, 그림 자료, 활동지		

단계	영역	내용	시간
도입	의사소통	• 화재를 경험하는 주인공이 등장하는 동화책을 읽어 주며 화재 발생 시 대응 방법에 대해 이야기를 나눈다. T: ○○(주인공)가 있던 곳에 불이 났어요. ○○(주인공)는 어떻게 하였나요? T: 왜 그렇게 하였나요?	5′
전개	의사소통	• 화재 대응 방법에 대한 동영상을 시청하고 이야기를 나눈다. T: 불이 나면 가장 먼저 무엇을 해야 하나요? T: 왜 그렇게 해야 하나요? T: 그다음에는 어떻게 해야 하지요? T: 왜 그렇게 해야 하나요?	13′
	의사소통 신체운동 · 건강	• 화재 발생 시 대피 행동과 몸에 불이 붙었을 때 대응 방법 익히기 T: (화재 발생 시 대피 행동에 대한 그림을 보여 준다.) 불이 났어요. ○○와 △△는 지금 밖으로 대피하고 있어요. 왜 이런 자세를 하고 대피해야 하는 것일까요? T: 우리 친구들도 한 번 함께해 봐요. 불이 나면 이렇게 손으로 코와 입을 막고 몸을 숙여서 대피해요. T: (몸에 불이 붙었을 때 대응 방법에 대한 그림을 보여 준다.) ○○의 몸에 불이 붙었어요. ○○는 어떻게 하고 있나요? 멈추고, 얼굴을 가리고, 데굴데굴 구르고 있네요. T: 우리 친구들도 함께해 보아요. (매트가 깔린 곳에서 함께해 본다.) • 활동지를 통해 관련 내용을 확인한다. T: 선생님이 그림을 한 장씩 나눠 줄 거예요. 그림에서 불이 났을 때 잘 행동하고 있는 친구를 찾아 동그라미를 그려 주세요.	7′
마무리	의사소통	• 화재 대응 행동에 대한 내용을 정리한다. T: 불이 나면 어떤 자세로 대피해야 하지요? T: 몸에 불이 붙었을 때에는 어떻게 해야 하나요?	5′
지도 시 유의점		* 유아의 수준에 맞는 동화책과 교육 동영상을 선정하여 활동을 진행한다.	

활동 자료

재난유형	화재가 발생했어요! 어떻게 대응할까요?	(　　　　　)반
화재		이름:

화재가 발생했어요! 잘 대응하고 있는 친구들을 찾아보아요.

코와 입을 막고 몸을 숙여 이동하는 친구

몸을 숙이지 않고 이동하는 친구

방화문을 닫으면서 대피하는 친구

몸에 불이 붙었을 때 바닥에 구르는 친구

엘리베이터를 타고 있는 친구

활동명	대피 연습을 해 보아요!	활동 대상	5세
활동 목표	화재 발생 시 대피를 직접 연습해 본다.	활동 영역	의사소통, 예술경험, 신체운동 · 건강
활동 자료	화재 동요, 그림 자료		

단계	영역	내용	시간
도입	예술 경험	• 지난번에 배웠던 동요를 다시 불러 보며, 율동을 새롭게 배워본다. T: 지난번에 우리 함께 배웠던 동요 기억하나요? T: 〈불이야 불이야〉를 다 같이 불러 볼까요? T: 이번에는 가사에 맞추어서 율동을 새롭게 배워 보아요.	5′
전개	의사 소통	• 화재 발생 시 대피 방법에 대해 이야기를 나눈다. T: (그림 자료를 보여 주며) 여기 그림들은 불이 났을 때 어떻게 대피해야 하는지 알려 주는 그림들이에요. T: 지난 시간에 불이 나면 코와 입을 막고 몸을 숙여 대피해야 한다고 이야기를 나누었지요? 그 그림이 여기에 있네요. T: 이 그림은 무엇을 보여 주는 것일까요? 맞아요. 이 사람은 대피할 때 문을 닫으면서 대피하고 있어요. 왜 이렇게 해야 하는 것일까요? 문을 닫으면 연기가 나오는 것을 막을 수 있겠지요? T: 이 그림에서 이 사람은 불이 났을 때 엘리베이터를 타지 않았어요. 왜 이렇게 하였을까요? 불이 나면 엘리베이터가 멈추어서 그 안에 갇힐 수 있답니다. 그래서 꼭 계단으로 대피해야 해요.	10′
	신체 운동 · 건강	• 화재 발생을 가정하고 대피 연습을 해 본다. T: 우리 교실에서 실제로 불이 났다고 생각해 보아요. T: 어디로 어떻게 대피를 해야 할까요? T: 자, 선생님을 따라 우리가 배운 자세로 빠르게 대피해 보아요. (교사가 '불이야~'라고 외치면, 유아들이 교사와 함께 유치원 밖으로 대피하는 연습을 한다.)	13′
마무리	의사 소통	• 오늘 활동에 대해 이야기하며 마무리한다. T: 오늘 우리가 어떤 활동을 하였지요? T: 불이 나면 어떻게 대피를 해야 하나요?	2′
지도 시 유의점		* 화재 시 여러 상황을 가정하고(다른 장소에서 불이 난 경우, 교실에 고립된 경우 등) 확장된 대피 연습을 할 수 있다.	

활동 자료

불이야 불이야

① 오른손으로 코와 입을 가린다.

② 왼손을 앞뒤로 흔든다.

③ 오른손으로 전화를 받는 듯한 동작을 한다.

④ 손가락으로 119를 쓴다.

⑤ 검지손가락을 앞으로 내민다.

⑥ 손바닥을 아래위로 한다.

⑦ 양팔로 엑스 표시를 한다. ⑧ 두 팔을 앞뒤로 흔든다.
(두 번 반복)

재난유형	화재가 발생하면 어느 길로 대피할까요?	(　　　　)반
화재		이름:

유치원에서 화재가 발생했을 때 어떤 이동 경로로 밖으로 대피해야 할까요?
(이동 경로를 아래에 그려 보세요.)

3) 화재 종료 후(복구)

활동명	삐용삐용 119	활동 대상	5세
활동 목표	불이 났을 때 소방관들이 하는 일을 알게 된다.	활동 영역	의사소통, 사회관계
활동 자료	동화책, 역할극 소품(신체활동 매트, 소방 호스, 산소통, 구급상자 등)		

단계	영역	내용	시간
도입	의사소통	• 동화책을 읽어 주며 불이 났을 때 출동하는 소방차와 소방관에 대해 이야기를 나눈다. T: 소방차 안에는 어떤 것들이 있나요? T: 불이 났을 때 소방관은 어떤 일을 하지요?	5′
전개	사회관계	• 119와 소방관에 대해 더 이야기를 나눈다. T: 불이 나면 우리는 어디에 신고를 해야 할까요? T: 맞아요. 119에 신고해야 해요. 그러면 누가 오나요? T: 출동한 소방관들은 무엇을 입고 있나요? 왜 그것을 입고 있을까요? T: 소방관은 불을 끄기 위해 무엇을 이용하지요? T: 소방관이 메고 있는 큰 통은 무엇일까요?	15′
	의사소통	• 119 신고를 받고 출동해 불을 끄는 소방관 역할 놀이를 한다. (동작실 등에서 신체활동 매트로 불이 난 건물을 만들고, 소방차, 소방 호스, 산소통, 구급상자 등을 소품으로 준비한다.) T: 그럼 소방관 역할놀이를 하기 위해 역할을 나누어 볼까요? 소방관을 하고 싶은 친구 있나요? 신고하는 사람은 누가 할까요? T: (역할 나누기 후) 이제 역할놀이를 시작해 볼까요? 저쪽 건물에서 갑자기 불이 나기 시작하였어요. 자, 이제 어떻게 해야 하나요? (교사는 역할극이 잘 이루어질 수 있도록 안내한다.)	8′
마무리	의사소통	• 119와 소방관의 역할에 대해 정리한다. T: 불이 나면 어디에 신고를 해야 하나요? T: 소방관은 불이 난 곳에서 어떤 일을 하나요?	2′
지도 시 유의점		* 활동지를 이용하여 추가 활동을 진행할 수 있다. * 역할극 활동 전에 유아가 역할극의 소품을 직접 만들어 보는 활동을 진행할 수 있다.	

활동 자료

재난유형	불이 나면 어디에 신고해야 할까요?	(　　　　)반
화재		이름:

불이 나면 어디에 신고해야 할까요?
불이 나면 신고해야 하는 번호를 쓰고,
불이 나면 어떻게 신고할지 아래에 써 보세요.

119

(예) 여기는 ○○인데요. 불이 났어요.
도와주세요.

재난유형	불장난을 하면 어떻게 될까요?	(　　　　　　)반
화재		이름:

친구가 불장난을 하고 있어요. 이후에 어떻게 될까요?

재난유형	소화기는 어떻게 사용해야 할까요?	( )반
화재		이름:

소화기는 어떤 순서로 사용해야 할까요?

(아래의 그림을 오려서 순서대로 상자 안에 붙여 주세요.)

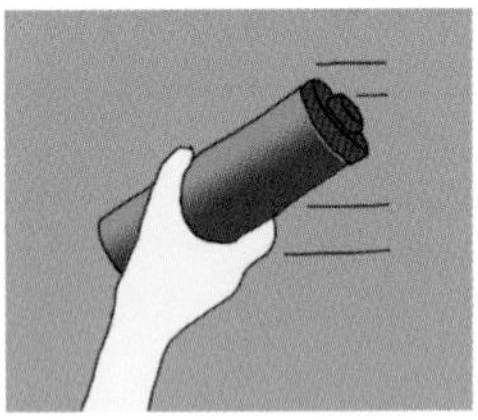

불을 향해 던진다.

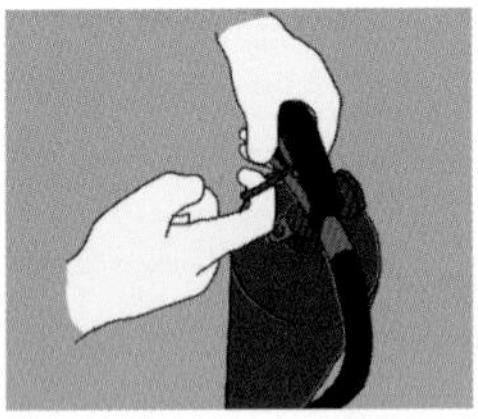

안전핀을 뽑는다.

커버를 벗긴다.

노즐을 빼고 불 쪽을 향한다.

바람을 등지고
골고루 분사한다.

약재를 꺼낸다.

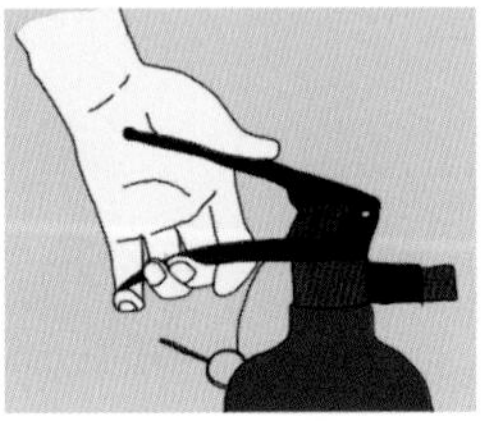

소화기의 손잡이를
움켜쥔다.

〈일반소화기 사용 순서〉

〈투척용 소화기 사용순서〉

재난유형	화재가 발생했어요! 어떻게 대응할까요?	(　　　　　　　)반
화재		이름:

화재가 발생했어요! 잘 대응하고 있는 친구들을 찾아보아요.

코와 입을 막고 몸을 숙여 이동하는 친구

몸을 숙이지 않고 이동하는 친구

방화문을 닫으면서 대피하는 친구

몸에 불이 붙었을 때 바닥에 구르는 친구

엘리베이터를 타고 있는 친구

재난유형	화재가 발생하면 어느 길로 대피할까요?	(　　　　　)반
화재		이름:

유치원에서 화재가 발생했을 때 어떤 이동 경로로 밖으로 대피해야 할까요?

(이동 경로를 아래에 그려 보세요.)

재난유형	불이 나면 어디에 신고해야 할까요?	(　　　　　　　　)반
화재		이름:

불이 나면 어디에 신고해야 할까요?
불이 나면 신고해야 하는 번호를 쓰고,
불이 나면 어떻게 신고할지 아래에 써 보세요.

119

(예) 여기는 ○○인데요. 불이 났어요.
도와주세요.

4. 참고자료

체험학습 정보

- 부산광역시 119 안전체험관(http://119.busan.go.kr)
- 대전광역시 119 시민체험센터(http://119.daejeon.go.kr/safe)
- 전북119안전체험관(http://safe119.sobang.kr/)
- 365세이프타운소방문화전시관(http://www.taebaek.go.kr/365safetown/index.do)

관련 사이트 정보

- 행정안전부(www.mois.go.kr)
- 교육부(www.moe.go.kr)
- 보건복지부(www.mohw.go.kr)
- 소방청(www.nfa.go.kr/nfa)
- 해양경찰청(www.kcg.go.kr)
- 기상청(www.kma.go.kr)
- 국민재난안전포털(www.safekorea.go.kr)
- 소방청 국가화재정보센터(http://www.nfds.go.kr)
- 서울종합방재센터(http://www.119.seoul.go.kr)
- 경기도 재난안전본부(http://www.119.gg.go.kr)
- 부산광역시 소방안전본부(http://www.119.busan.go.kr)
- 제주소방안전본부(http://www.jeju119.go.kr)
- 대구소방안전본부(http://www.daegu.go.kr/119mobile)

기타 정보

- 전화: 기상청 날씨예보(☎ 131), 119구조대(☎ 119)

참고문헌

- 학교현장 재난유형별 교육 · 훈련매뉴얼(교육부), 2008 재난대비 국민행동 매뉴얼 안전 길라잡이(소방방재청), 2015 어린이집 안전관리백과–소방, 재난, 자연재해편(어린이집 안전공제회), 2016 어린이집 안전관리백과(2권)–소방, 재난, 자연재해편(어린이집 안전공제회), 재난안전 체험형 안전교육(경기도교육청), e-나라지표(http://www.index.go.kr/potal/main/EachDtlPageDetail.do?idx_cd=1632), 한겨레(2013. 1. 27.). (http://www.hani.co.kr/arti/international/america/571559.html)

동화책

- 삼성당 편집부(2005). 불이 났어요(리틀스코프 18). 삼성당.
- 토이앤스토어, 문상수(2013). 불이 나면 밖으로 나와요(또조심과 함께하는 안전 이야기 10). 국민서관.
- 로이스 렌스키(2003). 왱왱 꼬마 불자동차(비룡소유아그림책 11). 비룡소.
- 성혜숙(2012). 화르르 뜨겁게 타오르는 불(야무진 과학씨 10). 웅진주니어.

동영상

- 깨비안전교육 #02–불이야 불이야 | 재난대비 안전교육 | [깨비키즈 KEBIKIDS]. https://www.youtube.com/watch?v=NnYOqadmVuU
- [안전교육–소방대피훈련] 불이야 불이야. https://www.youtube.com/watch?v=XVNGoptkYAY
- 국민이 안전이와 함께하는 화재 안전수칙. https://www.youtube.com/watch?v=YZlIuw45364

동요

- 곰 세마리(작사, 작곡 미상)를 개사하여 사용함.

제12장 대설

1. 대설에 대한 이해

1) 대설의 정의

대설은 일시에 많은 양의 눈이 공간적으로 집중되어 내리는 것을 말하며, 하루에 20㎝ 이상, 1시간에 1~3㎝의 눈이 내리는 것을 뜻하기도 한다.

2) 대설의 특징

(1) 발생 원인

- 대설은 북쪽에 위치한 차가운 시베리아 기단이 한반도 주변의 따뜻한 바다를 건너오면서 고온다습의 공기 덩어리나 눈구름을 형성하여 발생한다.
- 차갑고 건조한 공기가 다량의 수증기를 함유하며 불안정해져 대류현상으로 눈구름 형성하여 대설이 발생한다.

[그림 12-1] 대설의 발생 원인

- 이동 경로가 길어지면 적운(눈구름)이 더욱 발달하고, 육지에 상륙하면 대설이 내리게 되며, 시베리아 기단의 기온과 해수의 수온 차이가 크면 클수록 강한 대설이 발생한다.

(2) 우리나라 대설의 특징

- 우리나라에서 적설량이 많은 지역은 대관령을 중심으로 한 강릉, 속초 지역, 충청 및 호남 지역의 해안가, 제주도 산간과 울릉도 등이다.
- 겨울철 대설 발생 지역은 한반도 주변의 기압 배치에 따라 달라진다.

① 서해안 지방의 대설

- 서고동저형의 기압배치로 인해 발생한다.
- 겨울철 서고동저형의 기압 배치는 북서쪽에 시베리아 고기압이 자리 잡음으로써 나타난다.
- 시베리아 고기압이 확장하면서 남하(한랭건조한 공기가 이동) → 따뜻한 해수(서해) 위를 지나오면서 바다 표면의 열이 공기 중으로 전달 → 대기가 불안정해지면서 대류현상이 발생 → 눈구름이 발달 → 내륙으로 밀려와 해안가를 중심으로 많은 눈이 내리게 된다.
- 대류현상으로 형성되는 적운형 구름은 보통 1.5~3km의 높이까지 발달하며, 풍향과 대류 활동에 따라 크기, 모양 등이 달라진다.
- 풍향은 찬 공기가 바다를 지나오는 거리를 좌우하여 눈구름 형성에 영향을 미치고, 북서풍이 불 때 차가운 공기의 이동 거리가 길어져서(발해만 ~ 남해상) 서풍이 불 때보다 찬 공기가 해수로부터 받는 에너지가 커진다.
- 바람의 방향이 북풍에 가까울수록 호남해안, 제주도 등에 눈이 많이 내리나, 서풍에 가까울수록 경기, 서울 지역 등에 눈이 내린다.

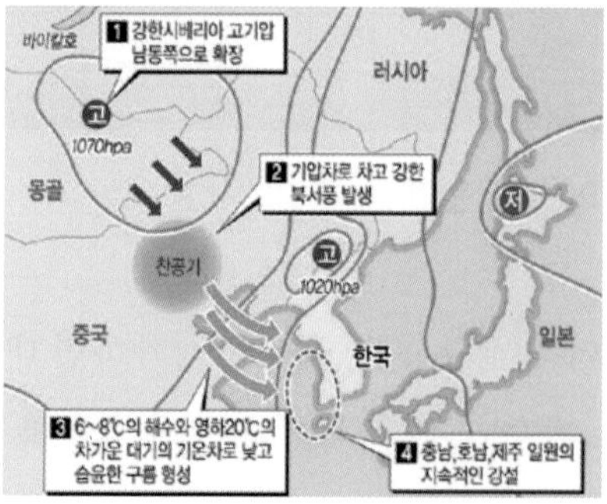

[그림 12-2] 서해안 폭설 원인

출처: 기상청(http://www.kma.go.kr).

[그림 12-3] 중부지방 폭설 원인

출처: 기상청(http://www.kma.go.kr).

② 동해안 지방의 대설

- 북고남저형의 기압배치로 인해 발생한다.
- 한기확장형, 산악형, 난기해안형의 세 종류의 유형으로 나눌 수 있다.

한기확장형

- 시베리아 고기압이 북서쪽에서 확장하지 않고 동쪽으로 이동하여 우리나라에 강한 북동풍이 유입되며, 북동 기류가 동해상에서 따뜻한 해수와 만나 적운형 구름이 만들어지고, 구름이 동해안에 상륙하면서 영동지역에 대설이 발생한다.
- 태백산맥은 수분을 머금은 기류를 더욱 강제로 상승시켜 눈구름을 더욱 발달시키고 동해안에 더 많은 대설을 발생시킨다.
- 강릉과 속초 일대의 동해안, 설악산과 오대산 등의 강원도 산악지대에 많은 눈이 내린다.

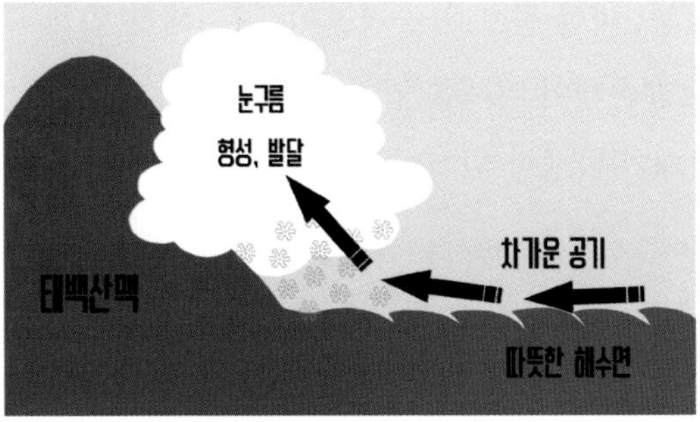

[그림 12-4] 한기확장형 대설 발생 과정

산악형

- 기압골의 배치로 인해 등고선 방향이 산맥에 거의 직각으로 평행하여 강한 동풍이 유발되어 동해안의 산악과 해안 모두 매우 많은 강설량을 보이지만, 해안가보다 산악지방이 상대적으로 더 많은 강설량을 기록한다.
- 산맥을 넘어 영서지방(원주 등)까지 강설이 기록될 때도 있다.

난기해안형

- 남해상에 위치한 저기압으로부터 따뜻한 기류가 유입되어 기존에 존재하고 있

던 차가운 기류와 만나 영동지역에 대설을 발생시키는데, 산악 지역은 주로 눈이 내리고, 해안 지방, 영서지방은 눈과 비가 함께 내리는 경우가 많으며, 강설량은 산악지역이 상대적으로 더 많은 것으로 기록된다.

(3) 대설의 영향

① 대설의 피해

- 도로가 마비되고 교통 혼잡이 발생하며(보통 적설량이 30cm 이상이면 교통이 마비되고, 도시에서는 5~10cm의 적설에도 교통체증이 일어남), 비행기의 이착륙이 어려워진다.
- 산간 지역에서 대설이 발생하면 마을이 고립되기도 한다.
- 각종 시설물, 구조물, 수목 등이 눈의 무게를 이기지 못해 무너지거나 손상된다.
- 물류 수송에 차질을 빚어 운송, 유통 등에 영향을 미치고, 관광과 보험 등의 서비스 산업에도 영향을 준다.
- 농촌에서는 강풍, 대설 등으로 농작물이 큰 피해를 입게 되며, 비닐하우스 등 농가 시설물이 훼손되어 피해를 입기도 한다.
- 산에서는 눈사태가 발생할 위험이 있으며, 조난자가 발생하기도 한다.

구분		증상
동상	1도	일시적 화끈거림, 쑤시는 듯한 통증이 나타나고, 며칠 후 피부가 벗겨지는 현상이 나타난다.
	2도	수포, 피부 부종, 충혈 등이 나타나고, 피부 표피가 괴사되며, 손상 부위의 감각이 저하되고, 화끈거림, 쏘는 듯한 통증이 있다.
	3도	처음에는 손상부위가 무감각하다가 이후에 화끈거리고 쑤시는 듯한 통증이 나타나고, 피부 색깔이 얼룩덜룩해진다.
	4도	관절이 쑤시는 듯하게 아프고, 피부가 건조해지고 검은색으로 변한다.
저체온증		신체가 심한 추위에 노출되면 체내에서 생성되는 열보다 더 빠르게 열을 잃게 되어 체온이 정상범위 이하로 낮아지고, 오한, 피로, 의식 혼미, 기억장애, 언어장애 등이 나타난다(만 1세 미만의 경우 피부가 차갑고 밝은 적색을 띰).

- 낮은 기온으로 인하여 동상, 저체온증 등의 증상이 나타날 수 있고, 미끄러지거나 넘어져 탈구, 골절, 타박상 등이 생길 수 있으며, 신체 부종, 통증, 변형 및 움직임 제한 등이 나타날 수 있다.

② 대설의 이점

- 강설로 인하여 가뭄 피해가 경감되고, 농지, 임야 등으로 수자원이 유입된다.
- 눈이 녹아 다목적 댐, 용수 댐 등으로 수자원이 유입됨에 따라 가용 수자원이 확보된다.
- 강설이 공기의 세정효과를 가져와 대기질이 개선된다.
- 강설 이후 산불이 감소하여 산불이 예방된다.
- 눈꽃 축제, 눈썰매장 등을 통해 눈을 관광 자원으로 이용할 수 있다.

3) 대설의 예보

기상청의 대설 특보

종류	주의보	경보
대설	24시간 신적설(새로 쌓인 눈)이 5cm 이상 예상될 때	24시간 신적설이 20cm 이상 예상될 때(산지는 24시간 신적설이 30cm 이상 예상될 때)

4) 대설의 발생현황

- 1988~1999년 동안 서울, 경기 지방에서 평균 연간 4일 정도 눈이 왔는데, 이 중 하루 정도는 일 신적설이 5㎝ 이상인 많은 눈이 내렸다.
- 2004년 3월 초 중부지방의 대부분과 충청지방, 남부 일부 지방에 대설이 발생하였는데, 100년 기상관측 이래 최대의 기록적인 대설로 당시 서울 시내의 모든 도로가 전면적으로 마비되었고(5일 적설량으로 대전, 문경 49.0cm, 청주 32.0cm, 보은 39.9cm를 기록함), 재산 피해가 6,734억 원, 이재민이 2,117세대, 25,145명에 달하였다.

- 2009년 12월~2010년 2월 지구 북반구 도처에서 이상 한파와 대설이 발생하였고, 동아시아와 유럽, 북아메리카의 여러 국가에 영향을 미쳤는데, 우리나라에서도 수도권과 강원도 등 중부 대부분의 지역에 대설이 내려 큰 피해가 발생하였다. 특히 서울에는 적설 관측 이래로 1일 최대 신적설량을 기록하였고(1월 4일 25.8cm), 대설로 인해 수도권과 강원도 지역을 중심으로 많은 피해가 발생하였다.
- 2011년 상반기 동해안 대설은 1월부터 함경도~부산에 이르는 동해안에 발생한 대설인데, 이 기간 중에 삼척, 강릉, 동해, 울진, 포항, 울산 등에서 기록적인 대설이 발생하였고, 특히 2월 11~14일 사이에 강원도 영동지방 부근에 국지적으로 1m 이상의 눈이 내려 큰 피해가 발생하였다.

2. 대설 대비 및 대응 매뉴얼

1) 행동 매뉴얼

(1) 대설 발생 전(예방 및 대비)

유치원의 대설 대비책으로는 유치원 시설 점검, 비상 연락망 점검, 대설 대비 교육의 실시, 비상용품 구비, 가정 및 지역사회와의 연계 등을 포함한다.

① 유치원 시설 점검

- 건물, 담장 등을 점검하고, 대설로 인하여 붕괴 위험이 있는 부분은 보수, 보강한다.
- 보일러 배관, 수도계량기 보호함 등을 점검하며, 내부는 헌옷 등으로 채우고 외부는 테이프로 밀폐시켜 찬 공기가 들어가지 않도록 한다.
- 각 교실과 활동실에 온열기구(온풍기 등)를 구비하고 점검한다.
- 현관 입구, 외부 계단 등에 미끄럼방지대를 깔아놓는다.
- 유치원의 창문이나 출입문의 틈새를 막아 외풍을 막고, 교실 및 활동실 등에 커튼이나 블라인드를 설치한다.
- 눈이 녹아 유치원 내부로 들어갈 수 있는 부분을 확인하고 보수, 보강한다.

• 대설대비 용품(모래주머니, 염화칼슘, 삽 등)을 유치원에 구비한다.
• 유치원의 차량에 체인 등을 설치하여 대설에 대비한다.

② 비상 연락망 점검

• 유아 비상 연락망(부모 등)을 점검, 확인한다.
• 유치원 교사 및 교육관계자의 비상 연락망을 점검, 확인한다.
• 지역사회 관계기관(주민자치센터, 소방서, 경찰서 등)의 연락처를 확인하고, 연락 체제를 구축한다.

③ 대설 대비 교육의 실시

• 유아를 대상으로 대설 대응 사전교육을 실시한다(대설에 대한 이해, 대설 발생 시 행동요령, 대피 장소 등).
• 유아 대설 대응 교육활동을 영역 통합적으로 계획하고 실시한다.
• 교사 및 교육관계자를 대상으로 대설 대응 사전교육을 실시한다(대설 발생 시 행동요령, 대피 경로, 대피 장소, 응급처치 방법 등).
• 부모를 대상으로 대설 대응 사전교육을 실시한다(대설 발생 시 행동요령, 대피 장소, 상황별 유치원과의 연락 등).

④ 비상용품 구비

• 비상시를 대비해 유치원에 비상용품을 구비하고, 보관 장소와 사용법을 알아 둔다.

비상식품	물, 초코바, 가공식품, 통조림, 라면 등
구급약품	감기약, 해열제, 소화제, 연고 등이 포함된 구급함
생존용품	휴대폰, 예비배터리, 손전등, 건전지, 휴대용 라디오, 호루라기, 라이터, 다용도 칼 등
체온유지 용품	의류, 양말, 담요, 장갑, 모자, 우비 등
기타	화장지, 물티슈, 비닐봉투, 비상 연락망, 비상금 등

⑤ 가정 및 지역사회와의 연계

- 부모를 대상으로 한 대설 대응 사전교육을 실시한다.
- 대설 발생 시 유아가 가정에 있을 때, 유치원에 있을 때 등 부모의 상황별 행동 요령을 마련하여 가정에 전달한다.
- 대설 정보를 얻을 수 있는 공공 기관의 연락처를 알아 둔다.
- 정부에서 제공하는 재난정보 알림 애플리케이션을 휴대폰에 설치해 둔다. (안전디딤돌, 기상청 대설 정보 알리미 등)

(2) 대설 발생 시(대응)

대설이 발생하면 대설 대응 행동요령에 따라 행동한다.

대설 예보 및 특보 알림	• 원장 또는 담당 교직원은 대설이 예보되거나 대설 특보가 발령되면 즉시 유치원의 전 교직원에게 알린다. • 각 교직원이 맡은 대응 역할을 주지시킨다.
교육 환경 점검	• 교사는 교실의 창문과 외부로 통하는 문이 모두 닫혀있는지 확인하고, 열려 있을 시 닫는다. • 유치원 주변과 입구에 모래 또는 염화칼슘 등을 뿌려 미끄럼을 방지한다. • 교사는 교실 내의 온열기기가 잘 작동하는지 확인한다. 교실 내 적정 온도가 유지되는지 체크하고, 교실의 공기를 자주 환기시킨다.
수업활동 변경 및 대체	• 계획되었던 바깥 활동을 체육관, 교실 등에서 진행하는 실내 활동으로 대체하여 실시한다. • 외부 견학 등이 계획되어 있었을 경우 관련 기관에 연락하여 이를 취소하거나 연기한다.
유아 건강 관리	• 교실 내의 온열기구는 과도하게 사용하지 않는다. • 실내에서는 유아별로 옷을 적절하게 입도록 하여 체온을 적정하게 유지하도록 한다. • 가능한 한 유아의 바깥 출입을 금지하고, 부득이하게 외출하는 경우 마스크, 장갑, 부츠 등 체온유지 용품을 착용하도록 한다. • 실외에서 걸을 때 주머니에 손을 넣지 않고, 계단 이용 시 난간을 잡고 이동하도록 한다.

재난 정보 확인, 보호자 인계	• 교사는 라디오, 휴대폰 등으로 대설 안내방송을 청취하고 재난 상황을 확인한다. • 재난 상황에 따라 조기 귀가가 결정되면 교사는 부모에게 연락하여 유아를 안전하게 인계한다. • 대설로 인하여 유치원의 유아와 교직원이 고립되는 경우 즉시 관련 기관에 신고하고 비상보육을 실시하며, 구조를 기다린다. 또한 부모에게 연락하여 유아의 안전과 상태를 알린다.

상황별 대설 대응 행동요령은 다음과 같다.

① 유치원 내에서 대설이 발생했을 때

- 창문과 외부로 연결된 문을 모두 닫는다.
- 산책, 바깥놀이터 활동, 현장학습 등을 모두 취소하고 실내 활동으로 대체하여 진행한다.
- 교실 내 적정 온도를 유지한다. 온열기구를 과도하게 사용하지 말고 자주 실내 공기를 환기시켜 준다.
- 유아가 부득이하게 외출하게 되는 경우에는 마스크, 장갑, 목도리 등을 착용하여 체온을 유지하도록 한다.

② 외부 활동 시 대설이 발생했을 때

- 외부 활동 중 대설이 발생하면 교사는 유치원에 교사와 유아의 위치, 유아의 안전 상태 등을 알리고, 필요시 지원을 요청한다.
- 교사는 즉시 활동을 중단하고 유치원으로 돌아오거나 상황에 따라 가까운 건물 내부, 대피소 등으로 대피한다.
- 유아에게 마스크, 장갑, 목도리 등을 착용시키고, 걸을 때 주머니에 손을 넣지 않게 하며, 미끄러지지 않도록 주의시킨다.
- 차량을 이용하여 유치원으로 돌아오는 경우 체인 등을 설치한 차량으로 서행하며 안전하게 이동한다.

③ 등 · 하원 시 대설이 발생했을 때

- 등원 시 대설이 발생하면 부모에게 유아의 건강 상태(저체온증, 동상, 타박상 등)를 묻고 이상이 있을 시에는 적절한 조치를 취한다.
- 하원 시 대설이 발생하면 교사는 유아의 사물함에서 따뜻한 옷을 꺼내어 입히고, 마스크, 장갑, 목도리 등을 착용시켜 하원 시 유아의 체온을 보호할 수 있도록 한다.
- 원장은 대설의 정도에 따라 유치원 운영(휴원 또는 단축수업 등)을 결정하고 정문에 안내문을 게시하며, 유치원 운영 방침을 부모에게 유선(문자, 통화 등)으로 즉시 전달한다.

(3) 대설 종료 후(복구)

대설 종료 후 유치원의 교직원은 피해 상황 파악 및 교육청 보고, 2차 재난 방지를 위한 점검 및 응급조치, 피해 복구 및 비상수업 대책 마련 등과 관련한 활동을 실시한다.

① 피해 상황 파악 및 교육청 보고

- 대설 종료 후 건강 이상 유아, 부상자 등을 확인하고, 응급처치 후 병원 등으로 이송한다.
- 유치원 건물 및 주변시설의 피해 상황을 파악한다.
- 부상자와 유치원 피해 상황을 교육청에 보고한다.
- 재난 상황에 따라 원장은 유아의 조기귀가, 휴원 등의 조치를 취하고 부모에게 알린다.

② 2차 재난(추가 대설 등) 방지를 위한 점검 및 응급조치

- 라디오, 휴대폰 등으로 2차 재난 예보를 청취하고 추가 대설의 발생을 대비해 유치원 시설물을 점검한다.
- 지붕, 담장 등 눈에 의해 무너질 수 있는 부분을 보수, 점검하고, 눈이 녹아 유치원으로 흘러 들어올 수 있는 부분을 확인하여 보수한다.
- 마른걸레로 유치원 입구의 물기를 수시로 제거한다.
- 유치원 입구, 주변, 옥상 위, 차량 주변 등에 쌓여 있는 눈을 치운다.

• 눈이 많이 쌓인 경사면 주변과 위험지역에 위험표지를 한다.
• 대설 발생 시 통신기기의 사용 폭주로 통신에 일시적 장애가 있을 수 있기 때문에, 라디오 등을 통한 공공기관의 정보에 따라 침착하게 대처한다.

③ 피해 복구 및 비상수업 대책 마련
• 붕괴되거나 균열이 발견된 건물과 주변시설을 복구, 보강한다.
• 가스, 전기, 수도관 등의 이상을 확인하고, 관련 기관의 도움을 받아 피해를 복구한다.
• 원장은 유관기관(교육청 등)과 긴밀하게 협조 체제를 구축하고 유치원 피해 복구 과정 또는 이후의 비상수업에 대한 대책을 마련한다.

2) 부모 지침서

유치원에서는 평상시 부모교육을 통해 부모에게 대설대응 행동요령, 대설 발생 시 주의사항 등을 전달할 필요가 있다.

대설이 발생하면 이렇게 행동해 주세요!

- 대설이 발생하면 집 주변(대문, 지붕, 차량 등)의 눈을 치우고, 모래, 염화칼슘 등을 뿌려 미끄럼 사고를 예방합니다.
- 어린이와 노약자의 외출을 삼가도록 합니다.
- 가능한 한 외출을 자제하고, 외출 시에는 운동화나 등산화를 착용합니다. 보온 장갑을 착용하고 걸어가는 중에 손을 주머니에 넣지 않습니다.
- 계단을 오르내릴 때에는 난간을 잡고 조심스럽게 이동합니다.
- 출 · 퇴근 시에 대중교통(지하철, 버스 등)을 이용하고, 차량 운행 시에는 체인 등을 설치하여 안전하게 이동합니다.
- 고립 지역에서는 이웃, 관계기관과 비상 연락 체계를 유지합니다.

대설에 대비하여 이러한 점을 주의해 주세요!

- 평소 유치원에 부모와 부모 이외 인계자의 인적사항 및 연락처를 전달합니다.
- 재난 상황 시 유아의 대피 장소(대피소 등)를 알아 두고, 유치원, 교사, 유아의 친구 부모 등의 연락처를 저장해 둡니다.
- 대설 발생 시 유아와 부모의 안부를 상호 확인하고, 재난 상황에 따라 유아 인계 방법(누가 언제 유아를 인계할 것인지)을 교사와 상의합니다.
- 비상시(통신 장애, 전화 불통 등) 부부 사이의 행동지침을 정해 둡니다.
- 유아가 혼자가 될 경우를 대비해 유아의 이름, 연락처 등을 기록한 이름표를 신체에 소지하도록 합니다.
- 재난 상황에서 침착한 대처로 유아의 충격을 완화하고 유아를 안정시킵니다.

3) 국민행동요령

(1) 대설 발생 시 상황별 행동요령

[보행 시]

- 대설이 발생했을 때에는 가능한 한 외출을 자제한다.
- 외출 시 바닥면이 넓은 운동화나 등산화를 착용한다.
- 미끄러운 길을 걸을 때 주머니에 손을 넣지 말고 보온장갑을 착용한다.
- 걸어가는 중 휴대폰 통화를 삼간다.
- 횡단보도를 건널 때 차량이 멈추었는지 확인하고 건너간다.
- 계단을 오르내릴 때 난간을 잡고 이동한다.
- 야간 보행은 매우 위험하므로 일찍 귀가한다.
- 가족에게 행선지와 시간 계획 등을 미리 알려 둔다.

[차량 운전 시]

- 자가용 이용을 피하고 대중교통(지하철, 버스 등)을 이용한다.
- 고속도로 진입을 자제하고, 국도 등을 이용한다.
- 출발 전 월동장비, 연료, 식음료 등을 미리 준비한다.
- 라디오, TV 등을 계속 청취하며 교통상황을 수시로 파악하고 운행한다.
- 커브길, 고갯길, 고가도로, 교량, 결빙구간 등에서는 서행 운전을 한다.
- 차 간 안전거리를 확보하여 브레이크 사용을 자제한다.
- 교차로나 횡단보도 앞에서 감속 운전을 한다.
- 차량히터 작동 시 환기를 위해 창문을 자주 열어 준다.
- 제설작업 차량, 구급차 등의 진입을 위해 갓길에 주・정차하지 않는다.
- 차량에 고립된 경우에는 가능한 한 모든 수단을 이용해 구조를 요청한다. 동승자가 있는 경우 교대로 잠을 자고 항상 주위 상황을 살핀다. 비상시에 대비해 불필요한 휴대폰 사용을 자제한다.

출처: 국민재난안전포털(www.safekorea.go.kr).

(2) 대설 발생 시 장소별 행동요령

[일반 가정에서]

- 집 앞 주변(대문, 지붕, 차량 등)과 도로의 눈을 치운다.
- 집 주변 빙판길에 모래, 염화칼슘 등을 뿌려 미끄럼 사고를 예방한다.
- 어린이와 노약자는 외출을 삼간다.
- 노후 가옥은 안전점검을 하여 붕괴 사고를 예방한다.
- 고립 지역에서는 비상 연락 체계를 유지하도록 한다.

[직장에서]

- 평상시보다 조금 일찍 출근하고 일찍 귀가한다.
- 출 · 퇴근 시에 자가용 운행을 자제하고 대중교통(지하철, 버스 등)을 이용한다.
- 직장 주변의 눈을 치운다.
- 직장 주변 빙판길에 모래, 염화칼슘 등을 뿌려 미끄럼 사고를 예방한다.

[농촌 지역에서]

- 붕괴 우려가 있는 비닐하우스 등을 사전에 점검하고 시설을 보강하여 피해를 예방한다. 오래되거나 약한 주택의 주민은 이웃이나 친지 집으로 대피한다.
- 하우스에 설치되어 있는 차광막 등을 사전에 제거하여 피해를 최소화한다.
- 피해 예방을 위한 비닐 찢기 작업 시 안전사고에 유의한다.
- 빈 비닐하우스는 비닐을 걷어 내어 하우스를 보호한다.
- 고립 지역에서는 비상 연락 체계를 유지하도록 한다.
- 라디오, TV 등으로 기상 상황을 수시로 파악한다.

[해안 지역에서]

- 각종 선박 등을 대피시키고, 입출항을 통제, 결박(고정) 조치를 한다.
- 수산 양식시설에서는 어류 등이 동사하지 않도록 보온 조치한다.
- 양식 시설의 물고기에게 줄 사료를 준비한다.
- 해안가, 방파제, 선착장 등으로의 접근을 금지한다.
- 해안도로 운행을 피하고, 안전 장구 부착 후에 통행한다.
- 라디오, TV 등으로 기상 상황을 수시로 파악한다.

출처: 국민재난안전포털(www.safekorea.go.kr).

3. 대설 대비 및 대응 교육활동

1) 대설 발생 전(예방 및 대비)

활동명	눈이 너무 많이 내려요!	활동 대상	5세
활동 목표	대설에 대해 알게 된다. 대설의 피해, 심각성에 대해 알게 된다.	활동 영역	의사소통, 자연탐구
활동 자료	동화책, 교육 동영상, 활동지, 실험 준비물(눈, 전자저울, 일반 용품 등)		

단계	영역	내용	시간
도입	의사소통	• 동화책을 읽어 주며 대설(폭설)에 대해 이야기를 나눈다. T: ○○ 마을에 눈이 계속 내렸네요. T: ○○ 마을이 어떻게 되었나요?	5′
전개	자연탐구	• 대설이 발생하는 원인, 피해와 관련한 동영상을 시청하며 이야기를 나눈다. T: 눈이 왜 이렇게 많이 내리는 것일까요? T: 눈이 많이 내리면 어떻게 될까요?	12′
	의사소통	• 활동지를 이용하여 대설이 발생한 장면을 찾아본다. T: 선생님이 그림을 한 장씩 나눠 줄 거예요. 그림에서 대설이 발생했을 때의 장면을 찾아 동그라미를 그려 주세요.	
	자연탐구	• 눈의 무게에 대해 이야기를 나눈다. T: 눈을 본 적이 있나요? 눈이 손에 내리면 어떻게 되지요? T: 손에 떨어진 눈은 무거웠나요? T: 그런데 눈이 많이 모이면 어떨까요? 가벼울까요, 무거울까요? T: 우리 실제로 그것을 알아보는 실험을 해 볼까요? • 눈 또는 갈아 놓은 얼음을 이용하여 실험을 진행한다. T: 이 눈들을 뭉쳐서 무게를 한번 재 볼게요. (전자저울을 이용한다.) T: (장갑 등 다른 물건의 무게를 재고 눈의 무게와 비교해 본다.) 눈이 얼마나 무거운가요? 눈이 아주 많이 내리면 얼마나 무거워질까요? (눈이 쌓여 집 등이 무너진 사진을 보여 주고 이야기를 이어 간다.)	10′
마무리	의사소통	• 대설 발생과 눈의 무게에 대한 내용을 정리한다. T: 눈이 많이 내리는 이유는 무엇인가요? T: 눈이 아주 많이 쌓이면 무슨 일이 일어나나요?	3′
지도 시 유의점		* 눈이 금방 녹을 수 있으므로 이를 고려하여 활동을 진행한다.	

활동 자료

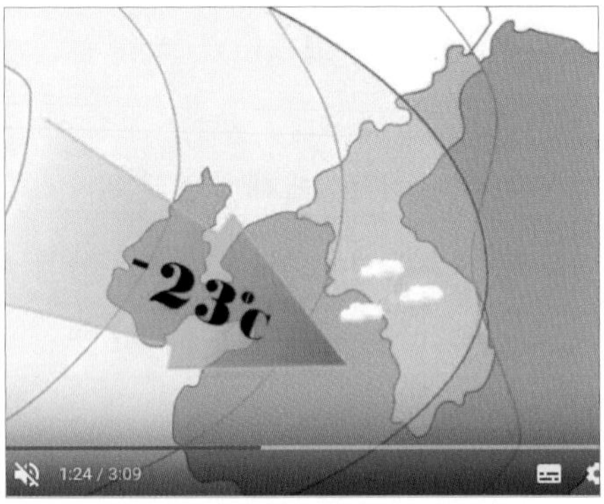

재난유형	대설이 발생하면?	( )반
대설		이름:

아래에서 대설이 발생한 장면을 찾아보세요. 그리고 대설이 왜 발생했는지 이야기해 보세요.

○ 

○ 

○ 

○ 

○ 

○ 

활동명	모래와 염화칼슘을 준비해요!	활동 대상	5세
활동 목표	눈길 안전을 지켜 주는 모래와 염화칼슘에 대해 안다.	활동 영역	의사소통 자연탐구
활동 자료	교육 동영상, 실험 재료(눈 또는 얼음, 모래, 염화칼슘 등)		

단계	영역	내용	시간
도입	의사소통	• 지난 활동에 대해 이야기를 나눈다. T: 지난 시간에 우리가 대설에 대해 알아본 것들이 기억나나요? T: 우리가 무엇에 대해 이야기하였지요?	5′
전개	자연탐구 의사소통	• 대설 대비용 모래, 염화칼슘의 준비에 대해 이야기를 나눈다. T: 눈이 많이 오면 바닥이 어떻게 되나요? T: 그렇지요. 미끄러워지죠. 그럼 눈 위에 무엇을 뿌려 놓아야 미끄러지지 않을까요? T: 이것들을 본 적이 있나요? (모래와 염화칼슘을 보여 준다.) T: 무슨 색인가요? 알갱이가 어떻게 생겼나요? (모래와 염화칼슘에 대해 관찰하고 이야기를 나눈다.)	10′
	자연탐구	• 모래와 염화칼슘을 눈이나 얼음 위에 뿌려 보는 실험을 해 본다. T: 이제 우리가 관찰한 모래, 염화칼슘을 얼음 위에 뿌려 볼 거예요. T: 어떻게 될 것 같나요? 변화가 있을까요? T: 그럼 이제 뿌려 볼게요. (뿌리지 않은 부분도 남겨 둔다.) T: (뿌린 후 시간을 두고 그 변화를 살펴본다.) 이제 모래, 염화칼슘을 뿌린 부분과 뿌리지 않은 부분이 어떻게 되었나요? T: 눈이 많이 오는 날 우리는 무엇을 준비해야 하지요?	10′
마무리	의사소통	• 대설 발생 시 모래, 염화칼슘 준비에 대해 정리해 본다. T: 눈이 많이 오면 무엇을 준비해야 되죠? T: 그것을 뿌려 놓으면 어떻게 되나요?	5′
지도 시 유의점		* 얼음 위에 뿌려 변화 시간이 많이 걸리는 경우, 다른 활동들 후에 따로 시간을 내어 변화를 살펴보고 활동을 마무리한다. * 활동지를 이용한 추가 활동을 진행할 수 있으며, 모래와 염화칼슘을 뿌렸을 때 각각의 경우를 비교해 보는 확장활동을 할 수 있다.	

활동 자료

재난유형	눈을 녹이기 위해	(　　　　)반
대설	어떤 것을 사용할까요?	이름:

눈을 녹이기 위해 사용하는 모래와 염화칼슘은 각각 어떻게 생겼나요? 아래에 그려 보세요.

[모래]	[염화칼슘]

2) 대설 발생 시(대응)

활동명	미끌미끌 빙판길!	활동 대상	5세
활동 목표	대설 발생 시 대응 방법을 알게 된다. 안전을 위한 주의사항을 알게 된다.	활동 영역	의사소통, 사회관계
활동 자료	동화책, 인형극 준비물(배경판, 등장인형 등), 사진 자료, 활동지		

단계	영역	내용	시간
도입	의사 소통	• 대설을 경험하는 주인공이 등장하는 동화책을 읽어 주며 대설 발생 시 어떻게 행동해야 하는지 이야기를 나눈다. T: 대설이 발생하니 ◯◯(주인공)가 어떻게 하였나요? T: 왜 그렇게 하였나요?	5′
전개	의사 소통 사회 관계	• 대설 대응 방법과 관련한 인형극을 보고 함께 이야기 나눈다. T: ◯◯네 동네에 눈이 많이 내렸어요. 다음날 일어나 보니 길이 모두 꽁꽁 얼어 버렸지요. T: ◯◯는 깜빡 잊고 장갑을 안 끼고 나왔어요. 그리고 손이 시려워서 주머니에 손을 넣었답니다. “△△네 가서 놀아야지~ 신난다~” T: ◯◯는 주머니에 손을 넣고 걷기 시작했어요. (조금 걷다가 꽈당~) T: “아야~ 아야~~ 엉엉” ◯◯가 넘어져 울고 있는 것을 보고 □□가 달려왔어요. 그리고 ◯◯에게 말했지요. “어디 다친 데는 없니? 주머니에 손을 넣고 걸었구나. 눈이 많이 내린 날은 장갑을 끼고 손을 빼고 걸어야 넘어지지 않아.”	13′
	의사 소통	• 눈이 많이 온 날 어떤 신발을 신어야 할지 맞혀 보는 게임을 한다. T: (사진 자료를 보여 주며) 여기 신발 그림들이 있지요. 이 중에서 눈이 많이 내린 날에는 어떤 신발을 신어야 할까요? T: 왜 그렇게 생각했나요? • 활동지에서 눈이 많이 온 날 외출해도 괜찮은 친구를 찾아본다. T: 선생님이 그림을 한 장씩 나눠 줄 거예요. 그림에서 눈이 많이 온 날 외출해도 되는 친구를 찾아 동그라미를 그려 주세요.	7′
마무리	의사 소통	• 대설 발생 시 외출 복장과 외출 시 주의사항에 대해 정리한다. T: 대설이 발생하면 어떤 옷을 입고 어떤 신발을 신어야 하나요? T: 또 밖에서는 어떻게 다녀야 하나요?	5′
지도 시 유의점	* 유아의 수준에 맞는 동화책을 선정하여 활동을 진행한다.		

활동 자료

재난유형	눈이 많이 왔어요! 외출해도 될까요?	(　　　　　)반
대설		이름:

눈이 많이 왔어요. 다음 중 외출해도 되는 친구를 찾아 주세요. 그리고 눈이 많이 왔을 때 외출하기 위해서는 어떤 준비를 해야 하는지 이야기해 보세요.

반팔과 반바지를 입고
운동화를 신은 친구

장갑, 목도리, 마스크를 착용하고
슬리퍼를 신은 친구

두꺼운 옷에 장갑, 목도리, 마스크를
착용하고 운동화를 신은 친구

활동명	따뜻한 핫팩!	활동 대상	5세
활동 목표	대설 발생 시 대응 방법을 알게 된다. 추울 때 몸을 따뜻하게 하는 방법을 알게 된다.	활동 영역	의사소통, 자연탐구 신체운동 · 건강
활동 자료	교육 동영상, 활동지, 핫팩 만들기 재료(손수건, 콩, 파우치 등)		

단계	영역	내용	시간
도입	의사소통	• 대설 발생 시 대응 방법에 대한 동영상을 보고 이야기를 나눈다. T: 대설이 발생하면 어떻게 해야 하나요? T: 왜 그렇게 해야 하나요? T: 대설에 대비하기 위해 무엇이 필요한가요?	5′
전개	의사소통 신체운동 · 건강	• 추울 때 몸을 따뜻하게 하는 방법에 대해 이야기를 나눈다. T: 눈이 많이 와서 추울 때 어떤 것들이 몸을 따뜻하게 해 줄 수 있을까요? T: 맞아요. 장갑, 목도리 등이 있지요. 그리고 네, 히터도 몸을 따뜻하게 해 주어요. T: 또 어떤 것들이 있나요? 따뜻한 물도 몸을 녹여 주겠지요. T: 또 무엇이 있을까요? • 활동지를 이용하여 몸을 따뜻하게 해 주는 것들을 찾아본다. T: 선생님이 그림을 한 장씩 나눠 줄 거예요. 그림에서 우리 몸을 따뜻하게 해 주는 것을 찾아서 동그라미를 그려 주세요.	10′
	자연탐구 신체운동 · 건강	• 핫팩 만들기 활동을 한다(손수건, 콩, 파우치를 준비한다). T: 우리 몸을 따뜻하게 해 주는 것으로 핫팩이 있어요. 오늘은 핫팩을 직접 만들어 보는 활동을 해 볼 거예요. T: 먼저 여기 콩이 있지요? 이 콩은 얼렸다가 녹여서 준비한 거예요. T: 이제 친구들이 이 콩을 손수건으로 잘 싸서 파우치에 넣으면, 선생님이 그것을 전자레인지에 돌려 줄 거예요. 그러면 핫팩이 완성돼요.	13′
마무리	의사소통	• 오늘 활동에 대해 이야기하며 마무리한다. T: 오늘 우리가 어떤 활동을 하였지요? T: 이제 추운 날은 우리 몸을 따뜻하게 만들어 주는 것들을 잘 이용하기로 해요.	2′
지도 시 유의점		* 핫팩 만들기 활동을 다른 유사 활동으로 대체할 수 있다.	

활동 자료

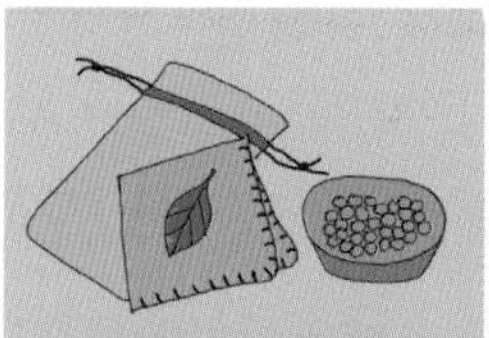
파우치, 손수건, 콩 준비

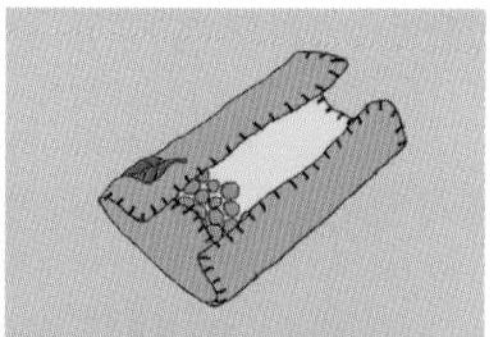
손수건 속에 콩을 넣고 돌돌 말아 주기

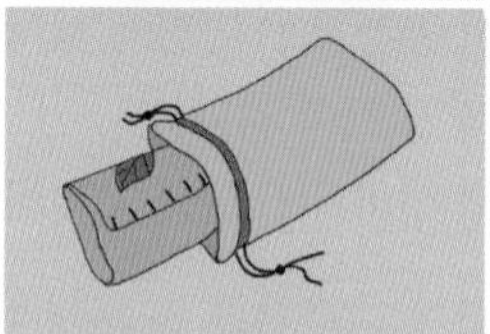
파우치 속에 쏙~ 넣어 주기

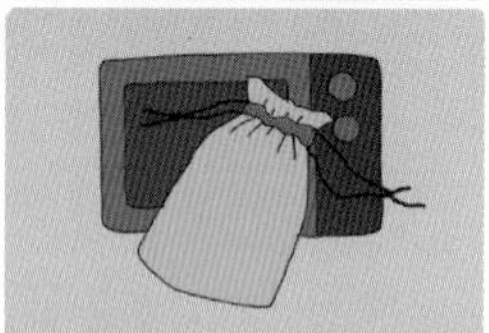
전자레인지에 2~3분간 데워 준다.

재난유형	눈이 많이 왔을 때 몸을 따뜻하게 해 주는 것	(　　　　)반
대설		이름:

눈이 많이 왔을 때 몸을 따뜻하게 해 주는 것을 아래에 그려 주세요.
(장갑, 목도리, 두꺼운 옷, 온풍기, 난로 등을 그려 주세요.)

3) 대설 종료 후(복구)

활동명	눈을 치워요!	활동 대상	5세
활동 목표	대설 종료 후 피해 복구 방법에 대해 알게 된다.	활동 영역	의사소통, 사회관계
활동 자료	동화책, 교육 동영상, 사진 자료, 게임 준비물(신문지, 한지, 청소도구 등)		

단계	영역	내용	시간
도입	의사소통	• 동화책을 읽어 주며 대설 피해 복구에 대해 이야기를 나눈다. T: 이제 대설이 다 지나갔어요. 그런데 건물과 마을이 어떻게 변하였지요? T: 이제 이것들을 어떻게 복구해야 할까요?	5′
전개	의사소통	• 집 주변이나 도로의 눈을 치우는 동영상을 보며 대설 복구 작업에 대해 이야기를 나눈다. T: 내리던 눈이 모두 그치면 이제 무엇을 해야 할까요? T: 맞아요. 눈을 치워야 하지요. 그런데 눈이 어디 어디에 많이 쌓이게 될까요? T: 그래요. 차 위에도 쌓이고 마당 앞에도 쌓이고, 또 도로에도 많이 쌓이지요. 그럼 이것들을 무엇을 이용하여 치울 수 있을까요? (유아가 정답을 이야기하면 해당 도구의 사진을 교육판에 붙이며 이야기를 이어 간다. 대답이 나오지 않는 도구는 교사가 사진을 붙이며 설명해 준다.)	15′
	사회관계	• 눈 치우기 게임을 해 본다. T: 이제 우리가 함께 눈을 치워 보는 게임을 해 볼까요? T: 먼저 신문지와 한지를 손으로 찢어서 눈을 만들고 그것을 바닥에 뿌려 보아요. T: 와, 바닥에 눈이 많이 쌓였네요. 그러면 이제 앞에 놓인 청소 도구들 중 마음에 드는 것을 선택하여 눈을 치워 보아요. 팀별로 눈 치우기를 하고 어느 팀이 가장 빨리 눈을 치웠는지 확인해 보기로 해요. (소집단으로 나누어 게임 활동을 진행한다.)	8′
마무리	의사소통	• 대설 피해 복구 방법을 정리한다. T: 오늘 우리가 어떤 활동을 하였지요? T: 쌓인 눈을 치우기 위해 어떤 것들이 필요한가요?	2′
지도 시 유의점		* 눈 치우기 활동을 상황에 맞게 적용할 수 있다. 예를 들어, 실제로 눈이 내린 경우 유치원 앞마당의 눈을 치워 보는 활동을 할 수 있다.	

활동 자료

재난유형	대설 피해가 복구되면?	(　　　　)반
대설		이름:

대설 피해가 복구되면 어떤 모습일까요? 아래에 그려 주세요.

재난유형	대설이 발생하면?	(　　　　　　　　)반
대설		이름:

아래에서 대설이 발생한 장면을 찾아보세요. 그리고 대설이 왜 발생했는지 이야기해 보세요.

◯

◯

◯

◯

◯

◯

재난유형	눈을 녹이기 위해 어떤 것을 사용할까요?	(　　　　　)반
대설		이름:

눈을 녹이기 위해 사용하는 모래와 염화칼슘은 각각 어떻게 생겼나요? 아래에 그려 보세요.

[모래]	[염화칼슘]

재난유형	눈이 많이 왔어요! 외출해도 될까요?	(　　　　　　)반
대설		이름:

눈이 많이 왔어요. 다음 중 외출해도 되는 친구를 찾아 주세요. 그리고 눈이 많이 왔을 때 외출하기 위해서는 어떤 준비를 해야 하는지 이야기해 보세요.

반팔과 반바지를 입고
운동화를 신은 친구

장갑, 목도리, 마스크를 착용하고
슬리퍼를 신은 친구

두꺼운 옷에 장갑, 목도리, 마스크를
착용하고 운동화를 신은 친구

재난유형	눈이 많이 왔을 때 몸을 따뜻하게 해 주는 것	( )반
대설		이름:

눈이 많이 왔을 때 몸을 따뜻하게 해 주는 것을 아래에 그려 주세요.

(장갑, 목도리, 두꺼운 옷, 온풍기, 난로 등을 그려 주세요.)

재난유형	대설 피해가 복구되면?	( )반
대설		이름:

대설 피해가 복구되면 어떤 모습일까요? 아래에 그려 주세요.

4. 참고자료

관련 사이트 정보

- 행정안전부(www.mois.go.kr)
- 교육부(www.moe.go.kr)
- 보건복지부(www.mohw.go.kr)
- 소방청(www.nfa.go.kr/nfa)
- 해양경찰청(www.kcg.go.kr)
- 기상청(www.kma.go.kr)
- 국민재난안전포털(www.safekorea.go.kr)
- 세종특별자치시 소방본부 119(http://www.sejong.go.kr/fire.do)
- 서울종합방재센터(http://119.seoul.go.kr)

기타 정보

- 전화: 기상청 날씨예보(☎ 131), 119구조대(☎ 119)
- 앱: 안전디딤돌

참고문헌

- 학교현장 재난유형별 교육 · 훈련매뉴얼(교육부), 2008 재난대비 국민행동매뉴얼 안전 길라잡이(소방방재청), 2015 어린이집 안전관리백과 - 소방, 재난, 자연재해편(어린이집 안전공제회), 2016 어린이집 안전관리백과(2권) - 소방, 재난, 자연재해편(어린이집 안전공제회), 재난안전 체험형 안전교육(경기도교육청)

동화책

- 존 로코(2004). 폭설(세계 작가 그림책 9). 다림.
- 김정흠(2001). 눈은 왜 내릴까요(초롱이의 걸음마 자연공부 1). 다섯수레.
- 김동광(2005). 눈 내리는 날(아이과학 1단계-지구과학영역). 아이세움.

동영상

- 01 눈에서 대설까지(국민안전처). https://www.youtube.com/watch?v=oVUehQfOIhw
- [안전교육] 자연재난 대설. https://www.youtube.com/watch?v=7vdgg7ie4as
- 03 대설을 녹이자!(국민안전처). https://www.youtube.com/watch?v=R_OQ6gmmLL8
- 폭설-국민행동요령. https://www.youtube.com/watch?v=BX2PRlRsgE0
- 초등학교 고학년 재난안전 6차시 - 폭설이 무서워요. https://www.youtube.com/watch?v=0xDJdiFFe3I&list=PLs0DG7kwD8xbRhNCGW3vMRCxM9svOSBUa

제13장

한파

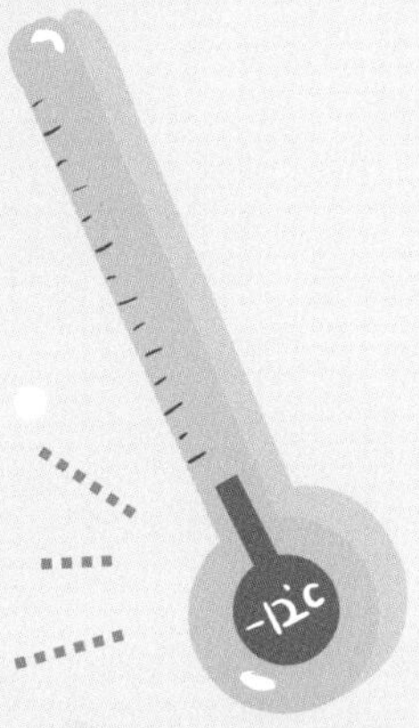

1. 한파에 대한 이해

1) 한파의 정의

한파란 한랭한 기단이 남동쪽으로 세력을 확장하여 기온이 급격하게 하강하는 현상을 말한다.

2) 한파의 특징

(1) 발생 원인

- 겨울철 한랭한 시베리아 고기압이 한반도 북쪽에 위치해 있다가 남동쪽으로 세력을 강하게 확장할 때 그 영향으로 한파가 발생한다.
- 서고동저형의 전형적인 기압 배치가 나타나고, 이때 북서계절풍이 강하게 불면서 한파가 몰아닥친다.

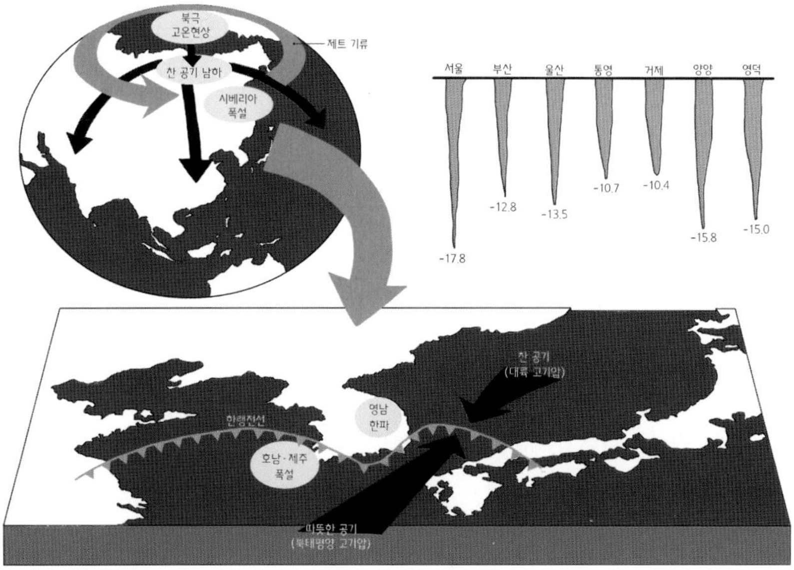

[그림 13-1] 한파의 발생 원인

출처: 한국경제신문(2011. 1. 17.).

• 최근에는 지구온난화로 인하여 한파가 더 강해지는 추세인데, 북극의 기온이 낮을 때에는 편서풍이 북극을 회오리치듯 감싸기 때문에 찬 공기가 제트기류 안에 갇히게 되고, 북극의 기온이 오르면서 기압이 낮아지고 제트기류의 회전력이 약해져 냉기가 북극을 빠져나오고 중위도까지 남하하게 된다.

(2) 한파의 영향

① 체감온도가 내려간다.

• 영하 9℃～영하 16℃: 노출된 피부가 냉각된다.
• 영하 17℃～영하 23℃: 일정시간 동안 피부가 노출될 시 동상의 위험이 증대된다.
• 영하 24℃～영하 32℃: 단시간 동안 피부가 노출될 시 동상의 위험이 증대된다.
• 영하 32℃ 미만: 위험하므로 야외 활동을 제한해야 한다.

② 급격한 기온 하강에 따라 건강 이상이 발생한다.

• 동상 발생: 차가운 날씨에 피부가 노출되어 피부가 어는 증상으로, 2도 동상부터 물집 및 부종이 발생하고, 4도 동상에 이르면 피부가 괴사하여 절단 수술이 필요하다.
• 저체온증이 나타남: 추위로 인해 심부체온이 35℃ 이하로 내려가는 상태로, 외부 요인에 의해 정상적 신진대사가 이루어지지 않을 경우 체온이 저하되고 신체기능이 이상이 나타나며, 심하면 사망에 이르게 된다.

심부체온에 따른 증상

• 35～33℃: 격렬한 떨림, 피부 창백, 입술 청색, 졸림, 언어장애 등
• 32～29℃: 혼수상태, 심장박동 및 호흡 감소, 근육 떨림 멈춤, 동공 확장 등
• 28℃ 이하: 심실 세동 등 부정맥 발생, 혈압 감소, 의식 불명 등

※ 젖은 옷을 입고 오랫동안 야외 활동을 할 경우 저체온증이 생길 가능성이 크므로 주의해야 한다.

③ 빙판길 교통사고 및 낙상사고가 많이 발생한다.

• 기온 하강으로 인해 결빙된 도로에서 교통사고가 발생한다.

- 빙판길 낙상사고 발생하며, 평상시보다 낙상사고가 3배 이상 증가한다.

④ 물자, 기계, 장비 등에 영향을 미친다.

- 수도관, 계량기 등이 동파된다.
- 플라스틱 용기들이 동파되거나 파손되고, 고무는 혹한에서 쉽게 부서진다.
- 가죽이 쉽게 갈라지고 빳빳해지며 젖으면 쉽게 찢어진다.
- 윤활유의 점도가 증가해 기어나 피스톤 실린더가 쉽게 손상된다.
- 금속은 혹한에서 쉽게 깨진다(충격 하중이 크게 떨어짐).
- 팽창률 차이가 큰 외부, 내부 부품으로 장비가 구성되어 있을 때 혹한에서 장비가 손상되고 이용이 불가능해진다.
- 기온이 낮아지면 축전지 전해액의 비중이 높아져 장비 가동에 영향을 미친다.
- 혹한에서는 냉각수의 결빙으로 장비 파손이 발생한다.
- 기온이 낮아지면 차량, 항공기 등의 시동이 잘 걸리지 않는다.

⑤ 농가에서 시설 작물이 냉해를 입는다.

3) 한파의 관측과 예보

한파의 예보

종류	주의보	경보
한파	10~4월 사이 다음 중 어느 하나에 해당하는 경우 • 아침 최저기온이 전날보다 10℃ 이상 하강하여 3℃ 이하이고 평년보다 3℃ 낮을 것으로 예상될 때 • 아침 최저기온이 −12℃ 이하로 2일 이상 지속될 것이 예상될 때 • 급격한 저온현상으로 중대한 피해가 예상될 때	10~4월 사이 다음 중 어느 하나에 해당하는 경우 • 아침 최저기온이 전날보다 15℃ 이상 하강하여 3℃ 이하이고 평년보다 3℃ 낮을 것으로 예상될 때 • 아침 최저기온이 −15℃ 이하로 2일 이상 지속될 것이 예상될 때 • 급격한 저온현상으로 광범위한 지역에서 중대한 피해가 예상될 때

10~4월 사이에 다음 중 하나에 해당하는 경우

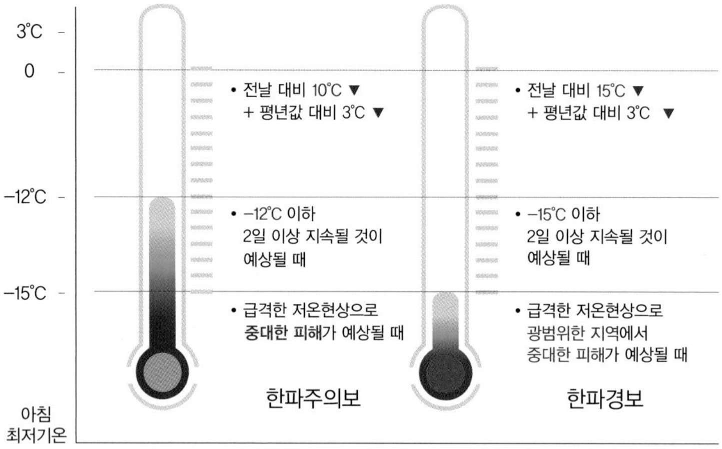

[그림 13-2] 한파주의보와 한파경보 예보 상황

4) 한파의 발생현황

• 2010년의 기록적 한파는 많은 국가에 영향을 미쳤다.

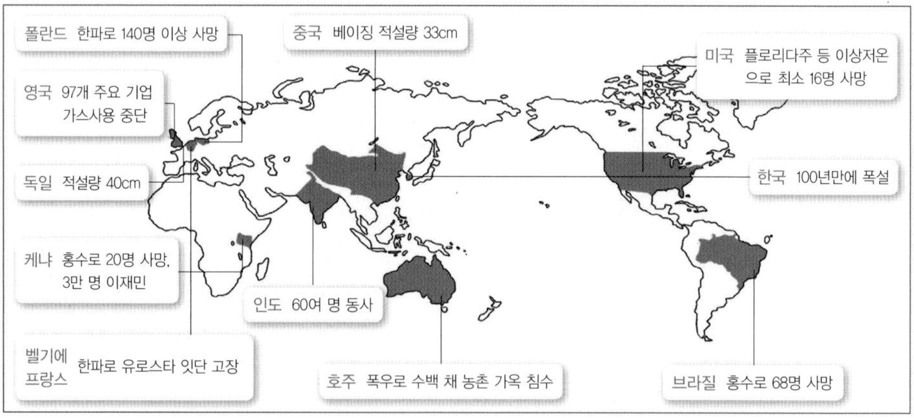

[그림 13-3] 세계 각국 한파 · 폭설 · 폭우 피해 현황(2010년)

국가	영향
미국	폭설로 인해 10개 주의 관공서와 학교가 문을 닫았고, 특히 플로리다주에서도 최저기온을 기록하여 사망자가 속출하였으며, 농장의 오렌지가 얼어 농업에 큰 피해를 미치기도 하였다.
독일	뒤셀도르프 공항에서 폭설로 인해 대부분의 비행기가 결항되어 큰 혼란이 야기되었다.
폴란드	140여 명이 동사하고 열차 열차운행이 중단되기도 하였다.
영국	영하 22℃까지 기온이 하강하여 정부가 가스 공급의 부족 현상을 우려하여 조치를 취하기도 하였다.
대한민국	1월 4일 수도권을 중심으로 기록적인 폭설이 내려 1937년 이래 최대 강설을 기록하였다(1969년 1월 28일의 25.6cm를 넘어섬).

• 2016년 1월 18일, 22일 전국에 한파경보 및 한파주의보를 발령하였다.

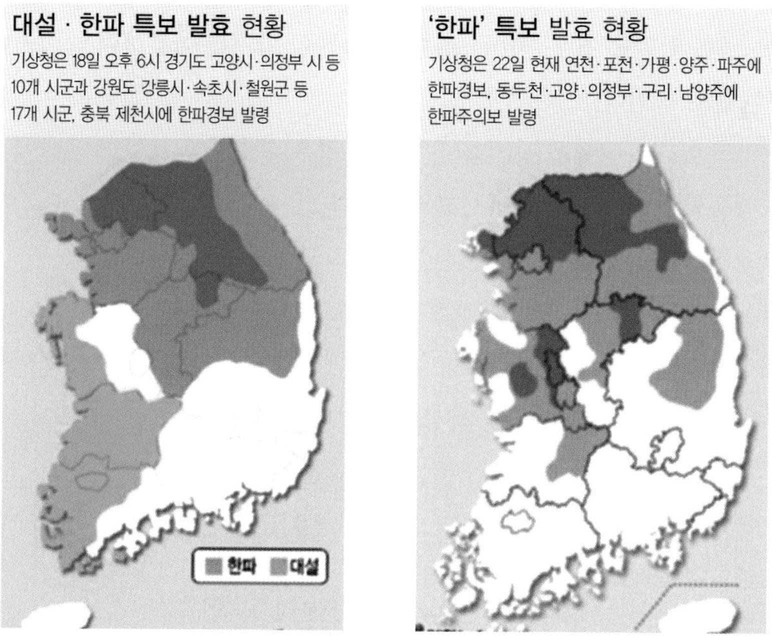

[그림 13-4] 한파경보, 한파주의보 발령

출처: 기상청(www.kma.go.kr).

2. 한파 대비 및 대응 매뉴얼

1) 행동 매뉴얼

(1) 한파 발생 전(예방 및 대비)

유치원의 한파 대비책으로는 유치원 시설 점검, 비상 연락망 점검, 한파 대비 교육의 실시, 비상용품 구비, 가정 및 지역사회와의 연계 등을 포함한다.

① 유치원 시설 점검

- 유치원의 창문이나 출입문의 틈새를 막아 외풍을 막고, 교실 및 활동실 등에 커튼이나 블라인드를 설치한다.
- 보일러 배관, 수도계량기 보호함 등을 점검하고, 내부는 헌옷 등으로 채우고 외부는 테이프로 밀폐시켜 찬 공기가 들어가지 않도록 한다.
- 수도관이 얼었을 경우, 헤어드라이기 등 온열 기기를 이용하여 녹이거나 미지근한 물로 녹인다.
- 방학 등으로 유치원을 장기간 휴원하는 경우 수도관과 보일러 배관에 온수를 한 방울씩 흐르게 하여 동파사고를 막는다.
- 각 교실과 활동실에 온열기구(온풍기 등)를 구비하고 점검한다.

② 비상 연락망 점검

- 유아 비상 연락망(부모 등)을 점검, 확인한다.
- 유치원 교사 및 교육관계자의 비상 연락망을 점검, 확인한다.
- 지역사회 관계기관(주민자치센터, 소방서, 경찰서 등)의 연락처를 확인하고, 연락 체제를 구축한다.

③ 한파 대비 교육의 실시

- 유아를 대상으로 한파 대응 사전교육을 실시한다(한파에 대한 이해, 한파 발생 시 행동요령 등).

• 유아 한파 대응 교육 활동을 영역 통합적으로 계획하고 실시한다.
• 교사 및 교육관계자를 대상으로 한파 대응 사전교육을 실시한다(한파 발생 시 행동요령, 응급처치 방법 등).
• 부모를 대상으로 한파 대응 사전교육을 실시한다(한파 발생 시 행동요령, 상황별 유치원과의 연락 등).

④ 비상용품 구비

• 비상시를 대비해 유치원에 비상용품을 구비하고, 보관 장소와 사용법을 알아 둔다.

비상식품	물, 초코바, 가공식품, 통조림, 라면 등
구급약품	감기약, 해열제, 소화제, 연고 등이 포함된 구급함
생존용품	휴대폰, 예비배터리, 손전등, 건전지, 휴대용 라디오, 호루라기, 라이터, 다용도 칼 등
체온유지 용품	의류, 양말, 담요, 장갑, 모자, 우비 등
기타	화장지, 물티슈, 비닐봉투, 비상 연락망, 비상금 등

⑤ 가정 및 지역사회와의 연계

• 부모를 대상으로 한 한파 대응 사전교육을 실시한다.
• 한파 발생 시 유아가 가정에 있을 때, 유치원에 있을 때 등 부모의 상황별 행동요령을 마련하여 가정에 전달한다.
• 한파 정보를 얻을 수 있는 공공 기관의 연락처를 알아 둔다.
• 정부에서 제공하는 재난정보 알림 애플리케이션을 휴대폰에 설치해 둔다.
(안전디딤돌, 기상청 대설 정보 알리미 등)

(2) 한파 발생 시(대응)

한파가 발생하면 한파 대응 행동요령에 따라 행동한다.

한파 예보 및 특보 알림	• 원장 또는 담당 교직원은 한파가 예보되거나 한파 특보가 발령되면 즉시 유치원의 전 교직원에게 알린다. • 각 교직원이 맡은 대응 역할을 주지시킨다.
교육 환경 점검	• 교사는 교실의 창문과 외부로 통하는 문이 모두 닫혀 있는지 확인하고, 열려 있을 시 닫는다. • 교사는 교실 내의 온열기기가 잘 작동하는지 확인한다. • 교실 내 적정 온도가 유지되는지 체크하고, 교실의 공기를 자주 환기시킨다.
수업활동 변경 및 대체	• 계획되었던 바깥 활동을 체육관, 교실 등에서 진행하는 실내 활동으로 대체하여 실시한다. • 외부 견학 등이 계획되어 있었을 경우 관련 기관에 연락하여 이를 취소하거나 연기한다.
유아 건강 관리	• 교실 내의 온열기구는 과도하게 사용하지 않는다. • 실내에서는 유아별로 옷을 적절하게 입도록 하여 체온을 적정하게 유지하도록 한다. • 가능한 한 유아의 바깥 출입을 금지하고, 부득이하게 외출하는 경우 마스크, 장갑, 부츠 등 체온유지 용품을 착용하도록 한다. • 유아에게 동상, 저체온, 감기 등의 증상이 나타나는지 살피고, 이 같은 증상이 나타나면 응급조치 후 의료기관에 연락한다.
재난 정보 확인, 보호자 인계	• 교사는 라디오, 휴대폰 등으로 한파 안내방송을 청취하고 기상 상황을 확인한다. • 기상 상황에 따라 조기 귀가가 결정되면 교사는 부모에게 곧바로 연락하고, 유아를 안전하게 귀가시킨다.

상황별 한파 대응 행동요령은 다음과 같다.

① 유치원 내에서 한파가 발생했을 때

• 창문과 외부로 연결된 문을 모두 닫는다.

- 산책, 바깥놀이터 활동, 현장학습 등을 모두 취소하고 실내 활동으로 대체하여 진행한다.
- 교실 내 적정 온도를 유지한다. 온열기구를 과도하게 사용하지 말고 자주 실내 공기를 환기시켜 준다.
- 유아가 부득이하게 외출하게 되는 경우에는 마스크, 장갑, 목도리 등을 착용하여 체온을 유지하도록 한다.

② 유치원 밖에서 한파가 발생했을 때

- 외부 활동 중 한파가 발생하면 교사는 유치원에 교사와 유아의 위치, 유아의 안전 상태 등을 알리고, 필요시 지원을 요청한다.
- 교사는 즉시 활동을 중단하고 유치원으로 돌아오거나 상황에 따라 가까운 건물 내부, 대피소 등으로 대피한다.
- 유아에게 마스크, 장갑, 목도리 등을 착용시킨다.

③ 등 · 하원 시 한파가 발생했을 때

- 등원 시 한파가 발생하면 부모에게 유아의 건강 상태(저체온증, 동상, 감기 등)를 묻고 이상이 있을 시에는 적절한 조치를 취한다.
- 하원 시 한파가 발생하면 교사는 유아의 사물함에서 따뜻한 옷을 꺼내어 입히고, 마스크, 장갑, 목도리 등을 착용시켜 하원 시 유아의 체온을 보호할 수 있도록 한다.
- 원장은 한파의 정도에 따라 유치원 운영(휴원 또는 단축수업 등)을 결정하고 정문에 안내문을 게시한다. 또한 유치원 운영 방침을 부모에게 유선(문자, 통화 등)으로 즉시 전달한다.

(3) 한파 종료 후(복구)

한파 종료 후 유치원의 교직원은 피해 상황 파악 및 교육청 보고, 2차 재난 방지를 위한 점검 및 응급조치, 피해 복구 및 비상수업 대책 마련 등과 관련한 활동을 실시한다.

① 피해 상황 파악 및 교육청 보고

- 한파 종료 후 건강 이상 유아, 부상자(미끄럼 등)를 확인하고, 응급처치 후 병원 등으로 이송한다.
- 유치원 건물 및 주변시설의 피해 상황을 파악한다.
- 부상자와 유치원 피해 상황을 교육청에 보고한다.
- 재난 상황에 따라 원장은 유아의 조기귀가, 휴원 등의 조치를 취하고 부모에게 알린다.

② 2차 재난(추가 한파 등) 방지를 위한 점검 및 응급조치

- 라디오, 휴대폰 등으로 2차 재난 예보를 청취하고 추가 한파의 발생을 대비해 유치원 시설물을 점검한다.
- 유치원 창문과 출입문을 점검하고, 외풍이 있을 시에 틈새를 막아 준다. 교실 및 활동실의 커튼 또는 블라인드의 설치 상태를 살핀다.
- 보일러 배관, 수도계량기 보호함 등을 점검한다.
- 각 교실과 활동실에 비치된 온열기구를 점검하고 이상이 있을 시 수리한다.

③ 피해 복구 및 비상수업 대책 마련

- 한파로 인하여 손상된 건물과 주변시설을 복구, 보강한다.
- 가스, 전기, 수도관 등의 이상을 확인하고, 관련 기관의 도움을 받아 피해를 복구한다.
- 원장은 유관기관(교육청 등)과 긴밀하게 협조 체제를 구축하고 유치원 피해 복구 과정 또는 이후의 비상수업에 대한 대책을 마련한다.

2) 부모 지침서

유치원에서는 평상시 부모교육을 통해 부모에게 한파대응 행동요령, 한파 발생 시 주의사항 등을 전달할 필요가 있다.

한파가 발생하면 이렇게 행동해 주세요!

- 한파가 발생하면 가정에서는 난방에 신경을 씁니다.
- 외출을 자제하고, 외출 시에는 모자, 귀마개, 목도리 등을 착용하여 체온을 유지합니다 (유아의 등원 또는 하원 시에도).
- 장기간 집을 비울 경우 수도꼭지를 조금 열어 수도관의 동파사고를 방지합니다. 또한 수도계량기 보온에 유의합니다.
- 외출 후 손발을 씻고 과도한 음주나 과로로 피로가 쌓이지 않도록 합니다.
- 외출 시 가급적 대중교통을 이용하고, 가족에게 행선지와 시간 계획을 미리 알려 둡니다.
- 운전 시 평소보다 저속 운행하고 차간거리를 확보하여 안전사고를 예방합니다.

한파에 대비하여 이러한 점을 주의해 주세요!

- 평소 유치원에 부모와 부모 이외 인계자의 인적사항 및 연락처를 전달합니다.
- 유치원, 교사, 유아의 친구 부모 등의 연락처를 저장해 둡니다.
- 한파 발생 시 유아의 안부를 상호 확인하고, 상황에 따라 유아 인계 방법(누가 언제 유아를 인계할 것인지)을 교사와 상의합니다.
- 비상시(통신 장애, 전화 불통 등) 부부 사이의 행동지침을 정해 둡니다.
- 아이가 혼자가 될 경우를 대비해 유아의 이름, 연락처 등을 기록한 이름표를 신체에 소지하도록 합니다.
- 가정에서 유아의 건강관리에 유의합니다(독감 예방접종 등).

3) 국민행동요령

(1) 한파 발생 시 상황별 행동요령

- 유아, 노인 및 환자가 있는 가성에서는 난방에 유의한다(한파 발생 시 심장 및 혈관 계통, 호흡기 계통, 신경계통, 피부병 등이 급격히 악화할 우려가 있음).
- 혈압이 높거나 심장이 약한 사람은 노출 부위의 보온에 유의한다(특히 머리 부분).
- 고혈압 등의 만성병 환자는 오후에 실내에서 운동한다.

- 외출 후 손발을 씻고, 과도한 음주, 무리한 일로 피로 누적을 방지한다. 당뇨환자, 만선폐질환자 등은 반드시 독감 예방접종을 한다.
- 장기간 외출 시 온수를 한 방울씩 흐르게 하여 동파를 방지한다.

- 수도계량기 보온에 유의한다(보호함 내부는 헌옷으로 채우고 외부는 테이프로 밀폐).
- 수도관이 얼었을 때는 헤어드라이어 등으로 녹이거나, 미지근한 물로 녹인다.

---

(2) 한파 발생 시 장소별 행동요령

[외출 시]

- 가급적 대중교통을 이용한다.
- 차량 운전 시 낮에 외출하고, 가능한 한 혼자 움직이지 않는다.
- 가족에게 행선지와 시간 계획을 알린다.
- 가능한 한 간선도로를 이용하고, 지름길이나 뒷길을 피한다.
- 자동차에서 고립이 되면 모든 수단을 이용하여 구조를 요청한다. 동승자가 있을 시 체온을 이용하여 추위를 막고, 차례로 수면을 취한다. 야간에 실내등을 켜 구조요원이 쉽게 찾을 수 있도록 한다.

[자동차 이용 시]

- 체인 등을 설치하여 도로의 결빙에 대비하고, 앞 유리의 성에를 완전히 제거하여 시야를 넓힌다.
- 커브 길을 돌 때 미리 속도를 줄이고 기어변속을 하지 않는다.
- 평소보다 저속 운행하고 차간 거리를 확보하여 안전사고를 예방한다.
- 월동용품(체인, 염화칼슘, 삽 등)을 준비하고, 자동차 상태를 수시로 점검한다.

[농촌, 축사에서]

- 농작물의 종류별로 적절한 보온을 하고, 온실작물이 얼지 않도록 한다.
- 하우스의 출입문을 이중으로 설치하고, 북쪽 벽에 방풍벽을 설치한다.
- 하우스 주변에 단열재 또는 보온덮개를 설치한다.
- 보온기자재를 사전에 점검, 정비한다.
- 축가 등에 보온덮개와 난방기를 준비한다.
- 축사, 하우스 등의 급수시설 동파를 막기 위해 사전점검과 보온을 한다.

[양식장에서]

- 육상 양식장에 보온 장비(방풍 망 등)를 미리 확보한다.
- 장기 기상예보를 확인하여, 한파 피해가 예상될 때에는 양식 어류를 조기 출하한다.
- 기상을 수시로 확인하여 한파가 예상될 때에는 수면의 높이를 높게 하고, 어류를 월동장으로 이동시켜 동사를 방지한다.

출처: 국민재난안전포털(www.safekorea.go.kr).

3. 한파 대비 및 대응 교육활동

1) 한파 발생 전(예방 및 대비)

활동명	오들오들 추워요!	활동 대상	5세
활동 목표	한파에 대해 알게 된다. 한파의 피해, 심각성에 대해 알게 된다.	활동 영역	의사소통, 자연탐구
활동 자료	동화책, 교육 동영상, 실험 준비물(온도계), 활동지		

단계	영역	내용	시간
도입	의사소통	• 동화책을 읽어 주며 한파에 대한 흥미를 유발한다. T: 한파에 대해 알고 있나요? T: 한파가 발생하였더니 어떤 일이 일어났나요?	5′
전개	자연탐구 의사소통	• 한파가 발생하는 원인 및 피해와 관련한 동영상을 시청하며 이야기를 나눈다. T: 한파는 왜 발생할까요? T: 한파가 발생하면 어떤 일들이 일어나지요?	12′
	자연탐구	• 실내와 실외 온도를 재고 비교해 본다. T: 추운 겨울 날 밖이 얼마나 추운 지 무엇으로 알 수 있을까요? T: 온도를 측정할 수 있는 것이 무엇인지 알고 있나요? T: 맞아요. 온도계예요. T: 이제 우리가 온도계로 밖의 날씨가 얼마나 추운지 온도를 재 보도록 해요. 먼저 실내의 온도는 얼마나 될까요? (실내 온도를 잰다.) T: 다음으로 바깥 온도를 재 보아요. (창문을 열고 바깥 온도를 재 본다. 실제로 외부에 나가 바깥 온도를 재 볼 수도 있다.) T: 온도가 몇 도이지요? 실내와 비교하여 어떤가요? • 활동지를 이용하여 온도계의 눈금을 그리는 활동을 해 본다. T: 선생님이 온도계 그림을 한 장씩 나눠 줄 거예요. 따뜻한 날과 매우 추운 날 온도계의 눈금이 어떻게 나타날지 그려 보세요.	10′
마무리	의사소통	• 퀴즈를 함께 풀면서 한파에 대한 내용을 정리한다. T: 여러분, 오늘 한파에 대해 더 잘 알게 되었나요? T: 여러분이 잘 기억하고 있는지 마지막으로 퀴즈를 내 볼게요. 맞으면 ◯, 틀리면 ×라고 말해 주세요.	3′
지도 시 유의점	* 유아의 수준에 맞는 동화책과 교육 동영상을 선정하여 활동을 진행한다.		

활동 자료

재난유형	추울 때와 따뜻할 때!	(　　　　　)반
한파		이름:

추울 때와 따뜻할 때 온도계의 눈금은 어디를 가리킬까요?

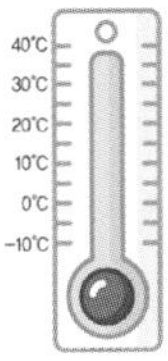

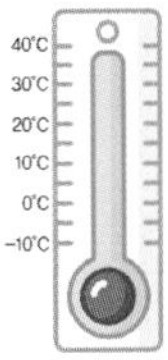

활동명	창문에 에어캡을 붙여요!	활동 대상	5세
활동 목표	한파에 대비하는 방법을 안다.	활동 영역	의사소통, 예술경험 자연탐구
활동 자료	한파 동요, 교육 동영상, 에어캡 붙이기 활동 준비물(에어캡, 분무기 등)		

단계	영역	내용	시간
도입	의사소통 예술경험	• 지난 활동에 대해 이야기를 나눈다. T: 지난 시간에 우리가 한파에 대해 알아본 것들을 기억하나요? T: 우리가 무엇에 대해 이야기하였지요? • 동요를 함께 배운다. T: 〈한파가 왔어요〉라는 동요를 함께 배워 보아요.	5′
전개	자연탐구 의사소통	• 동영상을 보며 한파를 대비하기 위한 방법들에 대해 이야기를 나눈다. T: 매우 추워지면 모든 것이 꽁꽁 얼지요. T: 한파를 대비하기 위해 무엇을 하면 좋을까요? T: 그렇게 하면 어떤 것이 좋지요? T: 또 어떤 것들을 하면 좋을까요?	10′
	자연탐구	• 한파를 대비하기 위해 창문에 에어캡 붙이기 활동을 한다. T: 한파가 발생하면 유리창으로 차가운 공기가 들어올 수 있어요. 그것을 막기 위해 어떻게 해야 할까요? T: 그래요. 무엇을 창문에 붙이면 좋을까요? T: (에어캡을 나눠 주고 이야기를 나눈다.) 자, 선생님이 나눠 준 에어캡을 한번 만져 보세요. 느낌이 어떤가요? 그 안에 무엇이 들어 있는 것 같나요? (에어캡이 방 안 온도를 따뜻하게 유지시켜 준다는 것을 설명해 준다.) T: 우리 이제 창문에 에어캡을 붙여 볼까요? 자, 이렇게 먼저 스티커를 뗀 다음에 분무기로 물을 뿌리고, 창문에 찰싹 붙여 보아요.	10′
마무리	의사소통	• 한파 발생 시 대응 방법에 대해 정리해 본다. T: 한파가 발생하면 어떤 것들을 해야 할까요? T: 한파 대비를 위해서 창문에 어떤 것을 붙여 놓을 수 있나요?	5′
지도 시 유의점		* 에어캡 붙이기 활동을 상황에 맞게 적용할 수 있다. 예를 들어, 실제 창문 대신 아크릴 판 등을 미니 창문으로 만들어 미니 창문에 에어캡을 붙이는 활동을 할 수 있다.	

활동 자료

한파가 왔어요

재난유형	창문에 에어캡을 붙여요!	(　　　　)반
한파		이름:

겨울에 따뜻하게 지내기 위해 에어캡을 붙일 곳을 찾아보세요.

2) 한파 발생 시(대응)

활동명	온열기 이용에 주의해요!	활동 대상	5세
활동 목표	한파 발생 시 대응 방법을 알게 된다. 안전을 위한 주의사항을 알게 된다.	활동 영역	의사소통 신체운동 · 건강
활동 자료	동화책, 교육 동영상, 사진 자료		

단계	영역	내용	시간
도입	의사소통	• 한파를 경험하는 주인공이 등장하는 동화책을 읽어 주며 한파 발생 시 어떻게 행동해야 하는지 이야기를 나눈다. T: 한파가 발생하니 ◯◯(주인공)가 어떻게 하였나요? T: 왜 그렇게 하였나요?	5′
전개	의사소통	• 한파 대응 방법에 대한 이야기를 나눈다. T: 지난 시간에 심한 추위가 왔을 때 어떤 방법이 도움이 되는지 이야기 나눈 것을 기억하고 있나요? T: 어떤 이야기를 나누지요? T: 심한 추위가 왔을 때 어떻게 해야 했나요?	13′
	신체운동 · 건강 의사소통	• 사진 자료를 함께 보며 온열기구 사용에 대해 이야기를 나누고, 퀴즈를 풀며 주의법을 알아본다. T: 여기 있는 온열기구를 본 적이 있나요? T: 여기 몇몇 친구들이 온열기구를 사용하는 모습이 나와 있어요. 이 친구는 뜨거운 부분에 손을 대려 하고 있네요. 이렇게 해도 될까요? T: 여기 이 친구는 창문을 꼭꼭 닫고 온풍기의 온도를 매우 높게 설정해 놓았어요. 이렇게 해도 될까요? T: 여기 친구는 전기장판의 전원을 끄는 것을 깜빡 잊어버리고 친구와 놀러 나와 버렸어요. 이 친구는 어떻게 해야 할까요?	7′
마무리	의사소통	• 한파 발생 시 대응 행동과 온열기구 사용에 대해 정리한다. T: 한파가 발생하면 어떻게 해야 하나요? T: 따뜻하게 해 주는 온열기구를 사용할 때는 무엇을 주의해야 했죠?	5′
지도 시 유의점		* 활동지를 이용하여 추가 활동을 진행할 수 있다. * 실제로 교실 내 온열기구를 이용하여 온열기구 사용방법을 직접 경험해 볼 수 있다.	

활동 자료

재난유형	온열 기구를 이용해요!	(　　　　)반
한파		이름:

온열기구를 이용할 때 어떤 것을 주의해야 할까요?
(아래에 써 보세요.)

1.

2.

3.

활동명	꽁꽁 싸매요!	활동 대상	5세
활동 목표	한파 발생 시 대응 방법을 안다.	활동 영역	의사소통, 예술경험 신체운동 · 건강
활동 자료	한파 동요, 활동지, 옷 입히기 활동 재료(종이인형, 색종이, 가위, 풀 등)		

단계	영역	내용	시간
도입	예술 경험	• 지난번에 배웠던 동요를 다시 불러 보며, 율동을 새롭게 배워 본다. T: 지난번에 우리 함께 배웠던 동요 기억하나요? T: 〈한파가 왔어요〉를 다 같이 불러 볼까요? T: 이번에는 가사에 맞추어서 율동을 새롭게 배워 보아요.	5′
전개	의사 소통 신체 운동 · 건강	• 한파 발생 시 외출 복장에 대해 이야기를 나눈다. T: 매우 추운 날 나가기 전에 무엇을 꼭 준비해야 할까요? T: 맞아요. 장갑이 있어야 하지요. T: 또 무엇이 필요하지요? T: 그래요. 목도리, 마스크도 필요해요. 잘 이야기해 주었어요. T: 옷의 두께는 어떤 것이 좋을까요? • 활동지를 이용하여 매우 추운 날 적합한 복장을 그려 본다. T: 선생님이 그림을 한 장씩 나눠 줄 거예요. 그림에서 추운 날 외출하는 친구들에게 옷을 입혀 주세요.	10′
	예술 경험 신체 운동 · 건강	• 종이 인형의 옷을 입혀 주는 활동을 한다. T: 지금 ○○가 아주 추운 날 친구네 집에 가고 싶어 해요. T: 그런데 지금 ○○는 어떻게 입고 있지요? 이렇게 나가도 될까요? T: 그럼 우리 ○○에게 옷을 입혀 주기로 해요. T: 색종이를 가위로 잘라서 옷도 만들어 주고, 목도리도 만들어 주어요. ○○이를 따뜻하게 해 주는 것들을 만들어서 입혀 주세요. (풀로 붙이기)	13′
마무리	의사 소통	• 오늘 활동에 대해 이야기하며 마무리한다. T: 오늘 우리가 무엇을 하였지요? T: 매우 추운 날 밖에 나가려면 어떤 복장으로 나가야 하나요?	2′
지도 시 유의점		* 옷 입히기 활동에서 유아의 수준에 따라 더 다양한 재료(천, 노끈 등)를 제시할 수 있다.	

⚽ 활동 자료

한파가 왔어요

① 손을 비비는 동작을 한다.

② 손을 발로 가져가서 문지른다.

③ 양손을 위로 하여 좌우로 흔든다.

④ 손바닥을 앞으로 보이게 한다.

⑤ 박수 세 번을 친다.

⑥ 발을 위로 든다.

⑦ 발 구르기를 세 번 한다.

⑧ 양손을 위로 하여 좌우로 흔든다.

⑨ 양손으로 외투를 입는 듯한 동작을 한다. (두 번 반복)

⑩ 양팔을 앞뒤로 흔든다.

⑪ 오른손을 입으로 가져간다.

⑫ 오른손을 머리로 가져간다.

⑬ 오른손을
목으로 가져간다.

⑭ 오른손을 발로 가져간다.

⑮ 오른손가락으로
이마를 두 번 짚는다.

재난유형	추운 날 외출 준비를 해요!	(　　　)반
한파		이름:

추운 날 외출하는 친구들에게 옷을 입혀 주세요.
(두꺼운 옷, 장갑, 목도리, 마스크, 부츠 등을 그려 주세요.)

3) 한파 종료 후(복구)

활동명	꽁꽁 언 것을 녹여요!	활동 대상	5세
활동 목표	한파 종료 후 피해 복구에 대해 알게 된다.	활동 영역	의사소통, 자연탐구
활동 자료	동화책, 얼음 녹이기 게임 준비물(대야, 얼음, 핫팩, 드라이기 등)		

단계	영역	내용	시간
도입	의사소통	• 동화책을 읽어 주며 한파 피해 복구에 대해 이야기를 나눈다. T: 이제 한파가 다 끝났어요. 건물과 마을이 어떻게 변하였지요? T: 이제 이것들을 어떻게 복구해야 할까요?	5′
전개	자연탐구	• 얼어버린 수도관, 보일러 등을 어떻게 복구해야 하는지 이야기를 나눈다. T: 너무 추운 날 아침 ◯◯이가 세수를 하려고 물을 틀었는데, 물이 나오지 않아요. 왜 이렇게 되었을까요? T: 물이 나오는 관이 모두 꽁꽁 얼었나 봐요. T: 어떻게 해야 할까요?	15′
	의사소통	• 얼음 녹이기 게임을 함께한다. (소집단 활동) T: 꽁꽁 얼어 버린 것을 녹일 때 무엇을 사용해야 할까요? T: 우리 꽁꽁 언 얼음을 녹여보는 게임을 할까요? T: 손으로 문질러도 녹겠지만, 손이 많이 시릴 거예요. T: 여기 있는 용품들을 이용해서 잘 녹여 보세요. (얼음이 담겨 있는 대야, 핫팩, 드라이기 등을 팀별로 나눠 준다.) T: 자, 선생님이 이제 시작~ 이라고 하면 팀별로 얼음을 녹여 보세요. T: 자, 시작~! (드라이기를 잘 사용할 것을 주의시킨다.)	8′
마무리	의사소통	• 한파 복구 방법에 대해 정리한다. T: 오늘 우리가 무슨 활동을 하였지요? T: 한파로 인해 꽁꽁 언 것들은 무엇으로 녹일 수 있었나요?	2′
지도 시 유의점		* 활동지를 이용하여 추가 활동을 진행할 수 있다. * 유아가 드라이기를 사용할 때 매우 조심할 것을 주의시킨다.	

활동 자료

재난유형	한파 피해를 복구해요!	(　　　　　)반
한파		이름:

공공 얼어 버린 수도관을 무엇으로 녹여야 할까요?
아래의 그림에서 찾아 동그라미를 그려 주세요.

드라이기

선풍기

손전등

핫팩

재난유형	추울 때와 따뜻할 때!	(　　　　　　)반
한파		이름:

추울 때와 따뜻할 때 온도계의 눈금은 어디를 가리킬까요?

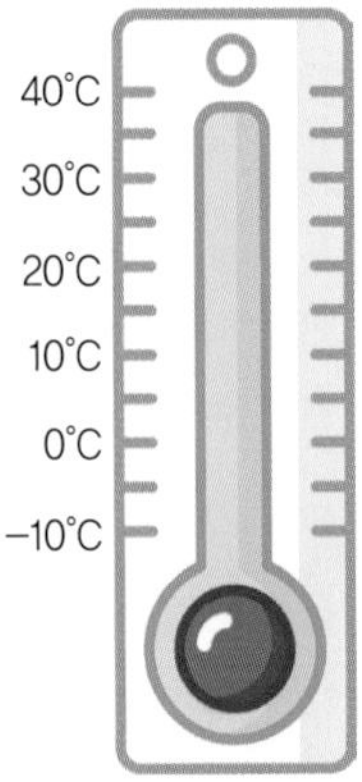

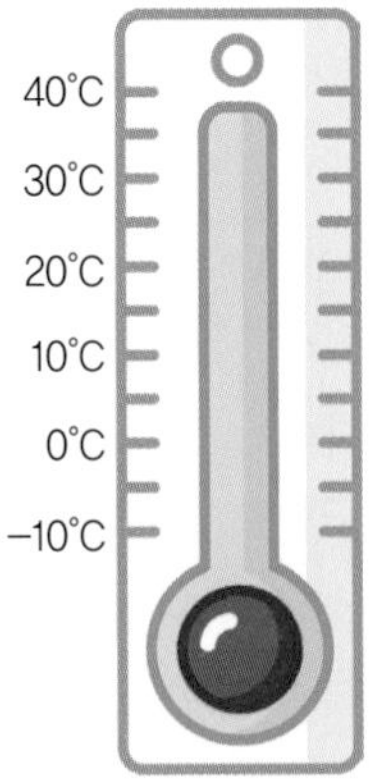

재난유형	창문에 에어캡을 붙여요!	(　　　　　)반
한파		이름:

겨울에 따뜻하게 지내기 위해 에어캡을 붙일 곳을 찾아보세요.

재난유형	온열 기구를 이용해요!	( )반
한파		이름:

온열기구를 이용할 때 어떤 것을 주의해야 할까요?

(아래에 써 보세요.)

1.

2.

3.

재난유형	추운 날 외출 준비를 해요!	(　　　　　　)반
한파		이름:

추운 날 외출하는 친구들에게 옷을 입혀 주세요.
(두꺼운 옷, 장갑, 목도리, 마스크, 부츠 등을 그려 주세요.)

재난유형	한파 피해를 복구해요!	(　　　　　　　)반
한파		이름:

꽁꽁 얼어 버린 수도관을 무엇으로 녹여야 할까요?
아래의 그림에서 찾아 동그라미를 그려 주세요.

드라이기

선풍기

손전등

핫팩

4. 참고자료

관련 사이트 정보

- 행정안전부(www.mois.go.kr)
- 교육부(www.moe.go.kr)
- 보건복지부(www.mohw.go.kr)
- 소방청(www.nfa.go.kr/nfa)
- 해양경찰청(www.kcg.go.kr)
- 기상청(www.kma.go.kr)
- 국민재난안전포털(www.safekorea.go.kr)
- 경찰청공식블로그(http://polinlove.tistory.com)
- 세종특별자치시 소방본부 119(http://www.sejong.go.kr/fire.do)

기타 정보

- 전화: 기상청 날씨예보(☎ 131), 119구조대(☎ 119)
- 앱: 안전디딤돌

참고문헌

- 학교현장 재난유형별 교육 · 훈련매뉴얼(교육부), 2008 재난대비 국민행동매뉴얼 안전 길라잡이(소방방재청), 2015 어린이집 안전관리백과–소방, 재난, 자연재해편(어린이집 안전공제회), 재난안전 체험형 안전교육(경기도교육청), 한국경제신문(2011. 1. 17.). 온난화의 역설…북극 기온 상승, 영하 40도 찬공기 남쪽으로 밀어내 (http://news.hankyung.com/article/2011011644521)

동화책

- 크리스티앙 랑블랭. 추위의 비밀(슈퍼스코프 10). 여명미디어.
- 연두세상 편집부(2016). 용감한 소방차 레이 출동! 안전한 겨울(어린이 겨울 안전 지침서 | EBS TV 방영). 연두세상.

- 이상교(2015). 겨울을 튼튼하게(상상수프 인성동화 34). 엔이키즈.

동영상

- 01 한파는 왜(국민안전처). https://www.youtube.com/watch?v=XPCzFhqgNUU
- 한파_대설_안전교육_동영상. https://www.youtube.com/watch?v=tcEJpyk4vZQ
- 생활 속의 한파 피해. https://www.youtube.com/watch?v=29Qzw5EN_lY
- 한파 발생 시 행동요령. https://www.youtube.com/watch?v=ho_IMQApCLI

동요

- 겨울바람(백순진 작사, 백순진 작곡)을 개사하여 사용함.

부록

부록 1. 6대 안전분야 23개 영역 68개 세부영역 주관부처

부록 2. 전국 안전체험시설 현황(155개소)

1. 일반 안전체험관(148개소)

1-1. 대형 안전체험관(12개소)

1-2. 중형 안전체험관(18개소)

1-2-1. 중형 교통 안전체험관(9개소)

1-2-2. 중형 소방 안전체험관(2개소)

1-2-3. 중형 민방위 안전체험관(7개소)

1-3. 소형 안전체험관(118개소)

1-3-1. 소형 어린이교통 안전체험관(56개소)

1-3-2. 소형 소방 안전체험관(36개소)

1-3-3. 소형 민방위 안전체험관(17개소)

1-3-4. 소형 기타 안전체험관(9개소)

2. 특성화 안전체험관(7개소)

2-1. 해양운항 안전체험관(1개소)

2-2. 항공운항 안전체험관(1개소)

2-3. 도로 · 철도 안전체험관(2개소)

2-4. 산업재난 안전체험관(3개소)

부록 1 6대 안전분야 23개 영역 68개 세부영역 주관부처

분야	영역	세부영역	주관부처
1. 생활안전	1) 시설안전	① 다중이용시설안전	교육부, 문체부, 복지부, 국토부, 해수부
		② 승강기안전	행안부
		③ 낙상예방	복지부
		④ 놀이시설안전	행안부
	2) 화재안전	① 화재예방	소방청
		② 화재대피	소방청
		③ 화재진압	소방청
	3) 전기 · 가스안전	① 전기안전	산업부
		② 가스안전	산업부
	4) 작업안전	① 도구사용안전	고용부
		② 제품사용안전	고용부, 산업부
		③ 실험 · 실습실안전	교육부, 과기정통부
		④ 작업환경안전	고용부
	5) 여가활동안전	① 놀이안전	문체부
		② 수상안전	행안부, 해수부, 해경청
		③ 캠핑안전	행안부, 문체부
		④ 스포츠안전	문체부
		⑤ 해외여행안전	외교부
2. 교통안전	1) 보행안전	① 교통법규안전	경찰청
		② 횡단보도이용안전	행안부, 국토부
	2) 이륜차안전	① 자전거안전	행안부
		② 오토바이안전	경찰청
	3) 자동차안전	① 주행안전	국토부, 경찰청
		② 교통사고대처	국토부, 경찰청
		③ 안전띠착용	국토부, 경찰청

분야	영역	세부영역	주관부처
2. 교통안전	4) 대중교통안전	① 승하차안전	국토부, 경찰청
		② 탑승중안전	국토부, 경찰청
3. 자연재난 안전	1) 재난대응	① 재난정보	행안부
		② 재난대피	행안부
		③ 재난시구호활동	행안부
	2) 기후성재난	① 홍수	행안부
		② 태풍	행안부
		③ 황사	환경부
		④ 대설·한파	행안부
		⑤ 낙뢰	행안부
		⑥ 폭염	행안부
		⑦ 가뭄	행안부
	3) 지질성재난	① 지진	행안부
		② 쓰나미	행안부
		③ 산사태	산림청
4. 사회기반 체계안전	1) 환경 · 생물 · 방사능안전	① 환경오염	환경부
		② 생물테러	복지부
		③ 방사능오염	원안위
	2) 에너지 · 정보통신안전	① 에너지안전	산업부
		② 정보통신마비	과기정통부, 금융위
5. 범죄안전	1) 폭력안전	① 학교폭력	교육부
		② 집단따돌림	교육부
		③ 언어·사이버폭력	교육부
		④ 가정폭력	여가부
		⑤ 학대	복지부
	2) 유괴 · 미아방지	① 유괴·미아방지및대처	복지부, 경찰청
		② 가출예방	복지부, 경찰청
	3) 성폭력안전	① 성매매방지	여가부
		② 성폭력예방	여가부

분야	영역	세부영역	주관부처
5. 범죄안전	4) 사기범죄안전	① 사이버사기	금융위
		② 다단계사기	공정위
6. 보건안전	1) 식품안전	① 식중독	식약처
		② 유해식품안전	식약처
	2) 중독안전	① 약물안전	복지부
		② 물질중독	복지부
		③ 흡연·음주폐해	복지부
		④ 사이버·스마트폰중독	과기정통부
	3) 감염안전	① 감염병대처	복지부
		② 가축전염병대처	농식품부
	4) 응급처치	① 심폐소생술(AED포함)	복지부, 소방청
		② 응급구조	복지부, 소방청
		③ 상황별응급처치	복지부, 소방청
	5) 자살예방	① 자살예방및대처	복지부

부록 2 전국 안전체험시설 현황(155개소)

1. 일반 안전체험관(148개소)

1-1. 대형 안전체험관(12개소)

연번	운영주체	광역 시·도	시·군·구	명칭	체험실 면적(㎡)	비고
1	서울 소방본부	서울	광진구	광나루 안전체험관	5,445	
2	서울 소방본부	서울	동작구	보라매 안전체험관	8,021	
3	부산 소방본부	부산	금정구	119시민 안전체험장	8,021	
4	대구 소방본부	대구	동구	시민안전테마파크	5,843	
5	충남 소방본부	충남	천안시	소방체험관	5,795	
6	전북 소방본부	전북	임실군	119안전체험관	6,553	
7	서울시 성북구청	서울	성북구	민방위교육장	2,562	
8	경기 고양시청	경기	고양시	민방위교육장	1,785	
9	경상남도	경남	양산시	시민안전체험관	1,747	
10	포스코	경북	포항시	포스코 글로벌 안전센터	3,600	
11	안전총괄과	강원	태백시	365세이프타운	15,419	
12	한국어린이 안전재단	서울	송파구	송파구 어린이 안전교육관	1,586	

1-2. 중형 안전체험관(18개소)

1-2-1. 중형 교통 안전체험관(9개소)

연번	운영주체	광역 시 · 도	시 · 군 · 구	명칭	체험실 면적(㎡)	비고
1	안전생활실천 시민연합	서울	노원구	로보카폴리 어린이 교통공원	1,400	
2	부산광역시 교통문화연수원	부산	진구	어린이 교통안전 교육장	937	
3	대전마케팅공사	대전	유성구	교통문화센터	5,323	
4	안산도시공사	경기	안산시	어린이 교통안전체험장	987	
5	연천군시설관리공단	경기	연천군	한탄강 어린이 교통랜드	1,780	
6	평택도시공사	경기	평택시	어린이 교통공원	996	
7	천안시 시민문화 여성회관	충남	천안시	어린이 안전체험관	950	
8	군산시	전북	군산시	어린이 교통공원	1,481	
9	포항시 시설 관리공단	경북	포항시	어린이 교통공원	1,312	

1-2-2. 중형 소방 안전체험관(2개소)

연번	운영주체	광역 시 · 도	시 · 군 · 구	명칭	체험실 면적(㎡)	비고
1	광주시 소방학교	광주	광산구	소방종합훈련장	1,466	훈련장 겸용
2	대전시 소방본부	대전	서구	119시민체험센터	2,226	훈련장 겸용

1-2-3. 중형 민방위 안전체험관(7개소)

연번	운영주체	광역시 · 도	시 · 군 · 구	명칭	체험실 면적(㎡)	비고
1	부산시 금정구청	부산	금정구	민방위실전훈련센터	1,046	
2	수원시청	경기	수원시	민방위실전훈련센터	1,014	
3	안양시청	경기	안양시	민방위실전체험교육장	1,013	
4	파주시청	경기	파주시	민방위교육장	1,208	
5	의정부시청	경기	의정부시	민방위교육장	1,003	
6	성남시청	경기	성남시	민방위실전훈련센터	1,011	
7	공무원 연수원	충남	천안시	국민안전체험관	1,200	

1-3. 소형 안전체험관(118개소)

1-3-1. 소형 어린이교통 안전체험관(56개소)

연번	운영주체	광역시 · 도	시 · 군 · 구	명칭	체험실 면적(㎡)	비고
1	국제라이온스 354-D지구	서울	서초구	어린이교통 안전교육원	293	
2	도로교통공단	서울	중구	어린이 교통안전 홍보관	825	
3	사단법인 안전생활실천시민연합	서울	강서구	새싹어린이 교통공원	(야외)	
4	서울지방경찰청송파경찰서 · 도로교통공단 서울시지부	서울	송파구	어린이 교통공원	40	
5	부산지방공단스포원	부산	금정구	어린이 교통나라	854	
6	부산광역시 북구청	부산	북구	구포어린이 교통공원	580	
7	부산지방경찰청	부산	연제구	포돌이 교통나라	449	
8	인천광역시 동구	인천	동구	어린이 교통공원	165	

연번	운영주체	광역시 · 도	시 · 군 · 구	명칭	체험실 면적(㎡)	비고
9	인천광역시 남구	인천	남구	중앙어린이 교통공원	200	
10	인천광역시 부평구	인천	부평구	부평꿈나무 어린이 교통공원	410	
11	계양구	인천	계양구	어린이 교통교육관	296	
12	대구광역시 교통연수원	대구	수성구	어린이 교통랜드	852	
13	광주광역시	광주	북구	어린이 교통공원	265	
14	울산 시설관리공단	울산	남구	어린이 교통안전공원	(야외)	
15	(사)경기안전생활 실천시민연합 수원지부	경기	수원시	어린이 교통공원	586	
16	부천시 시설관리공단	경기	부천시	어린이 교통나라	733	
17	안성경찰서	경기도	안성시	어린이 교통공원	(야외)	
18	고양 도시관리공사	경기도	고양시	어린이 교통공원	407	
19	과천시 교통과	경기도	과천시	어린이 교통공원	(야외)	
20	광명경찰서 녹색어머니회	경기도	광명시	어린이 교통 교육장	(야외)	
21	성남교통 기획과	경기도	성남시	어린이 교통교육장	40	
22	안양건설교통사업소 교통행정과	경기도	안양시	어린이 교통공원	231	
23	㈜삼성화재해상보험	경기도	용인시	삼성애니카 교통나라	(야외)	
24	의정부시 교통기획과	경기도	의정부시	교통안전 교육거리	(야외)	
25	경찰대학(폐쇄예정)	경기도	용인시	어린이 교통안전교육장	99	

연번	운영주체	광역시 · 도	시 · 군 · 구	명칭	체험실 면적(㎡)	비고
26	화천군및화천경찰서	강원	화천군	어린이 교통공원	(야외)	
27	강원안전생활실천 시민연합	강원도	원주시	어린이 교통공원	418	
28	횡성경찰서	강원도	횡성군	어린이 교통공원	416	
29	삼척경찰서	강원도	삼척시	어린이 교통공원	477	
30	충청북도 학생교육 문화원	충북	청주시	어린이 안전체험관	374	
31	진천군	충청북도	진천군	어린이 교통공원	450	
32	충북경찰청 음성경찰서	충청북도	음성군	어린이 교통공원	(야외)	
33	공주시	충청남도	공주시	어린이 교통공원	330	
34	안실련 서울지부	충청남도	당진시	어린이 교통안전 체험장	(야외)	
35	천안 동만 경찰서	충청남도	천안시	어린이 교통공원	63	
36	공주시 교통정책과	충청남도	공주시	어린이 교통공원	330	
37	충남 홍성경찰서	충청남도	홍성군	어린이 교통공원	(야외)	
38	충남 금산경찰서	충청남도	금산군	어린이 교통공원	125	
39	남원시 교육체육과	전북	남원시	어린이 교통공원	597	
40	정읍 교육지원청	전북	정읍시	어린이 교통공원	792	
41	도로교통공단 전북지부 교육홍보부	전라북도	전주시	어린이 교통공원	264	
42	순천시, 순천경찰서	전남	순천시	어린이 교통공원	753	

연번	운영주체	광역시 · 도	시 · 군 · 구	명칭	체험실 면적(㎡)	비고
43	경산경찰서 경비교통과	경북	경산시	어린이 교통공원	600	
44	㈜티에스케이워터	경상북도	김천시	어린이 교통공원	165	
45	(사)전국모범운전자 연합회 경남진주지회	경남	진주시	어린이교통/ 청소년모험 공원	888	
46	김해시 교통사고제로화운동본부	경남	김해시	어린이 교통공원	651	
47	(사)창원시 어린이 교통공원 안전교육연구소	경상남도	창원시	어린이 교통공원	(야외)	
48	사천시	경상남도	사천시	어린이 교통안전체험장	(야외)	
49	밀양시 안전관리과	경상남도	밀양시	어린이 교통안전체험장	(야외)	
50	함양군 안전관리과	경상남도	함양군	어린이 안전체험 학습장	(야외)	
51	가조면 사무소	경상남도	거창군	안전체험관	174	
52	서귀포경찰서 교통관리계	제주	서귀포시	어린이 교통안전 체험 교육장	660	
53	전라남도 교통연수원	전라남도	강진군	생활교통 재난안전 체험장	559	
54	(사)전북안전교육협회	전북	전주시	어린이 교통공원	(야외)	
55	(사)삼운회교통봉사대	충북	청주시	어린이 교통안전 교육장	300	
56	제주자치경찰단	제주	제주시	어린이 교통공원	701	

1-3-2. 소형 소방 안전체험관(36개소)

연번	운영주체	광역시 · 도	시·군·구	명칭	체험실 면적(㎡)	비고
1	서울종로소방서	서울	종로구	종로소방서 안전체험교실	142	
2	서울용산소방서	서울	용산구	용산소방서 안전체험교실	90	
3	서울동대문소방서	서울	동대문구	동대문소방서 안전체험교실	100	
4	서울영등포소방서	서울	영등포구	영등포소방서 안전체험교실	84	
5	서울성북소방서	서울	성북구	성북소방서 안전체험교실	122	
6	서울은평소방서	서울	은평구	은평소방서 안전체험교실	160	
7	서울강남소방서	서울	강남구	강남소방서 안전체험교실	116	
8	서울강서소방서	서울	강서구	강서소방서 안전체험교실	112	
9	서울마포소방서	서울	마포구	마포소방서 안전체험교실	200	
10	서울도봉소방서	서울	도봉구	도봉소방서 안전체험교실	162	
11	서울구로소방서	서울	구로구	구로소방서 안전체험교실	150	
12	서울노원소방서	서울	노원구	노원소방서 안전체험교실	123	
13	서울관악소방서	서울	관악구	관악소방서 안전체험교실	138	
14	서울송파소방서	서울	송파구	송파소방서 안전체험교실	59	
15	서울양천소방서	서울	양천구	양천소방서 안전체험교실	119	
16	서울중랑소방서	서울	중랑구	중랑소방서 안전체험교실	68	
17	서울소방재난본부	서울	영등포구	특수구조단 수난구조대	126	
18	서울동작소방서	서울	동작구	동작소방서 안전체험교실	102	
19	서울서대문소방서	서울	서대문구	서대문소방서 안전체험교실	81	

연번	운영주체	광역시 · 도	시 · 군 · 구	명칭	체험실 면적(㎡)	비고
20	MBC PlayBe	서울	송파구	키자니아	300	
21	부산소방본부	부산	연제구	119시민안전체험장		
22	인천남동소방서	인천	남동구	남동소방서 119 소방안전체험장	271	
23	울산시 남구소방서	울산	남구	남부소방서 미니체험관	120	
24	경기도 수원소방서	경기도	수원시	수원시 소방안전체험실	78	
25	경기도 안양소방서	경기도	안양시	안양시 소방안전체험실	398	
26	경기도 양평소방서	경기도	양평군	양평군 소방안전체험실	94	
27	경기도 의왕소방서	경기도	의왕시	의왕시 소방안전체험실	322	
28	충청북도 소방본부	충북	청주시	충청도민안전체험관	569	
29	울산 동부소방서	울산	동구	동부소방서 미니체험관	150	
30	울산 온산소방서	울산	울주군	온산소방서 미니체험관	150	
31	전남 순천소방서	전라남도	순천시	순천소방서 미니 안전체험장	73	
32	전남 나주소방서	전라남도	나주시	나주소방서 미니 안전체험장	330	
33	전남 목포소방서	전라남도	목포시	목포소방서 미니 안전체험장	112	
34	전남 여수소방서	전라남도	여수시	여수소방서 미니 안전체험장	132	
35	경상남도 소방본부	경남	의령군	의령군 소방교육훈련장	3,926	
36	제주도 소방안전본부	제주	제주시	소방교육대	2,232	

35~36 연번 훈련장 겸용

1-3-3. 소형 민방위 안전체험관(17개소)

연번	운영주체	광역시 · 도	시·군·구	명칭	체험실 면적(㎡)	비고
1	서울	서울	광진구	민방위교육센터	587	
2	인천 부평구청	인천	부평구	재난안전체험관	890	
3	인천	인천	남동구	민방위교육장	699	
4	광주 서구청	광주	서구	민방위 실전훈련센터	417	
5	광주 광산구청	광주	광산구	민방위 체험식 교육장	315	
6	울산 동구청	울산	동구	생활안전 체험센터	228	
7	경기 부천시청	경기도	부천시	365안전교육장	248	
8	경기 평택시청	경기도	평택시	민방위실전 훈련센터	399	
9	경기도	경기	김포시	민방위재난실전훈련센터	701	
10	경기도	경기	안산시	민방위교육장	512	
11	경기도	경기	화성시	시민안전 체험센터	544	
12	전남 광양시청	전라남도	광양시	민방위실전훈련센터	303	
13	경북 구미시청	경상북도	구미시	민방위교육장 실습체험장	330	
14	경남 거창군청	경상남도	거창군	군민 안전체험관	174	
15	경남	경남	진주시	민방위체험센터	720	
16	경남	경남	김해시	민방위 재난안전체험장	665	
17	제주도 제주시청	제주 자치도	제주시	민방위실전체험훈련장	274	

1-3-4. 소형 기타 안전체험관(9개소)

연번	운영주체	광역시 · 도	시 · 군 · 구	명칭	체험실 면적(㎡)
1	항공안전	인천	중구	인천공항 항공안전체험장	66
2	항공안전	서울	강서구	김포공항 항공안전체험장	66
3	항공안전	경기	부천시	부천대학 항공안전체험장	291
4	코레일	경남	양산시	호포차량 사업소 안전체험장	386
5	코레일	부산	금정구	노포차량 사업소 안전체험장	329
6	코레일	경기	의왕시	의왕시 철도박물관 안전체험장	207
7	한국서부발전(주)	충남	태안군	서부발전 직업안전 체험장	547
8	현대중공업	울산	동구	현대중공업 직업안전 체험장	800
9	삼성전자	경기	용인시	삼성전자 안전체험장	825

2. 특성화 안전체험관(7개소)

2-1. 해양운항 안전체험관(1개소)

연번	운영주체	광역시 · 도	시 · 군 · 구	명칭	체험실 면적(㎡)	비고
1	해양경찰	전남	여수시	해경 경비안전교육원	3,400	

2-2. 항공운항 안전체험관(1개소)

연번	운영주체	광역시 · 도	시 · 군 · 구	명칭	체험실 면적(㎡)	비고
1	한서 대학교	충남	태안군	한서대 안전센터	10,000	

2-3. 도로 · 철도 안전체험관(2개소)

연번	운영주체	광역시 · 도	시 · 군 · 구	명 칭	체험실 면적(㎡)	비고
1	교통안전공단	경북	상주시	운전자 교통안전체험장	3,000	
2	한국교통안전 교육센터	경기	화성시	한국교통안전교육센터	3,000	

2-4. 산업재난 안전체험관(3개소)

연번	운영주체	광역시 · 도	시 · 군 · 구	명칭	체험실 면적(㎡)
1	한국산업안전보건공단	충남	공주시	공주시안전체험교육장	2,109
2	강릉시	강원	강릉시	강릉시 숲사랑 홍보관	2,076
3	한국산업안전보건공단	충북	제천시	건설안전체험장	1,510

저자 소개

성미영(Sung Miyoung)

2002년 서울대학교 대학원에서 아동학 전공 박사학위를 받았고, 2003년부터 2015년까지는 서경대학교 아동학과 교수로 재직했으며, 2016년부터는 동덕여자대학교 아동학과 교수로 재직 중이다. 도시 침수 대비 유아 안전교육프로그램 개발, 유아의 기후변화 대응능력 향상 프로그램 개발, 맞춤형 유아 재난안전교육 매뉴얼 개발, 한국형 유아 재난안전관리 정책모델 구축 등 아동재난안전관리 분야의 연구를 수행하고 있으며, 서경대학교 강의우수교원, 보건복지부장관 표창 등을 수상한 바 있다. 저 · 역서로는『아동 재난안전 관리』(공역, 북코리아, 2017),『아동안전관리』(공저, 학지사, 2013),『보육교사론』(공저, 학지사, 2015) 등이 있으며, (사)한국국민안전산업협회 이사, 한국보육학회 이사 등의 대외활동을 하고 있다.

맞춤형

유아 재난안전교육 매뉴얼

Disaster Safety Education for Young Childen

2017년 12월 20일 1판 1쇄 인쇄
2017년 12월 30일 1판 1쇄 발행

지은이 • 성미영
펴낸이 • 김진환
펴낸곳 • ㈜학지사
04031 서울특별시 마포구 양화로 15길 20 마인드월드빌딩
대표전화 • 02-330-5114 팩스 • 02-324-2345
등록번호 • 제313-2006-000265호

홈페이지 • http://www.hakjisa.co.kr
페이스북 • https://www.facebook.com/hakjisa

ISBN 978-89-997-1466-5 93370

정가 25,000원